2016 年福建省哲学社会科学规划项目：
当代大学生价值观自信教育研究（FJ2016B149）

2017 年福建省高校思政课教学科研团队择优支持计划：
在大学生中坚定"中国特色社会主义道路自信、理论自信、制度自信、文化自信"的路径研究（JZ170147）

2018 年福建省社科规划特别委托重大项目
——习近平总书记关于教育工作重要论述在福建的探索与实践研究（FJ2018MGCZ01）

2020 年度福建省高校以马克思主义为指导的哲学社会科学学科基础理论研究项目
——新时代坚持以人民为中心发展教育的生成逻辑与践行路径研究（JSZM2020088）

教育：以人民为中心

EDUCATION: PEOPLE-FOCUSED

伊文婷 著

社会科学文献出版社

SOCIAL SCIENCES ACADEMIC PRESS (CHINA)

序　一

百年大计，教育为本。教育兴则国家兴，教育强则国家强。

在中国共产党的领导下，今天的中国正在努力建成世界上最大规模的教育体系，最充分地保障全民受教育权利，最大限度地提升全民族素质，跨越式地推动中国社会经济发展，走上更加鲜明的中国特色社会主义教育道路。中国共产党致力于发展教育，根本立场和价值目标在于以人民为中心，努力发展全民教育、终身教育，建设学习型社会；让全体人民享有更好更公平的教育，获得发展自身、奉献社会、造福人民的能力；为人类社会文明发展作出更大贡献。

伊文婷博士撰写的《教育：以人民为中心》一书，正是抓住中国教育的根本性、原则性问题，从新时代中国教育发展存在的问题出发，紧紧围绕教育如何坚守以人民为中心的立场，从理论和实践的结合上进行全面总结、分析和阐述。该书在界定"教育的人民性""办人民满意的教育"以及"教育强国"等相关概念的基础上，对既有的教育思想和理论进行溯源；对新时代以人民为中心发展教育的探索历程进行总结；概括新时代坚持以人民为中心发展教育的科学内涵、理论特征、主要原则和时代意蕴，分析实践中存在的问题、困难和挑战，最终提出可行的对策和建议。应该说，该书是一部具有强烈时代感和较深学术理论的专著，同时又具有鲜明的实践特色，可读性强，具有重要的现实意义。

本书具有强烈的问题意识，在吸收前人研究成果的基础上，做了如下工作。

首先，对新时代中国共产党人坚持以人民为中心发展教育的探索历程，作了比较清晰的概括。本书以中国共产党十八届五中全会提出以人民为中心的发展思想和2018年9月全国教育大会提出坚持以人民为中心发展教育理念为时间节点，将新时代中国共产党人坚持以人民为中心发展教育理念的探索分为三个阶段——初步形成阶段、走向成熟阶段和继续发展阶段，并对各阶段特征进行了初步概括，丰富了学界的相关研究。

其次，对新时代以人民为中心发展教育的科学内涵，作了比较清晰的阐释。在深入探讨习近平关于坚持以人民为中心发展教育论述基础上，从科学内涵、价值遵循与理论意蕴等维度，建构起了"以人民为中心发展教育"的理论体系。创新性地提出新时代以人民为中心发展教育的科学内涵包括：以人民为中心的教育价值观、功能观、发展观、质量观、教学观和国际观等六个方面。

再次，对新时代坚持以人民为中心发展教育的可行路径作了比较精准的回应。人民日益增长的美好生活需要与不平衡不充分的发展之间的矛盾，不仅要求新时代的中国教育必须以人民为中心，而且要求中国教育在发展过程中要将人民立场、人民意识具体化，以展现其实际效用。依循"以人民为中心"的中国特色社会主义发展的基本原则，人民接受教育的过程是为了实现自由和全面的发展，这一理想目标尽管蕴含着超越现实教育难题的实践可能，但毕竟具体的教育实践标准又受到外在现实条件的制约。

为此，本书立足新时代中国区域教育发展、各级各类教育发展、不同群体间教育发展等方面存在的不平衡，以及教育质量提升、教育多样化发展、教育新技术准备、教育转型发展等方面存在的不充分问题，结合新时代教育现代化发展面临的新阶段，对教育发展提出的新要求和新挑战，提出新时代教育公平的新重点，是关注结果公平与英才儿童教育；新时代教育治理现代化的出发点，是满足人民群众的教育需求；对新时代构建大中小幼一体化的德育、智育、体育、美育和劳动教育体系提出了自己的思路，较好地回应了新时代坚持以人民为中心发展教育的新挑战。

正如我们所看到的，中国教育的主要矛盾随着中国社会主要矛盾的总体转化，呈现外延和内涵的转变，即从中华人民共和国成立之初人民普遍渴望受教育的需要与匮乏的教育资源之间的矛盾，到新时代人民对优质教育资源的需要与好的教育资源难以充分惠及人民或满足人民需求之间的矛盾。在解决了"教育资源匮乏"的问题之后，中国教育正面临"好的教育资源供给不足和分配不均"的问题。"能否充分而公平地享受到好教育"成为新时代中国教育面临的主要问题。

从人民在中国特色社会主义事业中的主体、主人和主角地位来说，教育的发展对中国社会的整体进步具有基础性、关键性、先导性和全局性意义。只有立足广大人民和现实教育的真实需求，才能将教育的理论立场和理念视为人民存在和发展的内在环节，才能在对人民思想发展的自觉反思中坚定以人民为中心的教育立场。坚守以人民为中心的教育立场，就是要将人民对中国教育的感受和期待作为发展新时代中国教育的根本原则和重点方向，从人民对教育现状的评价和需求中发掘助推教育高质量和公平发展的正向因素，将人民对自身全面发展的需求作为中国教育的中心任务，推动实现教育"优质而公平"的阶段性目标。

我们知道，坚守以人民为中心的教育立场不是"空头支票"或抽象概念。对以人民为中心的教育立场的坚守需要从空洞的形式中挣脱出来并落脚在实践，从中国社会主要矛盾的变化以及中国教育主要矛盾的变化中，透视人民对中国教育的期冀和要求，以切切实实的行动回应人民的心声、化解人民的疑问、满足人民的需求。只有如此，才是对以人民为中心的真正坚守，才是中国教育人民性的展现，才能真正推进新时代中国教育的高质量发展。

从上述几个方面来看，本书作者具有强烈的使命感、责任感和创新意识。

伊文婷博士出于对中国教育的切身感受，对中国教育存在的主要问题或主要矛盾的切实关心，以强烈的责任意识和实际行动，密切关注与研究关涉人民切身利益的教育改革发展问题，是一位具有主动作为和行动自觉的马克思主义理论研究者。她在师范院校从教三十余年，对中国基础教育，尤其是学前教育和初等教育的建设与发展有较深的体悟和较直观的感受。在中国社会科学院攻读博士学位时，她就非常自觉地运用所学的马克思主义中国化理论分析解决中国教育问题。不仅撰写了系列研究论文，还高质量地完成了以《新时代坚持以人民为中心发展教育》为题的博士毕业论文。该博士学位论文得到了答辩委员会专家的高度评价。

现在，我又欣喜地看到，伊文婷在原有博士学位论文的基础上，抓住新时代及社会主要矛盾发生转化这一关键点，锚定中国教育的历史方位，抓住中国教育的育人本质，在研判中国教育的主要矛盾中把握人民对教育的实际需求，在具体行动中坚守以人民为中心的立场，坚持创新，终于完成了本书。可喜可贺！

我相信该书的出版，将进一步推动中国学者及教育研究者深刻省思中国教育事业的历史叙事和实践逻辑，把握现代人对教育的实际需求，揭示现代教育发展存在的困境和面临的难题，激发教育对促进人的全面发展的思想引领力和现实作用力，以守正创新的精神推进新时代中国教育实现高质量发展。

是为序。

2021 年 12 月 12 日

于北京顺义区东方太阳城寓所

序　二

"我们的教育是为人民服务、为中国特色社会主义服务、为改革开放和社会主义现代化建设服务的，党和人民需要培养的是社会主义事业建设者和接班人。"

——习近平

11月，伊文婷教授又有一本新书脱稿，邀我写序。在看到书名《教育：以人民为中心》的一瞬间，我的脑海里便闪现出习近平总书记曾经说过的上面这段话。

伊文婷教授为新书取名《教育：以人民为中心》，在我看来，书名本身就对作者的"研究学者"和"教育者"双重身份作了完美的诠释。

作为"砥志研思、精进不休"的学者，她在本书中以"坚持以人民为中心发展教育"为研究内容，翔实梳理了坚持以人民为中心发展教育的理论渊源、形成背景与探索历程，并在此基础上对新时代坚持以人民为中心发展教育的科学内涵、价值遵循和理论意蕴进行了深入阐述。从横向上看，既分析了新时代坚持以人民为中心发展教育面临的艰巨任务和严峻挑战，又论证了新时代坚持以人民为中心发展教育的实践路径。从纵向上看，对十八大以来以人民为中心发展教育理念的探索历程进行了分阶段的概括，将新时代坚持以人民为中心发展教育理念的探索分为初步形成、走向成熟和继续发展等三个阶段，并对各阶段特征进行了初步概括，丰富了学界的相关研究。此外，进一步梳理了新时代以人民为中心发展教育的科学内涵，对新时代以人民为中心的教育价值观、功能观、发展观、质量观、教学观和国际观的具体内容作了较为全面的梳理。为我们审视教育的内涵和借鉴他国的经验提供了一个不同的视角。

总体而言，品读本书，字里行间更多流露出的并非文学上的趣味，它不像摊开一本名著，让我们能窥视到它背后的雄浑时代背景；也不像鉴赏一首音乐，让我们能惊叹于它释放的神奇魅力；更不像赏析一本自传，我们能震悚于它深藏的内心世界。但，品读此书，让你体会到了作为"砥志研思、精进不休"研究学者所独有的理性、严谨、思考和创新；也让你感受到了作为"非为已往，非为现在，而专为将来"的教育工作者，献身教育一线实践，介入时代、直面问题，在书的字里行间充盈着以人民为中心的教育热度与温度。

试玉要烧三日满，辨材须待七年期。在《教育：以人民为中心》这本书里，我们还会认识到另一个伊文婷。

1989 年，她就读本科时就是我的学生，但是，对她有近距离的了解和接触则是在 2013 年，彼时她追随我做了一年的访问学者。在这一年中，她主动学习，独立思考，选修了我所有的硕士生、博士生课程，参加了那年几乎所有的学术交流会，撰写出版专著《艺术院校思想政治理论课教学实效性研究》。有道是："有心之人，即立志之坚者也。"可以说伊文婷同志就是典型的有心之人，立志坚者。访问学者结束 4 年后，已是教授的她，在临近 45 岁"高龄"（录取博士生原则上不超过 45 岁）时，报考了中国社会科学院研究生院马克思主义中国化专业博士。在之后的 3 年时间里，她身兼马克思主义学院院长，没有落下行政事务和一线教学工作，以优异成绩攻读完博士学位。1 年后，她又马不停蹄地筹划出版本书。《教育：以人民为中心》便是她专注投入学术研究的体现，也反映了她扎实的理论功底、深厚的学术素养和开阔的学术视野。

古语云：书犹药也，善读之可以医愚。我说：教育如灯，善行之得以惠民。作者将守望以人民为中心的教育理想、情怀、路径自书于籍，持续与不同的时代、社会对话，与具象的生活、现实对话，与高远的未来、理念对话，与每一位教育工作者对话。通读此书，犹如在聆听一位学者的研修论断。本书致力于在教育、文化、社会等不同领域的理论研究和实践研究之间架起桥梁，走向互补性的对话，对马克思主义理论类、思想政治教育类、社会学类、教育学类、伦理学类等领域的专家学者、研究生、教育工作者、党政机关工作者和致力于研究教育的相关人士有重要的参考和借鉴价值。

南非前总统曼德拉曾经说过："如果你隐藏自己，不敢让别人看到你如何做自己喜欢的事，别人就会认为，他们也不能做到。但如果你让他们看见，就等于允许他们像你一样去做自己喜欢的事，就等于解放了他们的愿望。这并不是说要让他们去做和你一样的事，而是让每一个人都做最适合自己、自己最希望做的事。"伊文婷同志做了自己想做的、擅长的事，创作了这本以民生之基担时代使命的作品。本书的价值在于，让更多教育工作者、社会人和充满朝气的青年人看到教育的终极目的，即以人民之所想、所需作为教育之所忧、所办，树立建设教育强国、实现中国教育现代化与中华民族伟大复兴的坚定信念。

刚刚结束的党的十九届六中全会开启了我国包括教育在内的各项事业的新征程。坚持以人民为中心发展教育，是我国教育改革与发展实践历程的重要启示，更是为实现中华民族伟大复兴中国梦凝心聚力的必然要求。我认为未来 5 到 10 年，"以人民为中心"的教育事业必将进入一个新阶段。这个新阶段需要教育工作者们以满腔的热忱、崭新的风貌投入到教育事业中。借此书付梓之际，愿教育事业的同行们携手同行，共创教育发展新局面。

郑传芳

2021 年 12 月于福建福州

摘　要

　　坚持以人民为中心发展教育是中国特色社会主义进入新时代，在继承和发展党的教育思想基础上提出的理念。它既是"以人民为中心的发展思想"在教育方面的重要体现，也是党执政为民的内在要求，体现了中国教育的本质，指明了我国教育的发展方向，是办好我国教育事业的价值追求，也是习近平关于教育工作重要论述的核心要义。坚持以人民为中心发展教育具有深厚的理论渊源和坚实的实践基础，理论内涵丰富。新时代坚持以人民为中心发展教育面临艰巨任务和严峻挑战，我们应紧紧围绕以人民为中心的发展理念，促进有质量的教育公平，提升教育发展共享水平，促进学生全面发展，推进教育治理体系和治理能力现代化，建设教育强国，实现中国教育现代化。

　　本书在翔实梳理坚持以人民为中心发展教育的理论渊源、形成背景与探索历程基础上，对新时代坚持以人民为中心发展教育的科学内涵、价值遵循和理论意蕴进行了深入阐述。首先，它是以人民为中心的教育价值观、功能观、发展观、质量观、教学观以及国际观的内在统一。其次，它必须遵循以人民中心原则彰显教育发展的人民性特征、以全面发展原则体现教育发展的系统性特征、以共建共享原则凸显教育发展的目的性特征等价值取向。最后，它体现了社会主义教育的根本性质，揭示了新时代的教育发展主题，涵含着人民教育理论品格，彰显了教育发展的实践自觉，具有深远的理论意蕴。

　　要清醒认识到新时代坚持以人民为中心发展教育面临的艰巨任务和严峻挑战。首先，区域教育发展、教育层次结构与不同学习教育群体等方面发展不平衡，无法满足人民的教育公平需求。其次，教育质量提升、教育多样化发展、教育新技术准备、教育转型发展等方面不充分，无法满足人民的优质教育需求。同时，新时代教育进入建设高质量教育体系、更加重视高技能人才培养、更加重视东中西部教育协调发展、更加重视大中小城市协调发展、更加重视教育治理保障功能、更加重视"互联网+"和"智能+"运用等，对教育发展提出新要求，是新时代坚持以人民为中心发展教育需要接受的挑战。

本书提出并论证了新时代坚持以人民为中心发展教育的实践路径。首先，为促进有质量的教育公平，必须把握新时代教育公平的新内涵、关注新时代教育公平的新重点、实施新时代教育公平的新策略。其次，必须通过促进义务教育优质均衡发展、普及有质量的学前教育、全面普及高中阶段教育、提升民族教育发展水平和困难群体教育水平，提升教育发展共享水平。再次，必须通过更加注重以德为先、坚持能力为重、树立"健康第一"理念、提高审美和人文素养、弘扬劳动精神，促进学生全面发展。最后，必须把满足人民群众的教育需求作为教育治理现代化的出发点，把提升教育治理民主化水平作为教育治理现代化的着力点，以人民为中心推进教育治理体系和治理能力现代化。

关键词： 新时代　以人民为中心　教育发展

Abstract

Adhering to developing the education which focus on people is a concept which the Socialism with Chinese Characteristics put forward into a new era, based on to inherit and develop the Communist Party of China's education thoughts. It is not only the important embodiment of "people-centered development idea" in education, but also the Party's inherent requirement of being in power for the people, which reflecting the educational essence in China, pointing out the development direction of education in our country. It is the value pursuit of well running China's education, and also the core significance of Xi Jinping's important argument on educational work. Adhering to developing the people-focused education has profound theoretical origin and solid practical foundation, which is a theory with rich connote. In new era, adhere to developing the people-focused education faces the tough assignments and severe challenges, so we should closely concentrate on the development concept of people-focused, promote the quality of education fairness, enhance the level of Shared education development, promote the full-scale development of students, drive the modernization of education management system and management ability, build the powerful country in education, realize the education modernization in China.

On the basis of detailed analyzing the theoretical origin, formation background and exploration process of adhering to developing the people-centered education in a thorough way, this paper elaborates the scientific connotation, value observance and theoretical implication of adhering to developing the people-centered education in the new era. First of all, it is the internal unity of people-centered educational values, functional views, development views, quality views, teaching views and international views. Secondly, it must follow the people-centered principle to highlight the characteristics of people, take the overall development principle to reflect the systematic characteristics of educational development, use the co-construction and sharing principle to highlight the purpose of educational development and other value orientations. Finally, it reflects the fundamental nature of socialist education, reveals the theme of education development in the new era, contains the theoretical character of the education to people, highlights the practical consciousness of education development, and has far-reaching theoretical implication.

We should be aware of the tough assignments and severe challenges we faced in developing education with the people-focused in the new era. First of all, the development of regional education, and the unbalance in education hierarchy and different learning and education groups, cannot meet the people's demand for educational fairness. Secondly, the improvement of education quality, diversified development of education, preparation for new technology in education, and transformation on education are not sufficient to satisfy people's demand for high-quality education.

Meanwhile, the education in new era steps into the new stage of building up a high quality education system, paying more attention to highly skilled talents cultivation, paying more attention to the education harmonious development through the Eastern, central region and Western, paying more attention to the coordinated development in big, medium and small cities, paying more attention to education management safeguard function, paying more attention to "Internet +" and "Intelligence +" utilization, while raising new requirements to the education development. It is the challenge that needs to be met in the new era of people-centered education development.

This paper puts forward and demonstrates the practical path of adhering to developing education on people-centered in the new era. First of all, in order to promote high-quality educational fairness, we must grasp the new connotation of educational fairness in the new era, pay attention to the new emphasis of educational fairness in the new era, and implement the new strategy of educational fairness in the new era. Secondly, we must promote the high-quality and balanced development of compulsory education, popularize high-quality preschool education and senior high school education, improve the education level of ethnic minorities and disadvantaged groups, enhance the sharing of educational development. Thirdly, we must insist the beliefs of emphasizing morality first, adhering to taking capability as the weight, and establishing the "health first" idea, to improve the aesthetic and humanistic attainments, carry forward the spirit of work, promote the students' all-round development. Fourthly, we must take to meet the educational needs of the people as the starting point of the modernization of education governance, to improve the democratization level of education governance as the standpoint of the modernization of education governance, and to promote the modernization of education governance system and governance ability with the people-focused theory.

Key words: New Era; People-focused; Education Development

目　录

绪　论

第一节　选题依据与价值

一　选题依据

坚持教育的人民性是党的教育方针的基本价值遵循。从毛泽东提出教育为人民大众服务，邓小平将教育目标定位为"三个面向"、培养"四有新人"，到江泽民提出教育"二为"①方针、深入推进素质教育，再到胡锦涛"以人为本"的科学发展观教育理论，中国共产党的教育人民性理论和实践不断充实与完善，社会主义教育事业取得明显成效，人民群众的教育获得感和幸福感不断增强。党的十八大以来，以习近平同志为核心的党中央继承发展了这一理论，在教育发展的"四个服务"②方针指引下，我国教育改革发展取得了举世瞩目的伟大成就，建成了世界上最大规模的教育体系，走出了一条中国特色社会主义教育发展道路，为经济社会发展作出了重要贡献。

但是，进入新时代，随着我国社会主要矛盾的转化，人民对更好教育的期盼与教育发展不平衡、不充分之间的矛盾日益凸显。区域教育发展、各级各类教育发展以及不同群体间教育发展不平衡，教育质量提升、教育多样化发展、教育新技术准备、教育转型发展不充分，无法满足人民对公平有质量的教育需求。具体表现在：教育的内在价值彰显不够，各教育层次、教育类别以及教育功能的协同性不足，教育发展的多主体参与乏力，人民群众教育获得感有待提升等。为更好地满足人民群众的教育需求，解

---

① 教育"二为"服务方针，即教育为社会主义现代化建设服务、为人民服务。
② 教育发展的"四个服务"方针，即教育为人民服务，为中国共产党治国理政服务，为巩固和发展中国特色社会主义制度服务，为改革开放和社会主义现代化建设服务。

决人民群众最关心、最直接、最现实的教育问题，提高人民群众的教育获得感和幸福感，以习近平同志为核心的党中央，在发现、分析、解决教育现实问题过程中，对中国特色社会主义教育道路、制度、理论进行创新性探索，提出坚持以人民为中心发展教育的理念。

以人民为中心发展教育的理念，重视教育的内在价值和个体发展功能，将办好人民满意的教育作为教育发展的核心命题，努力实现教育的创新、协调、绿色、开放、共享发展。它不仅强调育人的质量、教育公平的质量以及教育满足人民群众需要的质量，而且遵循以人民中心原则彰显教育的人民性特征、以全面发展原则体现教育的系统性特征、以共建共享原则凸显教育的目的性特征等价值取向。以人民为中心发展教育理念，较好地回应了人民对更好教育的期盼与教育发展不平衡、不充分之间的矛盾问题。该主题的研究也因此受到当前国内学界的重视，取得了一定成果，但也存在诸多薄弱环节。为深入践行坚持以人民为中心发展教育理念，必须弄明白新时代坚持以人民为中心发展教育与中国共产党人一贯坚持的教育人民性思想的逻辑关联，对它的形成背景、探索历程以及科学内涵、价值遵循、理论意蕴有系统准确的把握。同时，必须清醒认识新时代坚持以人民为中心发展教育面临的艰巨任务和严峻挑战，全面深入把握新时代坚持以人民为中心发展教育的践行路径，为满足人民对更好教育的需要提供理论借鉴。以上即是本书研究的出发点和目的所在。

二　选题的理论价值与现实意义

（一）理论价值

1. 有助于梳理"新时代坚持以人民为中心发展教育"的理论渊源

理论渊源，即理论本源或源流。梳理"新时代坚持以人民为中心发展教育"的理论渊源对当前坚持以人民为中心发展教育具有重要的理论和现实意义。"新时代坚持以人民为中心发展教育"作为马克思主义教育思想与中国教育实践相结合，即马克思主义教育思想中国化的理论成果——中国特色社会主义教育发展思想的核心，它与马克思主义经典作家教育发展思想一脉相承，体现了新中国成立至党的十八大中国共产党人教育的人民性思想，是对中华优秀传统教育思想的扬弃。研究进一步梳理马克思主义经典作家教育发展思想、新中国成立至党的十八大中国共产党人教育的人民性思想以及中华优秀传统教育思想，成为"新时代坚持以人民为中心发展教育"理论渊源的原因与表现。

2. 有助于探寻"以人民为中心发展教育"的内在根据和外在条件

"以人民为中心发展教育"既是对新中国成立以来特别是改革开放以来，中国特色社会主义教育改革发展历史经验的全面总结，也是在着力破解教育发展现实问题背景下形成的，更是我国社会主义初级阶段国情与新时代社会主要矛盾转化的客观要求。通过研究，总结我国教育改革发展历程与经验，新时代教育发展面临的现实问题，找到新时代提出"以人民为中心发展教育"的内在根据。同时，通过研究，深入挖掘新时代社会主要矛盾转化对教育发展的影响，找到新时代提出"以人民为中心发展教育"的外在条件。

3. 有助于深化"以人民为中心发展教育"的规律性认识

"以人民为中心发展教育"是一个完整的理论体系。它不仅具有丰富的科学内涵和鲜明的理论特征，而且还有严格的价值遵循与重要的理论意义。通过研究，对习近平关于坚持以人民为中心发展教育论述作深入细致的探讨，从科学内涵、价值遵循与理论意蕴等维度建构起"以人民为中心发展教育"的理论体系，有助于我们从理论层面深化对"以人民为中心发展教育"的基本内容及其规律的科学认识。

（二）现实意义

1. 为夯实"坚持以人民为中心发展教育"的实践基础提供来源

实践是理论之源，任何一种科学理论的产生都有坚实的实践基础。社会主义教育事业尤其是中国特色社会主义教育事业的长期实践和积极探索以及中国共产党执政为民理念在教育领域的生动实践，为坚持以人民为中心发展教育奠定了坚实的实践基础。通过本书，解决现有研究对"坚持以人民为中心发展教育"实践基础挖掘不够的问题，进一步夯实"坚持以人民为中心发展教育"的实践基础与历史逻辑。

2. 为解决新时代我国教育改革与发展存在的问题提供路径参考

新时代，我国进入新的发展阶段，面临新的社会主要矛盾，迈向新的奋斗目标，我国的教育发展也面临新任务新要求。新时代我国教育改革与发展还不能完全适应国家经济社会发展与人民群众日益增长的新要求新期盼。通过研究，深入分析新时代坚持以人民为中心发展教育面临的艰巨任务和严峻挑战，提出"促进有质量的教育公平""提升教育发展共享水平""促进学生全面发展"以及"推进教育治理现代化"等具体举措，为解决新时代我国教育改革与发展存在的问题提供路径参考。

3. 为深入学习贯彻习近平关于教育的重要论述提供支撑

习近平关于教育的重要论述"开拓了马克思主义教育思想的新境界"，"为加快推进教育现代化、建设教育强国、办好人民满意的教育提供了行动指南"①。深入学习贯彻习近平关于教育的重要论述是推进新时代教育改革发展的前提和基础。通过研究，构建"以人民为中心发展教育"理论体系，帮助人们更好地把握新时代以人民为中心发展教育的科学内涵和理论特征，为深入学习贯彻习近平关于教育的重要论述提供支撑。

4. 为践行以人民为中心的发展思想提供范例

新发展理念不能只停留在口头上、止步于思想层面，而要体现在经济社会发展的各个方面。在经济社会发展中如何践行新发展理念是我们亟须解决的时代课题。通过研究，找到教育发展领域贯彻新理念的实践路径，即新时代坚持以人民为中心发展教育的实践路径，可以为践行新发展理念提供教育领域范例。

第二节　国内外研究概况

一　国内研究概况

以人民为中心发展教育研究受到当前国内学界的重视。本书将从研究阶段、研究主要涉及领域、研究取得的成果与存在的不足等四个方面全面梳理国内研究的基本情况。

（一）研究的三个阶段

1. 第一阶段：相关主题的零散研究

在中央提出"以人民为中心发展教育"之前，就有学者开始了"以人

---

① 《习近平总书记教育重要论述讲义》编写组编《习近平总书记教育重要论述讲义》，高等教育出版社，2020，第13、15页。

民为中心发展教育"相关内容的研究，如教育公平、教育扶贫、教育现代化、立德树人、办让人民满意的教育、加强党对教育工作的全面领导等。例如，史秋衡的《以人民为中心促进教育公平》，吴跃东的《习近平教育公平思想研究》，车富川、祁峰的《习近平教育公平思想内容及特征》，刘齐的《习近平教育公平思想的形成与实践》，穆惠涛的《习近平教育扶贫思想研究》，杜栋的《"紧紧扭住教育这个脱贫致富的根本之策"——学习习近平教育扶贫相关论述的体会》，韩广富、王冬雪的《习近平关于新时代教育脱贫重要论述的主要内容及其指导意义》等。

2. 第二阶段：寻找研究切入点

从已有研究文献可以看出，思考教育领域如何践行新发展理念是学界在该领域研究的切入点。从中央提出以人民为中心的发展思想后，该研究就陆续出现。例如，2017 年，葛道凯在《中国高等教育》发表的《坚持以人民为中心的发展理念，推动高等教育内涵发展》；李英渠在《中国德育》发表的《县域教育如何实践"坚持以人民为中心"的思想》等。

3. 第三阶段：展开较系统的研究

"坚持以人民为中心发展教育"在 2018 年全国教育工作大会上被正式提出后，学界开始展开较系统的研究。研究涵盖其产生背景、内涵、践行路径等。例如，闵永新的《坚持"以人民为中心"开启教育新征程》，刘复兴、邢海燕的《坚持以人民为中心发展教育》，倪佳琪的《坚定"以人民为中心"的根本立场，树立新时代的教育形象》，于海青的《坚持以人民为中心发展教育——深入理解习近平总书记关于教育工作重要论述的人民性蕴涵》，朱峥的《牢记初心使命，坚持以人民为中心发展教育》等。

（二）研究主要涉及领域

1. 形成背景研究

学者对"坚持以人民为中心发展教育"的形成背景研究主要包括理论渊源与实践基础两个方面。

其一，"坚持以人民为中心发展教育"有着深厚的理论渊源。现有研究认为其理论渊源大致包括：马克思主义群众史观、人民主体思想、马克思恩格斯关于教育人民性的阐释、马克思主义教育思想以及我国历代领导集体教育思想等。刘复兴、邢海燕认为，"坚持以人民为中心发展教育是马克思主义群众史观在新时代教育根本目的中的集中体现，是人民主体思想在教育领域的发展和创新"①。于海青提出，"习近平坚持以人民为中心发展教育的论述，与马克思、恩格斯关于教育人民性的阐释一脉相承"②。史秋衡认为，"坚持以人民为中心发展教育"是我国现代教育理论的重要组成部分，是在继承和发展历代领导集体教育思想基础上的进一步创新，具有鲜明的时代特征③。

其二，"坚持以人民为中心发展教育"有鲜明的实践基础。现有研究将其实践基础大致概括为：社会主义教育事业的长期实践和积极探索，中国特色社会主义教育事业发展的实践，中国共产党执政为民在教育工作中的具体体现和生动实践，以及十八大以来教育系统综合施策的结果。于海青提出，习近平坚持以人民为中心发展教育的论述，植根于社会主义教育事业的长期实践和积极探索④。杨晓慧提出："坚持以人民为中心发展教育"是中国特色社会主义教育事业发展实践的最新理论成果⑤。倪佳琪认为："坚持以人民为中心发展教育"是执政为民、坚持以人民为中心的政治立场在教育工作中的具体体现和生动实践⑥。崔保师则认为，党的十八大以来，教育系统着力在落实以人民为中心发展教育上下功夫，涉及各级各类教育的一大批事关群众切身利益的问题得到有效解决，催生了"以人民为中心发展教育"⑦。

2. 科学内涵研究

"坚持以人民为中心发展教育"有着丰富的内涵。通过梳理相关研究文献不难发现，虽然国内学界对其内涵表述略有差异，但核心观点基本一

---

① 刘复兴、邢海燕：《坚持以人民为中心发展教育》，《中国高等教育》2019 年第 6 期，第 13~15 页。

② 于海青：《坚持以人民为中心发展教育——深入理解习近平总书记关于教育工作重要论述的人民性蕴涵》，《人民论坛》2019 年第 6 期，第 20~22 页。

③ 史秋衡：《以人民为中心促进教育公平》，《人民论坛》2019 年第 6 期，第 23~25 页。

④ 于海青：《坚持以人民为中心发展教育——深入理解习近平总书记关于教育工作重要论述的人民性蕴涵》，《人民论坛》2019 年第 6 期，第 20~22 页。

⑤ 杨晓慧：《习近平关于教育重要论述的思想定位、逻辑体系、理论特质》，《思想理论教育导刊》2018 年第 12 期，第 38~42 页。

⑥ 倪佳琪：《坚定"以人民为中心"的根本立场树立新时代的教育形象》，《北京教育（德育）》2018 年第 10 期，第 14~16 页。

⑦ 崔保师：《深刻学习领会习近平总书记关于教育的重要论述的科学内涵》，《教育研究》2018 年第 9 期，第 4~8 页。

致。李辉提出，"坚持以人民为中心发展教育"的内涵主要包括立德树人、办让人民满意的教育、加强党对教育工作的全面领导等三个方面①。于海青提出，以人民为中心发展教育至少包括：坚持教育为人民服务的根本宗旨、凸显教育发展方向的人民性、直面人民对更公平的教育的关切、回应人民对更好的教育的期盼以及适应人民多样化教育诉求等五个方面②。目前，"坚持以人民为中心发展教育"的科学内涵研究，聚焦在以下三个方面。

其一，办人民满意的教育。刘复兴、邢海燕提出："坚持以人民为中心发展教育就是要办好人民满意的教育，从人民的实际需求出发，切实解决好公平、质量和服务民生等问题，使人民有获得感。"③ 赵朝峰提出："坚持以人民为中心发展教育就是要一切为了人民，一切依靠人民，一切成果由人民共享，不断满足人民日益增长的优质多样的教育需要。"顾明远则从"办人民满意的教育就是不断使教育同党和国家事业发展要求相适应、同人民群众期待相契合、同我国综合国力和国际地位相匹配"的角度，进一步指明"什么是办人民满意的教育"④。

其二，办公平而有质量的教育。杨晓慧认为，以人民为中心，就要办公平而有质量的教育，让教育成为促进社会进步的重要力量，让每一个努力奋斗的人都能看到人生更美好的希望，都有人生出彩的机会⑤。

其三，办以"人民为中心"的共享型教育。周建超提出，坚持以人民为中心发展教育，就要保障人民共享教育机会、共享教育资源、共享教育成果、共享教育过程。一句话，就是要办以"人民为中心"的共享型教育⑥。

---

① 李辉：《坚持以人民为中心发展教育的基本向度》，《人民论坛》2019 年第 S1 期，第 131 页。
② 于海青：《坚持以人民为中心发展教育——深入理解习近平总书记关于教育工作重要论述的人民性蕴涵》，《人民论坛》2019 年第 6 期，第 20～22 页。
③ 刘复兴、邢海燕：《坚持以人民为中心发展教育》，《中国高等教育》2019 年第 6 期，第 13～15 页。
④ 顾明远：《新时代教育发展的指导思想——学习习近平总书记在全国教育大会上的讲话》，《北京师范大学学报》（社会科学版）2019 年第 1 期，第 5～9 页。
⑤ 杨晓慧：《习近平关于教育重要论述的思想定位、逻辑体系、理论特质》，《思想理论教育导刊》2018 年第 12 期，第 38～42 页。
⑥ 周建超：《新思想·新观点·新论断——学习习近平总书记关于教育改革和发展的系列重要论述》，《观察与思考》2014 年第 11 期，第 22～27 页。

3. 现实意义研究

学者对"坚持以人民为中心发展教育"的现实意义进行了较深入的挖掘和定位，大体可概括为"执政宗旨呈现说""价值取向与价值追求说""新时代教育方针说""理论精华与核心要义说""教育与发展本质说""发展方向说""基本经验说""必然要求说"等八个方面。

其一，"执政宗旨呈现说"。刘书林认为，把兴办教育的落脚点放在"人民满意""人民中心"的基点上，是党的宗旨的体现①。赵朝峰也提出："坚持以人民为中心发展教育，彰显了马克思主义教育理论的人民立场，坚持了人民主体地位，体现了教育为人民服务的宗旨。"②

其二，"价值取向与价值追求说"。杨晓慧提出，在党的领导下办好人民满意的教育，是习近平关于教育重要论述的价值追求，体现出党性和人民性的高度统一。以人民为中心的价值取向是习近平关于教育重要论述的理论特质之一③。庆兆珅也认为，坚持以人民为中心的发展思想是教育的重要价值追求④。

其三，"新时代教育方针说"。徐俊峰提出，"坚持以人民为中心发展教育"是新时代中国特色社会主义教育方针，其总目标是"办好人民满意的教育"⑤。同样，倪佳琪也指出，"坚持以人民为中心发展教育"是新时代中国教育改革和发展的根本遵循⑥。

其四，"理论精华与核心要义说"。李辉认为，"坚持以人民为中心发展教育"是中国特色社会主义进入新时代党在教育发展上提出的新理念⑦。彭寿清也认为，"坚持以人民为中心发展教育"是习近平新时代中国特色社会

---

① 刘书林：《坚持社会主义办学方向　办好人民满意的教育——学习习近平总书记在全国教育大会上的重要讲话》，《思想理论教育导刊》2018 年第 11 期，第 14~20 页。
② 赵朝峰：《习近平总书记对马克思主义教育思想的新发展》，《人民论坛》2019 年第 6 期，第 16~17 页。
③ 杨晓慧：《习近平关于教育重要论述的思想定位、逻辑体系、理论特质》，《思想理论教育导刊》2018 年第 12 期，第 38~42 页。
④ 庆兆珅：《推动教育优质均衡发展要以人民为中心》，《人民论坛》2019 年第 19 期，第 70~71 页。
⑤ 徐俊峰：《习近平教育思想体系及其理论品格》，《现代教育管理》2019 年第 1 期，第 8~15 页。
⑥ 倪佳琪：《坚定"以人民为中心"的根本立场树立新时代的教育形象》，《北京教育》（德育）2018 年第 10 期，第 14~16 页。
⑦ 李辉：《坚持以人民为中心发展教育的基本向度》，《人民论坛》2019 年第 S1 期，第 131 页。

主义教育思想的理论精华①。赵朝峰提出，坚持以人民为中心发展教育，是习近平关于教育工作重要论述的核心要义②。于海青同样提出，坚持以人民为中心发展教育贯穿习近平关于教育工作重要论述的始终，构建起新时代中国特色社会主义的教育思想框架③。

其五，"教育与发展本质说"。陈宝生提出，以人民为中心发展教育是中国教育的本质④。葛道凯也认为，为人民服务是我国教育的本质所在，要把人民对更好教育的期盼作为奋斗目标，要让教育充满爱心，要让教育拥有尊重，要让因材施教成为一种风尚⑤。于海青同样认为，坚持以人民为中心发展教育，是体现新时代社会主义教育事业根本宗旨和发展本质的论断⑥。

其六，"发展方向说"。闵永新提出，"以人民为中心"指明了我国教育的发展方向⑦。唐国华认为，坚持以人民为中心的发展思想是在教育领域贯彻落实新时代中国特色社会主义思想的发展方向和基本要求⑧。史秋衡同样认为，它为推动我国教育事业的发展和教育公平的实现指明了方向，是办好人民满意教育在思想上的根本保证，也是推进我国教育现代化的理论依据⑨。

其七，"基本经验说"。刘复兴、邢海燕提出，坚持以人民为中心发展教育概括了我国教育改革和发展的基本经验，是马克思主义群众史观在新

① 彭寿清：《习近平新时代中国特色社会主义教育思想的哲学基础》，《西南大学学报》（社会科学版）2018 年第 1 期，第 12~21 页、第 189 页。
② 赵朝峰：《习近平总书记对马克思主义教育思想的新发展》，《人民论坛》2019 年第 6 期，第 16~17 页。
③ 于海青：《坚持以人民为中心发展教育——深入理解习近平总书记关于教育工作重要论述的人民性蕴涵》，《人民论坛》2019 年第 6 期，第 20~22 页。
④ 陈宝生：《认真学习贯彻习近平总书记高等教育重要论述 努力办好中国特色社会主义大学》，《中国高等教育》2017 年第 1 期，第 4~10 页。
⑤ 葛道凯：《习近平重要教育论述对教育改革发展的重大意义》，《中国职业技术教育》2016 年第 19 期，第 5~18 页。
⑥ 于海青：《坚持以人民为中心发展教育——深入理解习近平总书记关于教育工作重要论述的人民性蕴涵》，《人民论坛》2019 年第 6 期，第 20~22 页。
⑦ 闵永新：《坚持"以人民为中心" 开启教育新征程》，《红旗文稿》2018 年第 24 期，第 28~29 页。
⑧ 唐国华：《以习近平新时代中国特色社会主义思想引领教育改革发展》，《现代教育管理》2017 年第 11 期，第 1~7 页。
⑨ 史秋衡：《以人民为中心促进教育公平》，《人民论坛》2019 年第 6 期，第 23~25 页。

时代教育根本目的的集中体现①。倪佳琪也提出，它体现了我国教育自新中国成立以来特别是改革开放以来的基本经验②。

其八，"必然要求说"。于海青提出，坚持以人民为中心发展教育是推进新时代中国特色社会主义伟大征程的必然要求，是适应新时代社会主要矛盾转化的必然要求，是培养新时代发展需要的优秀人才的必然要求③。刘原也提出，努力办好人民满意的教育是贯彻"四个服务"方针的必然要求④。

4. 践行路径研究

如何更好地推进和践行"以人民为中心发展教育"是当前理论界研究的焦点问题。国内学者在这方面的研究可以概括为以下五个方面。

其一，促进教育公平，切实解决教育发展中不平衡不充分的问题。顾明远提出，要办好人民满意的教育，不断促进教育发展成果更多更公平地惠及全体人民，以教育公平促进社会公平正义⑤。庆兆坤也提出，坚持以人民为中心发展教育，要让每个人享有公平的受教育机会⑥。徐俊峰认为，只有让每一个人享有更公平的教育，才能真正实现以人民为中心发展教育，这是教育实践的基本要求⑦。唐国华也认为，把促进教育公平作为根本价值追求，抓住人民最关心最直接最现实的利益问题，既尽力而为，又量力而行，坚守底线、突出重点、完善制度、引导预期，在发展中补齐短板、促进公平正义，在发展中提高教育保障和改善民生的能力，让改革发展成果更多更公平惠及全体人民⑧。李英渠提出，注重教育均衡，让人民群众共享

---

① 刘复兴、邢海燕：《坚持以人民为中心发展教育》，《中国高等教育》2019 年第 6 期，第 13～15 页。

② 倪佳琪：《坚定"以人民为中心"的根本立场树立新时代的教育形象》，《北京教育》（德育）2018 年第 10 期，第 14～16 页。

③ 于海青：《坚持以人民为中心发展教育——深入理解习近平总书记关于教育工作重要论述的人民性蕴涵》，《人民论坛》2019 年第 6 期，第 20～22 页。

④ 刘原：《努力办好人民满意教育是高校落实以人民为中心的出发点和落脚点》，《课程教育研究》2018 年第 29 期，第 34～35 页。

⑤ 顾明远：《深入学习研究习近平教育思想》，《中国高校社会科学》2018 年第 2 期，第 9～12 页。

⑥ 庆兆坤：《推动教育优质均衡发展要以人民为中心》，《人民论坛》2019 年第 19 期，第 70～71 页。

⑦ 徐俊峰：《习近平教育思想体系及其理论品格》，《现代教育管理》2019 年第 1 期，第 8～15 页。

⑧ 唐国华：《以习近平新时代中国特色社会主义思想引领教育改革发展》，《现代教育管理》2017 年第 11 期，第 1～7 页。

教育发展成果①。史秋衡建议：坚持以人民为中心促进教育公平②。刘复兴、邢海燕也建议，实现教育公平，需要夯实教育发展的基础③。瞿振元提出，要让 13 亿人民享有更好、更公平的教育，努力让每个人都有人生出彩的机会，就要改善农村教育，扶贫要扶智，治贫先治愚④。魏有兴、杨孝旭同样提出，扶贫必先扶智，发展以人民为中心的助学体系⑤。

其二，提升教育质量，增加优质教育资源供给。石国亮提出，坚持以人民为中心发展教育，就是要扩大优质资源供给，不断促进教育事业发展成果更多更公平惠及全体人民，努力让每个孩子都享有公平而有质量的教育，充分体现教育为人民谋幸福的立场⑥。庆兆坤提出，推动教育优质均衡发展是坚持以人民为中心发展教育的必然选择⑦。唐国华认为，坚持以人民为中心发展教育，要把人民对优质教育的向往作为奋斗目标，增加优质教育资源的供给量，扩大改革发展的受益面⑧。刘复兴、邢海燕则进一步就如何提升教育质量提出了建议：着力加强教师队伍建设，努力提高教师政治地位、社会地位和职业地位；坚持教育领域的对外开放，统筹推进"双一流"建设，以竞争促质量；加强教育领域的开放融通，在国际交流与竞争中谋求教育质量的提升等⑨。

其三，"以学生为中心"，立德树人，提高育人质量。闵永新提出："落实以人民为中心的教育发展思想，必须培养一代又一代拥护中国共产党领

---

① 李英渠：《县域教育如何实践"坚持以人民为中心"的思想》，《中国德育》2018 年第 23 期，第 11~12 页。

② 史秋衡：《以人民为中心促进教育公平》，《人民论坛》2019 年第 6 期，第 23~25 页。

③ 刘复兴、邢海燕：《坚持以人民为中心发展教育》，《中国高等教育》2019 年第 6 期，第 13~15 页。

④ 瞿振元：《学习习近平总书记重要论述 建设中国特色世界水平的现代教育》，《中国高等教育》2014 年第 19 期，第 7~9 页。

⑤ 魏有兴、杨孝旭：《以人民为中心：近十年我国助学研究与实践》，《中国高等教育》2019 年第 10 期，第 51~53 页。

⑥ 石国亮：《论习近平总书记关于教育的重要论述——以新时代第一次全国教育大会为重点的分析》，《中国青年社会科学》2018 年第 6 期，第 8~16 页。

⑦ 庆兆坤：《推动教育优质均衡发展要以人民为中心》，《人民论坛》2019 年第 19 期，第 70~71 页。

⑧ 唐国华：《以习近平新时代中国特色社会主义思想引领教育改革发展》，《现代教育管理》2017 年第 11 期，第 1~7 页。

⑨ 刘复兴、邢海燕：《坚持以人民为中心发展教育》，《中国高等教育》2019 年第 6 期，第 13~15 页。

导和我国社会主义制度、立志为中国特色社会主义奋斗终身的有用人才。"①
葛道凯也提出：办好人民满意的教育，既要关注学生的全面发展，也要关注学生的个性发展；要更多关注处境不利学生的健康发展，把为每个学生提供最适合的教育作为新时期教育改革发展的重要任务②。于凯生同样提出，"以学生为中心"是"以人民为中心"发展思想在学校的具体化③。至于刘朝阁的"学生的思想政治教育必须'以人民为中心'"④和何艺新的"'以人民为中心'思想引领大学生人生观教育"⑤等观点，则是在此基础上的细化和微观落实。

其四，扎根中国大地办教育，进行教育教学改革，为人民群众创造良好的教育环境。闵永新提出："坚持以人民为中心发展教育，就要坚持优先发展教育事业，坚持扎根中国大地办教育，重视中国教育改革经验的总结梳理和理论升华。"⑥刘书林也提出，在教育改革中要根据人民的利益和主要追求，把教育经费用到教育基本设施改善和教师待遇普遍提升⑦。至于具体改革举措，学者们的建议举不胜举。有建议"教育综合改革应由'教育工具论'向'教育民生论'转型"的⑧，也有建议"积极稳妥、有序推进高考改革"⑨，"坚持以人民为中心的民生导向，推进高等教育体制改革"

---

① 闵永新：《坚持"以人民为中心"开启教育新征程》，《红旗文稿》2018年第24期，第28~29页。
② 葛道凯：《习近平重要教育论述对教育改革发展的重大意义》，《中国职业技术教育》2016年第19期，第5~18页。
③ 于凯生：《"以学生为中心"践行"以人民为中心"发展思想》，《黑龙江工业学院学报》2017年第12期，第1~3页。
④ 刘朝阁：《论以人民为中心视域下的思想政治教育》，《未来与发展》2018年第11期，第20~24页。
⑤ 何艺新：《"以人民为中心"思想引领大学生人生观教育研究》，《河南教育学院学报》（哲学社会科学版）2019年第3期，第68~73页。
⑥ 闵永新：《坚持"以人民为中心"开启教育新征程》，《红旗文稿》2018年第24期，第28~29页。
⑦ 刘书林：《坚持社会主义办学方向 办好人民满意的教育——学习习近平总书记在全国教育大会上的重要讲话》，《思想理论教育导刊》2018年第11期，第14~20页。
⑧ 张学文：《教育综合改革应由"教育工具论"向"教育民生论"转型——"十八大"报告"努力办好人民满意的教育"之学理解读》，《清华大学教育研究》2013年第1期，第17~21页。
⑨ 瞿振元：《学习习近平总书记重要论述 建设中国特色世界水平的现代教育》，《中国高等教育》2014年第19期，第7~9页。

等①。庆兆坤提出"'坚持以人民为中心发展教育'就要为人民群众创造良好的教育环境"②和李英渠提出"确保校园安全，办'满意教育'先办'放心教育'"③等建议，则将"坚持以人民为中心发展教育"落脚到"为人民群众创造良好的教育环境"上。

其五，服务民生，提升全民就业创业能力。刘复兴、邢海燕提出，"坚持以人民为中心发展教育"就要以就业为核心服务民生，通过完善的就业政策，多渠道、多形式的就业、创业服务体系，改善就业环境，提高就业质量④。瞿振元也提出，"坚持以人民为中心发展教育"就要促进高校毕业生公平就业、充分就业⑤。杜彬恒认为，办好人民满意的教育是改善民生最为有效的途径，要着力培养学生的劳动精神和就业创业能力⑥。赵聪则对如何"以人民为中心发展教育，提升全民就业创业能力"作了深入的探讨⑦。

（三）现有研究取得的成果

通过梳理不难发现，现有研究基本集中于对"坚持以人民为中心发展教育"的理论阐发和推介，在探讨其理论渊源、实践基础、科学内涵及践行路径等方面取得了一定成果。第一，论证了包括"马克思主义的群众史观、人民主体思想、教育的人民性以及中国共产党历代领导集体教育思想"等在内"坚持以人民为中心发展教育"的理论渊源。第二，揭示了"中国特色社会主义教育事业的长期实践和积极探索"是"坚持以人民为中心发展教育"的深厚实践基础。第三，将其科学内涵概括为"教育发展为了人

---

① 刘伟：《中国高等教育体制改革的民生逻辑与路向》，《内蒙古社会科学》（汉文版）2017年第3期，第161~166页。
② 庆兆坤：《推动教育优质均衡发展要以人民为中心》，《人民论坛》2019年第19期，第70~71页。
③ 李英渠：《县域教育如何实践"坚持以人民为中心"的思想》，《中国德育》2018年第23期，第11~12页。
④ 刘复兴、邢海燕：《坚持以人民为中心发展教育》，《中国高等教育》2019年第6期，第13~15页。
⑤ 瞿振元：《学习习近平总书记重要论述　建设中国特色世界水平的现代教育》，《中国高等教育》2014年第19期，第7~9页。
⑥ 杜彬恒：《坚持以人民为中心发展教育　着力提升全民就业创业能力》，《中国大学生就业》2019年第4期，第4~5页。
⑦ 赵聪：《以人民为中心发展教育　提升青年就业创业能力——评〈中国青年就业创业问题研究〉》，《中国高校科技》2019年第8期，第97页。

民，教育发展依靠人民，教育发展成果由人民共享"。第四，探讨了包括"促进教育公平、提升教育质量、发展教育民生"等在内的"坚持以人民为中心发展教育"的践行路径。

（四）现有研究存在的不足

由于"坚持以人民为中心发展教育"提出的时间较短，目前，国内学者此方面的研究仍处于起步阶段，难免存在不足之处。

第一，理论渊源探讨不足。当前，学界对"坚持以人民为中心发展教育"的理论渊源大体集中在马克思主义群众史观、人民主体思想、教育人民性阐释、历代领导集体教育思想等。以人民为中心发展教育不仅来源于马克思主义教育思想，来源于中国共产党人的教育思想，还来源于中华优秀传统教育思想，在继承和发展现代教育理论基础上的进一步创新。

第二，探索历程挖掘不够。当前，学界此方面的研究多集中于中国特色社会主义教育事业的长期实践和积极探索，较少对十八大以来"以人民为中心发展教育"从初步形成、走向成熟到继续发展的历程清晰的概括。

第三，科学内涵凝练不到位。当前，国内多数学者只是简单将"教育发展为了人民，教育发展依靠人民，教育发展成果由人民共享"的价值取向等同于"以人民为中心发展教育"的科学内涵，缺乏对其科学内涵与理论特征的时代性概括。这种简而化之的做法显然混淆了价值取向与科学内涵的界限。

二　国外研究概况

目前，国外没有"以人民为中心发展教育"的提法，但围绕"满足公民的需要发展教育"的做法和研究不少，开展的时间可以追溯到 20 世纪，内容涉及教育公平、教育均衡、提高教育质量等。国外这方面积累了相当多的研究成果，值得我们学习借鉴。这里将其分为美国、西欧、拉丁美洲、新兴市场经济体国家等四类加以概述。

（一）美国相关教育研究

美国在教育公平、教育均衡、教育质量等方面研究成果较多，尤其是教育公平研究。美国学者在教育公平方面的研究较全面，研究主题涵盖性别差异、家庭文化资本与社会经济地位以及种族观念等方面。例如：有学者研究认为，美国教育中的性别不公平，不仅表现在教育过程中，还表现在教育功能的释放环节（如工作收益）[①]；有学者研究指出，家庭文化资本与社会经济地位是导致美国学生学业成就存在差异的主要原因[②]。本书将从美国基础教育公平、基础教育优质均衡发展以及高等教育公平问题等三个方面概述美国研究现状。

1. 基础教育公平研究

从 20 世纪 60 年代开始，美国学者就对基础教育公平作了大量研究。美国基础教育公平研究大部分侧重于不同社会环境对学生的学业成就影响，但也有研究指出，不同民族、种族和性别遗传差异会对学业成绩产生影响。正是这些研究推动了美国教育平等化改革。1964 年，为激发贫困儿童的认知能力，美国通过《经济机会法》，实施"早期大脑开发"项目，使贫穷家庭发生根本改变[③]。1965 年，美国通过第一个由联邦政府对中小学进行普遍援助的《初等和中等教育法》，有力推动了美国中小学的教育机会平等，尤其是改善了黑人等少数民族、贫困家庭子女的受教育状况[④]。薛二勇、方展画以《初等与中等教育法》颁布 40 余年的政策实践为例，总结分析了美国教育公平发展中的补偿性政策。认为 2001 年《不让一个孩子掉队法》（*No Child Left Behind Act of 2001*）是对 1965 年的《初等和中等教育法》的最新认可。研究同时认为，改变传统的课程与教学方式，延长学生参与补偿性教育时间，注重教育效果评估与责任，从关注教育公平走向重视教育充足等是美国教育公平补偿性政策的发展趋向[⑤]。王瑜的博士论文对公平视域下的美国义务教育改革进行了较系统的研究，认为美国人民从公共教育诞生

① Bobbitt-Zeher, D.. "The Gender Income Gap and the Role of Education" [J]. *Sociology of Education*, 2007, 80 (1): 1-22.

② Rudolph, E., Börner, G.. "Family Background and School Effects on Student Achievement: A Multilevel Analysis of the Coleman Data" [J]. *Teachers College Record*, 2011 (1): 97-132.

③ Harry Morgan, *Historical Perspectives on the Education of Black Children*, Praeger Publishers, Westport, CT, 1995.

④ Harry A. Ploski, Warren Marr, Ⅱ. (compiled and edited) The Negro Almanac: A Reference Work on the Afro-American, The Bellwether Company, NY, (first edition), 1967.

⑤ 薛二勇、方展画：《美国教育公平发展中的补偿性政策——以〈初等与中等教育法〉颁布四十余年的政策实践为例》，《教育发展研究》2007 年第 19 期，第 27~32 页。

起就没有停止过对教育公平的探索和追求①。20世纪，美国义务教育进入以标准化问责为主要内容的优质教育公平深化发展阶段。这其中，美国联邦政府以强制性、延续性的教育法案作为推动教育公平理念的有效保障，以教育券、特许学校、开放入学等学校选择计划来实现不同群体的受教育机会均等举措，值得我们学习借鉴。

2. 基础教育优质均衡发展研究

为推进中小学均衡发展，21世纪以来，美国通过在绩效责任制中进一步引入灵活性和差异性元素，建立更符合学校实际的差异化绩效责任制②。王晨对美国基础教育优质均衡发展改革措施进行了研究，认为美国围绕"教育机会平等与自由选择发展""教育资源公平分配与保障""教育结果的标准化评价与学校改进"等三个中心议题，分别采取了择校、学券制、特许学校、财政改革、师资标准改革、补偿教育、志愿性国家课程标准、标准化测试、问责制等基础教育优质均衡发展改革措施，值得我们借鉴③。刘小强、王德清的研究表明，美国通过设置专项资金、出台政策进行直接或间接调控，为新教师提供入职指导以及提供教师事业发展支持等新举措，能够吸引高素质教师到薄弱学校④。

3. 高等教育公平问题研究

美国的高等教育公平是从扩大入学机会开始的。1965年美国正式通过了《高等教育法》，创建了两种新的学生资助模式："教育机会助学金"（Educational Opportunity Grants，EOG）和"担保学生贷款"（Guaranteed Student Loan，GSL），以此扩大贫困学生的高等教育入学机会。同时，为保障弱势阶层的高等教育入学机会，美国一直都坚持采取具有"强干预"属性的"阶层性差别待遇措施"（Class-Based Affirmative Action）⑤。"颁布'士

---

① 王瑜：《公平视域下美国义务教育改革研究》，西南大学博士学位论文，2013。
② Department of Education. Secretary Spellings Approves 6 States' Differentiated Accountability Proposals [EB/OL]. http//www.ed.gov/admins/lead/account/differentiatedaccountability/index.html.2008 – 12-20.
③ 王晨：《美国基础教育优质均衡发展改革措施述评》，《学术界》2011年第8期，第209~217页、第289页。
④ 刘小强、王德清：《美国吸引高质量教师到薄弱学校的新举措》，《外国教育研究》2011年第3期，第61~66页。
⑤ Jarrod, D. R.. "Revisiting Class-Based Affirmative Action in Government Contracting" [J]. *Washington University Law Review*, 2011 (5)：1309-1352.

兵权力法案'，扩大教育机会；颁布'民权法案'，实行'教育补偿'；制定'全国教育标准'，兼顾'平等'与'优异'"，是第二次世界大战后美国解决高等教育公平的基本路径①。当然，为促进高等教育公平，美国政府与院校也对学生的学业保持和学业完成情况加以关注，并进行干预②。吴亮对美国高等教育入学机会的阶层公平保障进行了深入研究，认为其"教育适足论"核心价值理念和相对成就评价模式以及需求导向、协同合作与监督评价等机制的创新，为我国高校专项计划的完善提供了可资借鉴的经验③。

4. 高等教育发展研究

高等教育的发展应借助民间资金，同时加强高等教育治理。潘懋元、罗丹通过总结和比较美国、西欧、东南亚以及拉丁美洲、转型国家等四种高等教育大众化模式，发现高等教育质量的高低与办学体制并没有必然联系；民办高等教育的发展，有利于激活竞争机制，更好地培养适应社会需求的人才；"充分利用民间资金"是解决高等教育大众化过程中经费难题的根本途径④。左崇良、潘懋元研究认为，美国高等教育治理具有多样化和分权化的特征，注重分类规则的运用，用知识共同体标准塑造大学价值，根据合作、平衡的原则构建治理体系，呈现以法定权和多方共治的内外格局⑤。

(二) 西欧相关教育研究

1. 促进教育公平研究

西欧国家作为发达的老牌资本主义国家，早在几十年前就极为关注教育公平研究。其中，英国是全球最早研究教育公平问题的国家，伦敦大学是教育公平问题研究最为活跃的机构。西欧国家对教育公平问题的研究最

---

① 靳贵珍：《美国高等教育公平问题的历史透析》，《北京理工大学学报》（社会科学版）2004年第 3 期，第 65~67 页。

② Wisconsin Center for the Advancement of Postsecondary Education. The Challenge of Access and Persistence [EB/OL] . http：//www. wiscape. wisc. edu/publications/attachments. pdf. 2003-05-30.

③ 吴亮：《美国高等教育入学机会的阶层公平保障：缘起、发展与趋势》，《高教探索》2020年第 5 期，第 52~57 页。

④ 潘懋元、罗丹：《多国高等教育大众化模式比较研究》，《高等教育研究》2007 年第 3 期，第 1~8 页。

⑤ 左崇良、潘懋元：《美国高等教育治理的核心要义与内外格局》，《江苏高教》2016 年第 6 期，第 24~30 页。

早从关注教育机会不均等问题开始，西欧国家研发了一系列较为权威的教育公平指标体系。英国 1944 年教育法案力图改变中等教育只为有条件接受这一级教育者保留的状况，以实现普及中等教育的目标①。1953 年联邦德国教育委员会提交的教育报告中就规定，国民学校、中间学校和高级中学在一定程度上都应满足三个不同社会等级的需要②。瑞典就有自由主义教育家否认能力和才能是某一等级所特有的观点，主张把那些主要招收在城乡从事体力劳动大众后代的基础学校改为只有单轨的、招收各种社会出身的儿童的学校③。

近十年西欧国家教育公平研究的热点和前沿问题主要集中在以下方面：性别差异与女性教育权益保护，家庭文化资本、社会经济地位与教育成就，多元文化背景下文化冲突与教育等。首先，从性别差异与女性教育权益保护看，学者研究表明，西欧很多国家存在性别不平等造成的教育不公平问题④。政府在促进教育性别公平中承担着重要角色，在西欧国家中意大利政府的相关政策很滞后⑤。其次，从家庭文化资本、社会经济地位与教育成就看，研究表明，德国、希腊、英国、比利时和葡萄牙等阶层经济差异大的国家教育不公平概率很高，瑞典和芬兰这样阶层经济差异小的国家教育不公平概率相对较低⑥。最后，从多元文化背景下文化冲突对教育的影响看，研究表明，多种宗教信仰下的教育发展会受宗教文化差异和冲突的影响。例如，北爱尔兰新教和天主教两大宗教教义的差异产生了两个独立教育系

---

① 托尔斯顿·胡森、张人杰：《平等——学校和社会政策的目标》（下），《外国教育资料》1987 年第 3 期，第 14~21 页。

② 托尔斯顿·胡森、张人杰：《平等——学校和社会政策的目标》（下），《外国教育资料》1987 年第 3 期，第 14~21 页。

③ 托尔斯顿·胡森、张人杰：《平等——学校和社会政策的目标》（下），《外国教育资料》1987 年第 3 期，第 14~21 页。

④ Wiseman, A. W., "A Culture of (In) Equality?: A Cross-National Study of Gender Parity and Gender Segregation in National School Systems" [J]. *Research in Comparative & International Education*, 2008, 3 (2): 179-201.

⑤ Biemmi, I., "Gender in Schools and Culture: Taking Stock of Education in Italy" [J]. *Gender & Education*, 2015, 27 (7): 1-16.

⑥ Martins, L., Veiga, P., "Do Inequalities in Parents' Education Play an Important Role in PISA Students' Mathematics Achievement Test Score Disparities?" [J]. *Economics of Education Review*, 2010, 29 (6): 1016-1033.

统，阻碍了学校间的教学资源共享和专业知识交流①。

2. 提高教育质量研究

西欧国家是紧接美国之后较早进行小班化教育改革的国家。从 20 世纪初开始，西欧国家通过控制并缩小班级规模，极大提高了义务教育质量②。为提高教育质量，西欧国家从 20 世纪末就开始尝试进行优势教育（即"扬长式"教育），目前已初步形成系统化的优势教育理论和实践体系③。为促进社会包容和公平、满足劳动力市场需要、适应科技发展、保障社会参与、为终身学习服务的需要，西欧国家在 21 世纪初进行了中等教育改革。周士民、彭璐的研究表明，此次改革，西欧国家普遍重新制定教育目标、目的和政策，增设职业内容，更新中等教育课程、教学内容与学习模式、评价体系。改革取得了一定成效，但也引发了一些问题④。为提高教育质量，西欧主要国家非常重视教师职前教育。以德国为例，"在大约 150 年中，德国师范教育的发展为广大德国儿童接受超过国际水平的教育与教学创造了条件。"⑤ 正是通过高标准的入学门槛，保证优质师范生来源，教育质量才得以提高。

3. 高等教育公平与质量研究

与美国高等教育公平政策一样，西欧国家的高等教育公平同样是从扩大弱势学生的高等教育入学机会开始的。21 世纪，为扩大弱势学生的入学机会，英国大学招生正式引入背景考察并普遍推广⑥。政府在高等教育发展中扮演重要角色，诞生于 20 世纪 80 年代的"评估型政府"，是西欧国家为

---

① Borooah, V. K., Knox, C.. "Segregation, Inequality, and Educational Performance in Northern Ireland: Problems and Solutions" ［J］. *International Journal of Educational Development*, 2015, 40: 196–206.

② 陶青：《西方发达国家小班化教育政策的演化与比较》，《现代教育管理》2010 年第 9 期，第 91~94 页。

③ Lopez, S. J. "Strengths Development: Research and Resources" ［J］. *Educational Horizons*, 2006, (3): 157–160.

④ 周士民、彭璐：《21 世纪初西欧中等教育改革及启示》，《教学与管理》2014 年第 6 期，第 154~156 页。

⑤ P. Matinkoeder, Lehrerbildung und Bildungsreform, Padagogische Rundschau, 1984, H. 1, S. 19.

⑥ Zimdars A. M., Moore J., Graham J.. "Is Contextualized Admission the Answer to the Access Challenge?" ［J］. *Perspectives: Policy and Practice in Higher Education*, 2016 (4): 143–150.

适应高等教育大众化而采取的一个重要步骤①。实践证明，西欧国家的"评估型政府"对提高政府管理高等教育的效率与质量，提高大学自主发展的能力以及建立新型的政府、市场与高等教育关系，促进西欧国家高等教育的发展，起到了重要作用。

4. 终身学习教育发展研究

西欧国家非常重视公民的终身学习，在成人教育中采取多元化的发展模式和不同主体的资源开放和共享②。

（三）拉丁美洲相关教育研究

拉美国家从 19 世纪初独立一直到 19 世纪末，教育普遍经历了一个曲折反复的发展过程。进入 20 世纪才真正步入快速发展期，在免费义务教育和职业教育改革领域取得了令人瞩目的成就，但仍然存在偏重"精英"教育和教育脱离社会经济发展需要的问题。从第二次世界大战后到 60 年代中期，拉美大部分国家在政治稳定和经济快速发展的大背景下，教育进入黄金发展期③。

1. 促进教育公平、提高教育质量研究

在拉美国家中，巴西的教育发展最佳，其做法归入新兴市场经济体国家一类。本书仅以墨西哥的教育发展为例，墨西哥的义务教育改革一直都紧随巴西之后，走在拉美较前列。2013 年，墨西哥颁布了《教师职业一般服务法》，对学前和中小学教师、教育管理者设立全国统一考核聘用制度，进行教师职业改革④。2019 年，经济合作与发展组织（OECD）为支持墨西哥促进教育公平、提高教育质量，建议其引入学校资助模式；为所有学生提供 21 世纪新型学习方式；支持教师的专业发展，助力学校成为学习社区；

---

① Guy Neave，"On the Cultivation of Quality，Efficiency and Enterprise：An Overview of Recent Trends in Higher Education in Western Europe，1986-1988"［J］．*European Journal of Education*. Vol. 23，Nos1/2，1988.

② 李环宇：《发达国家成人教育主体转型及启示》，《中国成人教育》2017 年第 21 期，第 108~110 页。

③ 张红颖：《略论拉美国家独立后至 20 世纪 60 年代教育发展的成就与问题》，《学园》2018 年第 20 期，第 26~27 页。

④ Diario Oficial de la Federación. Ley General del Servicio Profesional Docente，［EB/OL］．http：//wedu. mx/index. php/517-reforma-educativa/marco-normati-vo/1606-ley-general-del-servicio profesional-docente，2015-11-09.

以学校实践和学生学习为重点进行评价和评估①。

2. 高等教育发展研究

拉丁美洲高等教育最开始是"依附"欧盟国家发展起来的，后来通过"本土化"探索，与欧盟建立起了制度化的高等教育合作关系，从"依附"转变为"合作"②。20 世纪 80 年代，为增强高等教育的公正性与平等性，提高社会底层群体的社会地位，促进拉美社会的和谐发展，拉美国家实施了高等教育"自由化"改革。改革采取的措施包括：通过建立第三方评估体系、取消统一入学考试，减少政府干预；通过减少政府对高等教育的资金投入、引入竞争机制，改革经费资助形式；通过引入社会资本、提供助学贷款，扶持私立大学等。虽然改革没有完成既定目标，但积累的经验教训值得我们借鉴③。回顾拉丁美洲高等教育的发展进程不难发现，拉丁美洲国家在高等教育发展进程中"坚持'借鉴式'教育路向，遵循'公平兼顾效益'教育原则，推进'扶持民办高校'教育行动，培育'兼容并包'教育文化"的做法值得我们学习借鉴④。

（四）新兴市场经济体国家相关教育研究

1. 教育公平研究

在新兴市场经济体国家中，像南非这样的多种族国家，种族观念偏见是影响教育公平的主要因素。因而，南非对不同种族的态度决定了不同种族受教育权利的差异⑤。保护不同种族学生的受教育权益，如何尽量做到公平，是这些国家学者重点关注的问题。为实现更加公平的教育，印度、南非等新兴市场经济体国家，在宏观上，通过"在法律和政策中明确提出政

---

① 伍艳：《OECD 支持墨西哥促进教育公平、提高教育质量》，《世界教育信息》2019 年第 9 期，第 72～73 页。

② 胡昳昀、刘宝存：《从"依附"到"合作"：拉丁美洲高等教育发展路径研究》，《高教探索》2020 年第 4 期，第 48～54 页。

③ 周楠：《20 世纪 80 年代以来拉美高等教育"自由化"改革评析》，《比较教育研究》2017 年第 4 期，第 84～90 页。

④ 朱士财：《拉丁美洲高等教育发展窥探：历程回顾与启示》，《世界教育信息》2018 年第 1 期，第 53～57 页、第 63 页。

⑤ Christopher, A. J.. "Educational Attainment in South Africa: A View from the Census 1865-2011" [J]. *History of Education*, 2015, (4): 58-77.

府在促进教育公平中的角色"，"在财政投入上适度倾斜于义务教育阶段和弱势群体"，并"为弱势群体提供特殊的支持政策"，强化政府责任，法律、政策、财政三管齐下；中观上，保证教育资源在地理位置、经济及社会等三个方面的可获得性和均衡配置；微观上，确保教室中的公平①。

2. 公民教育研究

俄罗斯转型时期国家形态变迁背景下公民教育的变革，不仅是公民教育理论发展的宝贵资源，亦是公民教育实践可资参照的实例。首先，国家在实施公民教育过程中应发挥不可替代的主导作用；其次，社会转型背景下公民教育的实施要凸显自主性②。

3. 高等教育发展研究

在过去 30 年，金砖国家的高等教育数量和质量取得了关键性突破。在资源受限的背景下，这些国家的政府在融资模式和大学自主权方面均采用了相应的政策工具。例如，巴西、俄罗斯、印度等国"选择性资助"少数精英大学，国家优先建设努力追赶发达国家的一流大学，同时实现高等教育大扩张，推动高等教育从精英化到大众化③。有学者研究表明，印度从 20世纪 80 年代就开始关注高等教育质量，提出要用卓越标准取代公平标准④。

第三节　相关概念界定

一　教育的人民性

"人民性"是马克思主义最鲜明的品格。在马克思看来，"人民性"指的是一种价值取向，即坚持人民至上、以人民群众为本的价值追求，其本质是实现人的自由全面发展。所谓教育的人民性，是指教育要帮助生命发展，要培养自由全面发展的人，要以人民的需求为旨归，要惠及人民大众。

---

① 荣黎霞：《发展中国家如何致力于更加公平的教育——以印度和南非为例》，《比较教育研究》2007 年第 2 期，第 1～5 页、第 92 页。

② 乐先莲：《国家形态的演进与公民教育的变革——国家类型学视域下俄罗斯转型时期公民教育探微》，《外国教育研究》2016 年第 3 期，第 120～128 页。

③ 孙伦轩、陈·巴特尔：《"金砖四国"的高等教育转型：内外冲击与国家回应》，《高教探索》2017 年第 10 期，第 58～65 页。

④ Geetha B Nambissan and Poonam Batra. "Equity and Excellence：Issues in Indian Education" [J] *Social Scientist* Vol. 17, No. 9/10（Sep. -Oct.）1989.

资本主义社会中人的发展的片面性决定了资产阶级教育不具有人民性。社会主义的本质是实现人的自由而全面的发展。与之相适应，社会主义教育的本质就是培养全面发展的人。社会主义教育具有鲜明的人民性。以人民为中心发展教育是以马克思主义为指导思想的中国共产党人对教育人民性思想的新时代诠释与践行。

（一）从教育的阶级性看教育的人民性

马克思主义唯物史观认为人的本质是一切社会关系的总和。这种人的本质的社会性（在阶级社会体现为阶级性）决定了以人为对象的教育同社会关系必然存在密切联系。具体体现在：一定的社会关系决定并制约着教育的目的、性质和功能实现，反过来，教育又为一定的社会关系服务，为维护、发展特定社会关系的经济和政治利益服务。在阶级社会，任何时代的教育思想都是在社会关系中占统治地位阶级的教育思想，为统治阶级服务，教育具有鲜明的阶级性。

资本主义社会的阶级关系决定了资产阶级教育不具有人民性。前文在"国外研究概况"部分简要概括了国外在教育公平、教育均衡、提高教育质量等方面的基本情况，但国外尤其是资本主义国家的教育公平与教育均衡举措具有相对性和局限性，并不具有我们这里所说的人民性特征。

当无产阶级从资产阶级手中夺取了社会生产和社会分配的领导权，为吸引群众参加建设社会主义国家的共同事业，必须通过教育提高各劳动阶层的文化水平。工人阶级要摆脱没有文化的状况，真正成为国家的主人，就必须通过教育学习掌握科学。社会主义建设需要劳动人民每个人都识字，每个人都有文化。列宁在1923年《论合作制》一文中就曾明确提出："如果不经过这一历史时代，不做到人人识字，没有足够的见识，没有充分教会居民读书看报，没有做到这一点的物质基础，没有一定的保障，如防备歉收、饥荒等等的保障——没有以上这些条件，我们就达不到自己的目的。"[1] 无产阶级的一切教育理论和奋斗目标都体现教育的人民性特征。正

---

① 中共中央马克思恩格斯列宁斯大林著作编译局编译《列宁选集》（第4卷），人民出版社，2012，第770页。

如列宁所言，无产阶级教育的任务是要为社会主义建设训练群众①。斯大林在 1927 年《联共（布）第十五次代表大会中央委员会的政治报告》中也指出："党的任务就是加紧为提高工人阶级和劳动农民阶层的文化而斗争。"② 社会主义社会的阶级关系和无产阶级专政任务决定了无产阶级教育具有鲜明的人民性。

（二）从社会主义的本质界定看教育的人民性

"代替那存在着阶级和阶级对立的资产阶级旧社会的，将是这样一个联合体，在那里，每个人的自由发展是一切人的自由发展的条件。"③ 可见，社会主义的本质是实现人的自由而全面发展。与社会主义本质相适应的社会主义教育的作用也就必然落在培养全面发展的人上。正如斯大林 1934 年在党的第十七次全国代表大会上关于联共（布）重要工作的总结报告中指出的："马克思主义的社会主义，不是要缩减个人需要，而是要竭力扩大和发展个人需要，不是要限制或拒绝满足这些需要，而是要全面地充分地满足有高度文化的劳动人民的一切需要。"④ 社会主义教育通过为实现人的全面发展提供创造物质财富的能力，进而实现人的全面发展，最终实现使全人类获得彻底解放的教育目的。为实现这一目的，以人为本、以育人为本位的发展路径就成为社会主义教育必须遵循的首要原则。所有这些都决定了社会主义教育以满足和服务于人民的教育需求为价值旨归，在性质上必然具有人民性。

（三）教育的人民性在我国社会主义建设中的践行

新中国成立后，毛泽东同志把"恢复和发展人民教育"作为"当前重要任务之一"，以办教育必须符合人民利益为根本要求，在加强农民教育，培养德智体全面发展的、有社会主义觉悟的、有文化的劳动者方面进行了

---

① 中共中央马克思恩格斯列宁斯大林著作编译局编译《列宁专题文集（论社会主义）》，人民出版社，2009，第 170 页。

② 中共中央马克思恩格斯列宁斯大林著作编译局编译《斯大林全集》第 10 卷，人民出版社，1956，第 223 页。

③ 马克思、恩格斯：《共产党宣言》，人民出版社，2018，第 51 页。

④ 中共中央马克思恩格斯列宁斯大林著作编译局编译《斯大林选集》（下卷），人民出版社，1979，第 339 页。

许多有益探索。改革开放以来，在中国特色社会主义思想引领下，从提出定位"三个面向"、培养"四有新人"的社会主义教育目标，倡导尊重知识、尊重人才，到大力实施科教兴国战略，优先发展教育，深化教育体制改革，深入推进素质教育，以人民为中心发展教育的理论和实践不断充实、完善。这些在社会主义建设中逐渐形成的宝贵经验，为新时代继续坚持和发展以人民为中心的教育事业打下了坚实基础。

二　办好人民满意的教育

"办好人民满意的教育是马克思主义群众学说与中国具体实践相结合的时代要求，集中体现了教育以人为本的核心理念，体现了教育为人民服务的崇高宗旨，反映了新时代中国特色社会主义对教育的现实要求。"[①] 中国特色社会主义进入新时代，人民日益增长的公平而有质量的教育需求与教育发展不平衡不充分之间的矛盾日益凸显。为解决这一矛盾，我们必须坚持新发展理念指导下的教育发展思想。其最本质的要求就是办好人民满意的教育。

（一）办好人民满意的教育是中国特有的概念

我国的教育发展必须走中国特色社会主义道路，这是由中国独特的历史、文化和国情决定的。从这个意义上来说，办好人民满意的教育就是指从本国国情出发，将教育的立足点转移到尊重人民对教育的需求与意愿上，而不是把别国人民满意或未必满意的教育当作我国亦步亦趋的教育价值取向。

（二）正确理解和把握"人民"的内涵与外延

在马克思主义看来，"人民"不仅有量的规定性（即人类的大多数），而且有质的规定性（即一切对历史发展和社会变革起推动作用的力量）。其外延会随历史的变化而变化。正如毛泽东同志指出的那样："人民这个概念

① 中国教育科学研究院编《办好人民满意的教育——全国教育满意度调查报告》，教育科学出版社，2019，第6页。

在不同的国家和各个国家的不同历史时期，有着不同的内容。"① 在我国社会主义新时期，人民是指"全体社会主义劳动者，拥护社会主义与祖国统一的爱国者"②。根据这一规定，具体到教育领域，与教育活动直接相关的"人民"至少应包括学生、学生家长与教育工作者等三类群体。

（三）正确理解和把握"满意"的内涵与特征

"满意"体现的是一种主客体关系。在"办好人民满意的教育"这一概念中，其"满意"主体是人民，客体是教育，是主体（人民）对教育（客体）的需要作用于人脑所产生的反应。"满意"是主观性与客观性的统一，具有社会实践性与社会历史性特征。首先，满意与否取决于需要的满足程度，是一种主观评价，具有主观性；而这一需要又受主体本身的客观性和社会历史条件所制约，是一种客观感受和体验，具有客观性。"满意"是主观性与客观性的统一。其次，主客体关系的建立、客体满足主体需要属性的认识以及客体潜在价值向现实价值的转化，均离不开社会实践。"满意"具有社会实践性特征。最后，在"满意"的主客体关系中，主体的需要是由一定时期的社会物质生活条件决定的。同时，不同历史条件下主客体对双方属性的认识与评价不同。"满意"具有社会历史性特征。

（四）正确理解和把握"办好人民满意的教育"的科学内涵

"人民"的内涵与外延加上"满意"的内涵与特征，两者共同决定了"办好人民满意的教育"的科学内涵。首先，"满意"具有主观性特征，在一定意义上决定了人民对教育的"满意"是比较出来的。也就是说，人民对教育的满意度很大程度上取决于比较维度。据此，办好人民满意的教育必须在群体间比较的过程中承认差距，努力缩小差距。其次，由于"满意"具有客观性特征，办好人民满意的教育就要正确把握人民群众的主流意见，通过一些测评工具，把群众的主观感受客观化、分散意见集中化、定性评价定量化，使其变得可测量、可评价、可操作，而不是仅仅停留在抽象的理念和口号上。再次，通过社会实践，我们认识到教育具有增强人民群众

---

① 中共中央文献研究室编《毛泽东思想年编：1921~1975》，中央文献出版社，2011，第825页。
② 中国法制出版社编《中华人民共和国宪法》，中国法制出版社，2020，第2页。

安全感、获得感与幸福感等属性，根据"满意"的社会实践性特征，办好人民满意的教育就要不断增强人民群众的教育安全感、获得感与幸福感。同时，通过实践，我们还认识到教育具有增强教育工作者获得感、成就感与荣誉感等属性，办好人民满意的教育就要不断增强广大教育工作者（人民满意教育的具体提供者）的获得感、成就感与荣誉感。最后，"满意"的社会历史性特征决定了"办好人民满意的教育"是一个动态的历史发展过程。它要求我们，要及时把握人民群众教育需求侧的动态变化，主动提供新的教育理念、教育技术、教育方法、教育制度，合理引导群众的教育预期，实现需求侧与供给侧的动态平衡。

三 教育强国

"建设教育强国是中华民族伟大复兴的基础工程，必须把教育事业放在优先位置，加快教育现代化，办好人民满意的教育。"① 所谓教育强国，是指"教育综合实力、培养能力、国际影响力和竞争力具有突出地位和强大世界影响的国家"②。按照这一理解，教育强国至少应该是"对"的教育、"好"的教育、"强"的教育和"自信"的教育等。

（一）"对"的教育

所谓"对"的教育，是指与本国国情、文化相适应，既符合教育发展规律，又符合统治阶级的政治要求，能为国家和社会发展服务的教育。进入新时代，我们要实现中华民族伟大复兴，"是否是对的教育，是一个'核心意识'、'看齐意识'是否真正树立起来了的问题"③。也就是说，教育工作首要思考的问题就是怎么把青少年一代培养成为社会主义建设者和接班人。为此，我们应坚持正确的政治方向，在中国共产党的领导下，办好中国特色、世界水平的现代教育；应紧紧抓住立德树人的根本任务，解决培养什么样的人、怎样培养人的问题；应坚持不懈培育和弘扬社会主义核心价值观，实现伟大复兴的"中国梦"。

---

① 习近平：《决胜全面建成小康社会 夺取新时代中国特色社会主义伟大胜利——在中国共产党第十九次全国代表大会上的报告》，人民出版社，2017，第45页。
② 童世骏：《建设社会主义教育强国研究》，人民出版社，2019，第26页。
③ 童世骏：《建设社会主义教育强国研究》，人民出版社，2019，第2页。

（二）"好"的教育

不同的发展阶段，人民对教育有不同的价值追求和评价标准。什么是好的教育？在社会主义初级阶段，好的教育一定是关注民生、追求更加公平更有质量、适应教育自身发展规律的教育。具体表现为以下方面。首先，关注民生，把优先发展教育与人民满意的价值目标联系起来。将教育发展规划安排、教育保障投入、公共教育资源满足以及人力资源开发需要等主要民生需求，在推进教育发展战略时优先安排。其次，从机会公平、过程公平和结果公平等方面全方位追求更加公平的教育。从全面发展、面向全体、个性发展等维度，大力发展素质教育，追求更有质量的教育。最后，遵循教育自身发展规律，使教育不仅能适应并促进人的发展，而且能适应并促进社会的发展。中国特色社会主义进入新时代，我国教育领域还存在"两个还不完全适应"，即教育还不完全适应人的全面发展，还不完全适应经济社会发展。为此，需要加快推进"两个破解"，即系统破解深层次体制机制障碍，进一步破解人民群众关心的热点难点问题。目前重点要通过促进各类教育协调发展，尤其是高等教育高水平发展，培养适应社会的各类人才，以解决教育中存在的结构失调和教育短板问题。

（三）"强"的教育

什么是强的教育？首先，教育规模要足够大，在世界教育体系中占有较大的份额。其次，新增劳动力与人均受教育年限、高等教育文化程度者规模等体现教育质量和人力资源开发层次的关键数据应足够强，至少与发达国家处于同一起点。再次，有一定的国际影响力，是世界重要的教育中心。最后，有成熟的教育体系和教育制度，能为教育发展提供体制机制保障。据此，首先，我们应保障教育的基础性、先导性和全局性地位，为建设教育强国提供基础。其次，应落实科教兴国发展战略，实现教育强、科技兴目标，为经济发展注入强大动力。最后，应加快建设具中国特色和世界一流水平的教育现代化，为把我国建设成为社会主义现代化强国提供坚实的基础。

（四）"自信"的教育

习近平总书记 2018 年在北京大学师生座谈会上指出："要把中国特色

社会主义道路自信、理论自信、制度自信、文化自信转化为办好中国特色世界一流大学的自信。"① 这里所说的"办好中国特色世界一流大学的自信"就是我们所说的教育自信。它属于"四个自信"的一部分，同时又是"四个自信"在教育领域的生动体现。如何确立和提升教育自信，使我们拥有自信的教育？首先，我们应充分了解我国教育改革发展，尤其是十八大以来的跨越式发展。同时，对发展教育所面临的挑战和复杂的国际环境，尤其是当前我们所处的百年未有之大变局，有一个清醒的认识。其次，在自信的同时保持高度的自省，实现高度自信与高度自省的有机统一。是否具有教育自省决定了我们的教育自信是否盲目。我国的教育事业发展有很多值得我们自信的地方，但是也有很多很有必要自省的地方，如教育发展质量、教育事业的人均水平和公平程度、未来教育发展的前景等。所以，只有充分承认我国教育事业发展面临的问题和挑战，时刻保持教育自省，我们的教育自信才能更全面、更深刻，也才能令人信服。再次，夯实教育自信的能力基础。只有善于发现问题和解决问题，才有能力不断巩固教育自信。我们只有以目标导向和问题导向的思路对待存在的问题，才能创造性地发挥和运用社会主义理论与制度优势，为教育自信提供扎实的基础；才能在周密调查研究的基础上，找到符合教育规律、符合人民意愿和党的意志、符合社会主义初级阶段客观实际的解决问题方案。最后，提升教育自信的传播智慧。总结和传播我们的教育经验，使中国特色社会主义教育自信在世界范围内获得共识，是教育自信的最高境界。为此，我们不仅要了解国际传播的受众心理，打造易于为国际社会所接受的概念和表述，提高传播技巧，而且要提炼出有助于解决在国际上具有普遍意义的教育问题的中国智慧、中国经验与中国方案，提高传播内容的质量和受欢迎度。

第四节　研究方法与思路

一　研究方法

研究将直面教育发展问题，在采用文献研究法与定性研究法基础上，

---

① 习近平：《在北京大学师生座谈会上的讲话》，《人民日报》2018 年 5 月 3 日，第 1 版。

综合问卷调查法、实地访谈法、统计分析法等定量与实证的研究方法。

1. 文献研究法

本书将紧紧围绕研究目的和任务，大量收集、查阅相关文献资料，并在此基础上进行归纳整理、研读分析，以期较全面、正确地了解掌握以人民为中心发展教育的理论观点和实践活动，避免研究过程中的主观臆断、片面理解和先入为主。

2. 定性研究法

本书运用归纳和演绎、分析与综合以及抽象与概括等方法，对获得的各种材料进行思维加工，对以人民为中心发展教育进行"质"的方面的分析，在揭示其内在规律基础上，以其构建以人民为中心发展教育的系统理论框架。

3. 实证研究法

以人民为中心发展教育研究需要分析其实现程度，因此，本书将通过综合运用问卷调查、实地访谈、统计分析等方法，获取研究所需的现实数据与案例，使论证更具科学性，使问题的发现、分析和解决更具针对性和现实性。

二 研究思路

本书按由理论到实践的路径逐步展开研究。首先，从界定教育的人民性、办人民满意的教育以及教育强国等相关概念出发，对既有理论和思想进行溯源，对以人民为中心发展教育的重要实践来源进行探究。其次，依据新时代坚持以人民为中心发展教育的基本内容（包括科学内涵、价值遵循、理论意蕴等），研究新时代坚持以人民为中心发展教育的困难和挑战，并分析其原因，在此基础上提出解决的对策和建议。

第五节 研究的主要创新与不足

一 主要创新

本书紧紧抓住新时代中国教育发展存在的矛盾问题，注重研究过程的问题意识。在注重研究的全面系统性基础上，将其置于国际视野中，不断增强研究的国际性，在吸收前人研究成果的基础上实现了一定程度的创新。主要体现在以下三个方面。

1. 进一步拓展了新时代坚持以人民为中心发展教育的实践基础和探索历程

本书对十八大以来以人民为中心发展教育理念的探索历程进行了分阶段概括，将党的十八届五中全会提出以人民为中心的发展思想和 2018 年 9 月全国教育大会提出坚持以人民为中心发展教育理念为时间节点，将新时代坚持以人民为中心发展教育理念的探索分为三个阶段，即初步形成阶段、走向成熟阶段和继续发展阶段，并对各阶段特征进行了初步概括，丰富了学界的相关研究。

2. 进一步梳理了新时代以人民为中心发展教育的科学内涵

当前学界不少研究混淆了以人民为中心发展教育的价值取向与科学内涵的界限。本书深入挖掘习近平关于教育的重要论述所蕴含的以人民为中心发展教育的科学内涵，对新时代以人民为中心的教育价值观、功能观、发展观、质量观、教学观和国际观的具体内容作了较为全面的梳理。提出新时代以人民为中心的教育价值观包括：实现中华民族伟大复兴、创造人类美好未来、促进人的全面发展等三个方面内容，传承人类文明和知识、培养担当民族复兴大任的时代新人、增强人们参与社会生存竞争的能力与本领、实现人生出彩是新时代以人民为中心的教育功能观，新时代以人民为中心的教育发展观集中体现在教育的创新、协调、绿色、开放、共享发展上，新时代以人民为中心的教育质量观则集中体现在育人、教育公平以及教育满足人民群众需要的质量上。新时代以人民为中心的教育教学观包括："教学不仅传播知识而且传授美德""教学不仅授人以鱼，而且授人以渔""教学不仅关心厚爱，而且严格要求"等。办世界一流的大学与一流的学科、承担"一带一路"倡议提出的教育新使命与新要求、构建国际化教育共同体则是新时代以人民为中心的教育国际观的主要内容。这一梳理有助于厘清新时代以人民为中心发展教育的科学内涵。

3. 进一步充实了新时代坚持以人民为中心发展教育的可行路径

目前学界关于新时代坚持以人民为中心发展教育的路径研究主要集中在解决教育发展中不平衡不充分的问题、增加优质教育资源供给等方面，对回应新时代坚持以人民为中心发展教育所面临的新挑战精准性有待提高。

本书根据新时代我国区域教育发展、各级各类教育发展以及不同群体的教育发展不平衡，以及教育质量提升、教育多样化发展、教育新技术准备、教育转型发展等方面存在的不充分问题，结合新时代教育现代化发展面临的新阶段，对教育发展提出的新要求和新挑战，提出新时代教育公平的新重点是关注结果公平与英才儿童教育，新时代教育治理现代化的出发点是满足人民群众的教育需求，并对新时代构建大中小幼一体化的德育、智育、体育、美育和劳动教育体系提出了自己的思路，较好地回应了新时代坚持以人民为中心发展教育的新挑战。

二　研究的不足之处

本书尝试构建起以人民为中心发展教育的理论体系，并对以人民为中心发展教育的理论溯源和实践基础进行较系统全面的梳理，但是受自身研究能力与理论积淀的局限，研究深度有限，与预期的研究目标仍有距离。本书研究的理论性略显单薄。这些都是接下来要努力的方向。

第一章 理论渊源与成果借鉴

"坚持以人民为中心发展教育"是马克思主义教育思想与中国特色社会主义教育实践相结合的必然产物。它与马克思主义经典作家教育发展思想一脉相承，体现了中国共产党为人民服务的宗旨和中国共产党人教育的人民性思想。除此之外，中华优秀传统教育思想和西方教育思想文明成果也是"坚持以人民为中心发展教育"不可或缺的理论渊源与学习借鉴材料。

第一节 马克思主义经典作家教育发展思想

马克思主义经典作家历来就非常重视发挥教育对人和社会发展的作用。他们通过运用唯物史观，考察、批判资产阶级教育，正面科学地阐释了教育的本质、作用、目的及基本特征等教育基本问题，逐步形成和发展了关于教育的一系列科学理论和观点，即马克思主义教育思想。其中，关于"教育的作用是培养全面发展的人""一切人都有平等的受教育权利""对儿童实行免费教育""把群众吸收到社会教育工作中来"等观点和主张无不体现了教育的人民性思想。

一 教育的作用是培养全面发展的人

"教育是造就全面发展的人的唯一方法""教育为实现人的全面发展提供创造物质财富的能力""共产主义社会才能最终实现人的全面发展"等论断是马克思主义教育思想对教育作用的具体阐述。这些论断丰富了马克思主义关于"教育的作用是培养全面发展的人"的教育思想，并使该理论系统化。

（一）教育是造就全面发展的人的唯一方法

马克思主义认为，国家不仅是法的组织，同时还是真正的教育机关。教育分为国家教育与学校教育。由于国家是自由人联合体，"国家的真正'公共教育'就在于国家的合乎理性的公共的存在"①。国家的性质决定了国家教育的公共性质，进而为造就人的全面发展奠定必不可少的制度前提。生产劳动同智育和体育的结合使"学校教育造就全面发展的人"成为可能。"工厂制度萌发了未来教育的幼芽"，这是马克思在总结罗伯特·欧文的实验学校改革经验基础上得出的结论。他指出："未来教育对所有已满一定年龄的儿童来说，就是生产劳动同智育和体育相结合，它不仅是提高社会生产的一种方法，而且是造就全面发展的人的惟一方法。"② 这一观点在恩格斯那里得到了肯定与强调。恩格斯在《反杜林论》中对社会主义改良幻想家杜林先生的未来学校改革设想，进行了深入剖析。在恩格斯看来，由于杜林所设想的共同社会原封不动地保存了旧的分工，使学校技术教育脱离了以后的任何实际运用，对生产没有任何意义，唯一的作用就是可以代替体育，改革也因此成为空泛的无内容的清谈。

列宁在继承马克思、恩格斯研究成果的基础上，结合苏联社会主义建设实际，对教育之所以是造就全面发展的人的唯一方法的原因进行了思考。他认为，教育之所以是造就全面发展的人的唯一方法，除了因为它与生产劳动相结合，还因为随着共产主义社会的充分发展、完全巩固和形成、完全展开和成熟，资本主义遗留下来的各种工会一定会发展成比较广泛的、具有共产主义性质的产业工会。通过产业工会消灭人与人之间的分工，使人们接受较全面的教育和训练，成为会做一切工作的人，进而实现人的全面发展，使"教育造就全面发展的人"成为可能③。斯大林对教育造就全面发展的人有了新的思考和探索。他提出，为保证社会成员全面发展，必须实

---

① 中共中央马克思恩格斯列宁斯大林著作编译局编译《马克思恩格斯全集》（第 1 卷），人民出版社，1995，第 217 页。

② 中共中央马克思恩格斯列宁斯大林著作编译局编译《马克思恩格斯文集》（第 5 卷），人民出版社，2009，第 556~557 页。

③ 中共中央马克思恩格斯列宁斯大林著作编译局编译《列宁选集》（第 4 卷），人民出版社，2012，第 159 页。

行普遍义务综合技术教育。1952 年，斯大林在《苏联社会主义经济问题》一文中批判尔·德·亚罗申科的错误时指出，为把社会的文化发展到足以保证社会一切成员全面发展体力和智力，使社会成员都能获得足以成为社会发展中的积极活动分子的教育，都能自由地选择职业，不因现存的分工而终身束缚于某一种职业，需要实行普遍义务综合技术教育①。

（二）教育为实现人的自由全面发展提供创造物质财富的能力

物质财富是人的全面发展的基础。在马克思看来，在现代世界，生产表现为人的目的，而财富则表现为生产的目的。抛掉狭隘的资产阶级形式，社会生产的目的就是人的创造天赋的绝对发挥，这种发挥使全面发展成为社会生产目的本身。可见，人能够生产出自己的全面性，但是必须建立在生产力水平较高的基础上。恩格斯在《反杜林论》中也谈到：随着工业生产的不断发展，社会生产力不断提高，产生了逐步摆脱资本主义生产局限性的社会，这个社会将造就全面发展的一代生产者②。由于人的全面发展必须建立在学习文化中一切真正有价值的东西（包括科学、艺术、社交方式等）基础上，只有当生产力达到了相当高的水平，人们有闲暇时间学习历史上遗留下来的真正有价值的东西时，人的全面发展的物质基础才得以具备③。而教育或由教育提供的创造物质财富的能力则是其由可能变成现实必不可少的条件。

人的自由发展必须有"与人相称的地位"和足够的生活条件。自由个性是继人的依赖关系（最初的社会形态）、人的独立性（第二大形态）之后的第三阶段。拥有社会财富是这一阶段形成的基础④。1845 年 2 月 15 日，恩格斯在就社会革命的方式进行演说时谈道：如果大家都不愿意用流血的办法解决社会问题，资产阶级就应当认真地、公正地处理社会问题，应当尽一切努力使现代奴隶（即工人阶级）得到与人相称的地位，为所有人创

---

① 中共中央马克思恩格斯列宁斯大林著作编译局编译《斯大林选集》（下卷），人民出版社，1979，第 591 页。
② 中共中央马克思恩格斯列宁斯大林著作编译局编译《马克思恩格斯文集》（第 9 卷），人民出版社，2009，第 313~314 页。
③ 文学国主编《马克思恩格斯列宁斯大林论教育》，中国社会科学出版社，2016，第 38 页。
④ 中共中央马克思恩格斯列宁斯大林著作编译局编译《马克思恩格斯文集》（第 8 卷），人民出版社，2009，第 52 页。

造生活条件，使每个人都能自由发展人的本性①。人应该如何成为自身的主人即自由的人呢？恩格斯进一步指出，现代无产阶级将社会化生产资料变为摆脱了资本属性的公共财产。由于这些公共财产摆脱了资本的属性，其社会性质便得以充分地自由地实现。公共财产的社会性质使社会生产可以按预定计划进行，最终摆脱无政府状态。在这种情况下，社会阶级与国家政治权威将逐渐消失，人最终成为自然界与自身的主人，即自由的人②。其中，教育是重要途径，教育提供的创造物质财富的能力是前提和基础。

（三）共产主义社会才能最终实现人的全面发展

共产主义社会是"每个人的自由发展是一切人自由发展的"自由人联合体。虽然这个自由人联合体是从资本主义社会中产生出来，在各方面还带着旧社会的痕迹，但因为这是个人在现代生产力和世界交往基础上建立的联合，又因为在这个联合体中私有制和分工被消灭，所以，它与过去种种冒充的、虚假的共同体不同（这个共同体也因此被马恩称为真正的共同体）。在这个共同体条件下，个人的独创的和自由的发展不再是一句空话。

共产主义者向往的是全面发展提升人的一切能力。共产主义革命成为个人自由发展的共同条件。教育将在其中起较大作用。恩格斯在《共产主义原理》一文中对此作了较深入的分析。他认为，无产阶级通过共产主义革命和普遍性的联合实现对现有生产力总和的占有，使自主活动同物质生活一致起来，私有制随之消失，个人也不再屈从于社会分工，人的自由全面的发展才有可能实现。我们通过教育"将使年轻人能够很快熟悉整个生产系统，将使他们能够根据社会需要或者自己的爱好，轮流从一个生产部门转到另一个生产部门。因此，教育将使他们摆脱现在这种分工给每个人造成的片面性"③。"社会主义，马克思主义的社会主义，不是要缩减个人需要，而是要竭力扩大和发展个人需要，不是要限制或拒绝满足这些需要，

---

① 中共中央马克思恩格斯列宁斯大林著作编译局编译《马克思恩格斯全集》（第2卷），人民出版社，1957，第625~626页。

② 中共中央马克思恩格斯列宁斯大林著作编译局编译《马克思恩格斯文集》（第3卷），人民出版社，2009，第566页。

③ 中共中央马克思恩格斯列宁斯大林著作编译局编译《马克思恩格斯文集》（第1卷），人民出版社，2009，第689页。

而是要全面地充分地满足有高度文化的劳动人民的一切需要。"① 斯大林继承了马克思、恩格斯的科学社会主义理论并将其付诸实践。

二 一切人都有平等的受教育权利

（一）一切社会成员都享有平等权利

马克思主义认为，一切社会成员都应当有平等的政治地位和社会地位，即拥有国家和社会中的平等权利。这种现代平等观念和平等要求不是从来就有的，而是社会发展到一定历史阶段、在一定历史条件下才产生的。人类在原始社会时期产生的相对平等的原始观念，到奴隶社会和封建社会后被森严的等级制度所取代。在奴隶社会，即使是在最古老的自然形成的公社中，也只有公社成员之间的平等权利，妇女、奴隶和外地人自然不在此列。基督教一开始作为奴隶和被压迫者的宗教，也产生过平等的萌芽，即承认一切人的原罪平等和上帝的选民的平等。但随着日耳曼人在西欧的扩张，空前复杂的社会和政治等级制度逐渐建立，一切平等观念随之消失。到了封建社会末期，当进入资产阶级社会时，资本主义生产方式要求有自由的、在行动上不受限制的商品占有者进行平等的交换。通过消除封建不平等来确立权利平等的要求就被提上日程。这种消灭阶级特权的自由和平等的资产阶级要求，很自然地被资产阶级宣布为人权，但是资产阶级的平等只是表面的、仅仅在国家领域中实行的平等。与资产阶级相伴而生的无产阶级，在提出资产阶级消灭阶级特权的要求时，为了发动工人起来反对资本家，提出了消火阶级本身的无产阶级要求。这是无产阶级对明显的社会不平等的自发反应，也是从资产阶级平等要求中吸取了正当的、可以进一步发展的要求而提出的。这种平等要求是实际的。正如列宁在 1903 年召开的俄国革命社会民主党人国外同盟第二次代表大会上指出的那样：全体公民，不分性别、民族、宗教信仰等都享有平等权利②。

---

① 中共中央马克思恩格斯列宁斯大林著作编译局编译《斯大林选集》（下卷），人民出版社，1979，第 339 页。
② 中共中央马克思恩格斯列宁斯大林著作编译局编译《列宁全集》（第 8 卷），人民出版社，2017，第 44 页。

（二）教育是一切社会成员实现平等权利的决定性因素

马克思主义认为，一切社会成员都享有平等权利，但是在阶级社会，剥削者和被剥削者之间不可能有平等，因为剥削者世世代代受教育。正如列宁在 1918 年的《无产阶级革命和叛徒考茨基》一文中指出的：剥削者因为拥有较高程度的教育，掌握了各种组织和管理的技能，知道一切管理"秘诀"，有无比高超的军事技能，在许多方面保持巨大的事实上的优势。他们与闭塞、无知和愚昧的被剥削者大众不可能有平等①。可见，是否具有平等的受教育权利是社会成员平等权利实现的决定性因素。

马克思主义强调，要使一切社会成员享有平等的受教育权利，就必须要求国家实行包括"普遍的义务教育和免费教育"在内的国民教育。当然，这里说的国民教育并不是指资本主义社会中那种为雇用工人或农民开设的低水平的国民学校。"由国家实行国民教育"必须排除政府和教会对学校的任何影响，使国家真正成为人民的教育者。同样，这里的"普遍的义务教育和免费教育"也必须是包含技术学校（理论的和实际的）在内的国民教育学校②。

（三）各个民族的教育要坚持平等的原则

在多民族的社会主义国家要坚持一切人都有平等的受教育权利，第一个要求就是各个民族的教育要坚持平等的原则。这是列宁和斯大林在第一个社会主义国家——苏联的社会实践中总结出来的经验。1913 年，列宁在《关于民族问题的批评意见》中针对民族社会党人提出的"民族文化自治"要求指出，不容许存在任何民族特权和任何民族不平等，各个民族的教育要坚持平等原则。

各个民族的教育要坚持平等原则，首先体现在居民有权受到用本民族语言进行的教育。使用民族语言进行教育不仅对发展民族文化具有较大作用，而且对发展社会主义文化也具有相当重要的作用。1929 年，斯大林在

① 中共中央马克思恩格斯列宁斯大林著作编译局编译《列宁选集》（第 3 卷），人民出版社，2012，第 611 页。
② 中共中央马克思恩格斯列宁斯大林著作编译局编译《马克思恩格斯文集》（第 3 卷），人民出版社，2009，第 446~447 页。

《民族问题和列宁主义（答梅什柯夫、科瓦利楚克及其他同志）》一文中就指出：因为人民群众只有使用本民族语言才能在文化、政治和经济发展方面获得巨大进步，为使初等教育和中等教育成为不分民族的全国公民的义务教育，就必须在全国建立稠密的使用本民族语言的学校网，提供给精通本民族语言的教师干部。随着使用本民族语言的初等普遍义务教育的施行和巩固，民族文化必将更加有力地发展起来。在这种条件下，落后民族才能真正参加社会主义建设，为社会主义文化形成创造条件①。

各个民族的教育要坚持平等原则，还必须体现在落后民族和边疆地区的教育得到重点发展，人民群众的文化水平不断提高。1920 年，斯大林在《苏维埃政权对俄国民族问题的政策》一文中提出，"必须发展边疆地区的民族学校、民族剧院、民族教育机关，提高边疆地区人民群众的文化水平"②。可见，只有当落后民族和边疆地区人民群众的文化水平提高了，教育的民族平等原则才算真正实现。

三　对儿童实行免费教育

（一）对儿童实行免费教育是必要的

马克思主义认为，没有教育就没有人性。教育在人民中越普及，宗教偏见越被社会主义意识所排挤，无产阶级胜利的日子就越近。"所有的儿童，从能够离开母亲照顾的时候起，都由国家出钱在国家设施中受教育。把教育和生产结合起来。"③ 这是无产阶级利用民主手段向私有制发起进攻、保障自身生存的一项主要措施。

1845 年，恩格斯在演说中指出："由国家出资对一切儿童毫无例外地实行普遍教育，这种教育对任何人都是一样，一直进行到能够作为社会的独

① 中共中央马克思恩格斯列宁斯大林著作编译局编译《斯大林全集》（第 12 卷），人民出版社，1955，第 320 页。
② 中共中央马克思恩格斯列宁斯大林著作编译局编译《斯大林全集》（第 4 卷），人民出版社，1955，第 317 页。
③ 中共中央马克思恩格斯列宁斯大林著作编译局编译《马克思恩格斯文集》（第 1 卷），人民出版社，2009，第 686 页。

立成员的年龄为止。"① 这是促使共产主义实现必须采取的三大措施之一。因为，只有受过教育的无产阶级才能拥有和平改造社会所必需的冷静和慎重。1885 年，恩格斯在《关于共产主义者同盟的历史》一文中提出：为使德国千百万一直受少数人剥削的人争得自己和作为一切财富的生产者所应有的权利，必须尽力实行普遍的免费的国民教育②。斯大林也曾说过，愚昧无知是苏维埃政权最危险的敌人，我们要消灭人民的愚昧无知就必须实行普遍义务教育。对儿童实行免费教育是无产阶级争取自身权利、消灭私有制、巩固苏维埃政权、实现共产主义必不可少的措施。

（二）对儿童实行免费教育的途径

工人为改善自己的状况进行各种反抗，这其中也包括为获得普通教育而做的一切努力，因为他们重视"踏踏实实的教育"。最早尝试对儿童实行免费教育的，当属空想社会主义者罗伯特·欧文。他在自己建立的公社里，把孩子送进企业附设的学校，依靠公费，让孩子接受包括体育、智育、德育和劳动教育在内的教育。这种对儿童实行免费教育的大胆尝试，最终因为缺乏后续资本支持而宣布破产。但这种尝试说明，对儿童实行免费教育不仅是可行的，而且可以在短时间内极大地提高全体社会成员的文化水平。

如何对儿童实行免费教育？马克思主张，要对儿童实行免费的教育，首先必须通过共产主义社会制度废除私有制，消灭孩子依赖父母的婚姻基础，使社会教育儿童成为可能。在此基础上，为童工和少年工人设立学校，保证他们的学习时间及其内容，使免费教育成为实实在在、踏踏实实的教育。

列宁和斯大林在"对儿童实行免费教育"方面做了很多有意义的探索。首先，他们把"对儿童实行免费教育"的思想上升为国家意志。在苏联，"对未满 16 岁的儿童一律实行免费的义务教育；由国家供给贫苦儿童膳食、服装、教材和教具"被规定为社会主义国家的教育原则，载入《俄国社会

---

① 中共中央马克思恩格斯列宁斯大林著作编译局编译《马克思恩格斯全集》（第 2 卷），人民出版社，1957，第 614 页。

② 中共中央马克思恩格斯列宁斯大林著作编译局编译《马克思恩格斯文集》（第 4 卷），人民出版社，2009，第 238 页。

民主工党纲领草案》①。同时，为保证每个人都有升学的机会，在《人民委员会关于俄罗斯联邦高等学校招生问题的决定草案》中明确指出，高等学校"首先必须招收无产阶级和贫苦农民出身的人，并普遍发给他们助学金"②。其次，通过文化教育工作改革和文化革命，实现"对儿童实行免费教育"的目的。1925年，"为在全苏联实行初等普遍义务教育准备必要的条件"成为苏联文化教育工作改革的基本路线③。1930年，当苏联恢复了重工业后，"在苏联各个地区实行初等普遍义务教育"作为文化革命中具有决定意义的一步，被提了出来④。首先必须招收无产阶级和贫苦农民出身的人，并普遍发给他们助学金。

四　把群众吸收到社会教育工作中来

（一）把群众吸收到社会教育工作中来的必要性和重要性

马克思主义认为，要改变资产阶级教育把绝大多数人训练成机器的性质，使教育摆脱统治阶级的影响，就必须用社会教育代替家庭教育，也就是发挥社会对教育的作用，由社会通过学校进行直接的或间接的教育。同时，要把群众吸收到社会教育工作中来。因为劳动群众有强烈的求知欲，如果他们的主动性得到支持，社会教育工作也能取得良好的效果。理论一经群众掌握，也会变成物质力量。教育是一种武器，其效果取决于谁把它掌握在手中，用这个武器打击谁。通过教育，可以把革命理论变成人民群众的力量。

斯大林通过实践深刻认识到，在建设新社会过程中，离不开劳动群众的直接支持。他倡议无产阶级大学生作为未来社会主义建设的新的指挥人员要紧密地联系群众，走在群众前面，引导群众前进，和群众打成一片，

①　中共中央马克思恩格斯列宁斯大林著作编译局编译《列宁全集》（第6卷），人民出版社，2013，第195页。
②　中共中央马克思恩格斯列宁斯大林著作编译局编译《列宁全集》（第35卷），人民出版社，2017，第30页。
③　中共中央马克思恩格斯列宁斯大林著作编译局编译《斯大林选集》（上卷），人民出版社，1979，第359页。
④　中共中央马克思恩格斯列宁斯大林著作编译局编译《斯大林全集》（第12卷），人民出版社，1955，第262~263页。

争取群众对自己的信任和支持，把自己看成劳动群众中不可分割的一部分。因为群众看问题的角度与领导者不同，可以弥补领导者眼界的局限，若能以群众的经验充实领导者经验，这样的领导才是称职的领导。所以，我们把群众吸收到社会教育工作中来，不仅可以教育群众，还可以向群众学习。

（二）强化群众对教育的需要，相信群众的创造力，把群众吸收到社会教育工作中来

马克思主义认为，把群众吸收到社会教育工作中来，首先，要提高群众对教育的需求。如果我们能把教育同群众的切身利益结合起来，把文化和知识的普遍提高同迫切的经济需要联系在一起，群众对教育的需要也就会百倍地增加。其次，要进一步发挥工人和劳动农民的教育需求主动性。再次，要相信群众的创造力，善于把群众的自发运动引入无产阶级革命轨道。这是列宁革命活动中的一个特点，在社会教育工作中同样适用。最后，要善于把党的最高原则与最广泛的联系群众结合起来。党要教育群众、引导群众，把他们提高到党的水平。

第二节　中国共产党人的教育人民性思想

坚持教育的人民性是党的教育方针的基本价值遵循。新中国成立以来，我们党在发展社会主义教育事业中，以马克思主义教育思想为指导，坚持教育的人民立场，始终将人民群众视为我国教育事业发展的最重要主体、最关键因素，对人民群众在教育事业发展中的创造者、实践者和评判者地位，始终不渝地坚持。从毛泽东的教育为人民大众服务的人民教育思想，到邓小平将教育目标定位为"三个面向"、培养"四有新人"，恢复和发展毛泽东人民教育思想，江泽民实施教育"二为"服务方针、深入推进素质教育，再到胡锦涛"以人为本"的科学发展观教育理论，中国共产党的教育人民性理论和实践不断充实、完善，为新时代坚持以人民为中心发展教育奠定了坚实理论基础。

一　毛泽东人民教育思想

新中国成立后，毛泽东在深刻分析旧中国教育的基础上，提出"恢复和发展人民教育"任务和"教育应当是为了人民，又为人民所利用的"教育人民性问题，人民教育思想逐渐形成。教育必须为人民大众服务、教育必须实现人的全面发展，是毛泽东人民教育思想最主要的两个方面内容。

（一）教育必须为人民大众服务

"为什么人的问题，是一个根本的问题，原则的问题。"教育必须为人民大众服务。保障工农大众受教育的权利和机会、提高干部群众的文化水平、坚持群众路线的办学方向是毛泽东教育必须为人民大众服务思想的具体内容。

首先，保障工农大众受教育的权利和机会。土地革命时期，苏维埃文化教育基本方针被确定为"工农劳苦群众，不论男子和女子，在社会、经济、政治和教育上，完全享有同等的权利和义务。一切工农劳苦群众及其子弟，有享受国家免费教育之权"①。它保证了在地主资产阶级统治时代完全没有享受教育可能的广大民众在苏维埃政权下享受教育的权利。为保障工农大众受教育权利和机会落到实处，苏区小学教育制度和社会教育具体办法先后制定并实施。抗日战争时期，"为全民族中百分之九十以上的工农劳苦民众服务"被确定为民族的、科学的、大众的新民主主义文化教育的根本性质②。同时，中国共产党在抗日根据地办理义务小学教育，组织创设各种补习学校和干部学校，并通过组织识字、歌咏、戏剧、体育等运动，广泛发展民众教育，极大地保障了工农大众受教育的权利和机会。新中国成立后，为使工农大众受教育的权利落到实处，不仅对人民大众受教育的权利在宪法上给予明确规定，还将"为人民服务，首先是为工农兵服务"确定为中华人民共和国文化教育的目的。同时，强调学校必须实行向工农开门的方针。通过接管私立中小学，废除干部子弟学校，扩大工农子弟入学受教育的机会，保证教育为工农群众服务③。此外，要求学校在录取、教学指导和提供助学金等方面对工农子女多方面给予优先照顾，保证工农受教育的优先权。

---

① 中华人民共和国教育部编写组：《中国共产党教育理论与实践》，北京师范大学出版社，2001，第12页。
② 毛泽东：《毛泽东选集》（第2卷），人民出版社，1991，第708页。
③ 毛泽东：《毛泽东文集》（第6卷），人民出版社，1999，第232页。

其次，普及各类教育，提高干部群众的文化水平。早在土地革命时期，为确实提高苏区群众的文化水平，1933 年，毛泽东在《中华苏维埃共和国临时中央政府成立两周年纪念对全体选民的工作报告书》中就明确提出，"建立完备的小学教育制度，发展消灭文盲运动"。在抗日战争时期，针对陕甘宁边区干部群众文化水平低、文盲数量较大等文化教育问题，将"应以提高和普及人民大众的抗日的知识技能和民族自尊心为中心"① 确定为文化教育政策。1944 年，毛泽东建议通过五年计划，以自愿为原则组织识字组，消灭文盲，把边区人民的文化提高到一个必要的程度②。新中国成立后，为提高人民大众的文化水平，将"从百分之八十的人口中扫除文盲"③ 确定为一项重要工作。针对农民因为组织了合作社，有经济上的需要，迫切地要求学文化的实际，毛泽东要求在每个乡，至少在大多数的乡，依靠合作社集体自编课本组织农民学文化。为切实提高农民的文化水平，1955 年，毛泽东又在《农业合作化的全面规划和加强领导问题》中对文化教育规划作出明确要求。

最后，坚持群众路线的办学方向。相信群众、依靠群众是毛泽东的一贯主张。民主革命时期，采取"民办公助"和"以民教民"的办法，掀起群众办学热潮。抗日战争时期，毛泽东认识到要提高人民的民族文化与民族觉悟，培养大批的抗日干部，单靠政府用有限财力办的几个学校、报纸是不足以完成的，遂发动人民自己教育自己。1944 年，他提出依靠人民群众办"分散的不正规的村学、读报组和识字组"的倡议。新中国成立后，毛泽东大力提倡走群众路线，多种形式办学。1957 年 3 月，他在普通教育工作座谈会上明确提出，各省可以发挥私人办学的积极性，办私立中学。为解决农民子弟就近读中学的问题，也可以采取办戴帽中学的好办法，把中学分散在农村，既方便学生毕业后回家生产，又解决了农民生产劳动中需要的知识问题④。为更好地调动人民群众的办学积极性，在他的推动下，1958 年 9 月，普及与提高相结合的教育发展方针和"两条腿走路"的办学方针最终确立。各种厂矿、企业、农业合作社纷纷办学，大量的半工半读

---

① 毛泽东：《毛泽东选集》（第 2 卷），人民出版社，1991，第 768 页。
② 毛泽东：《毛泽东文集》（第 3 卷），人民出版社，1999，第 110～111 页。
③ 毛泽东：《毛泽东选集》（第 3 卷），人民出版社，1991，第 1083 页。
④ 毛泽东：《毛泽东文集》（第 7 卷），人民出版社，1999，第 245～246 页。

学校与各种形式的业余学校纷纷出现。

（二）教育必须实现人的全面发展

"我们的教育方针，应该使受教育者在德育、智育、体育几方面都得到发展，成为有社会主义觉悟的有文化的劳动者。"① 在毛泽东看来，通过教育实现人的全面发展，不仅要把坚定正确的政治方向放在第一位，而且要坚持德育与智育相统一，做到又红又专。同时，身体好、健康第一也很重要。

首先，把坚定正确的政治方向放在第一位。毛泽东历来就非常重视德育，并将其视为人民教育的"灵魂"。早在延安时期就提出：有坚定正确的政治方向的青年才是真正的模范青年②，要求苏区的文化教育要用共产主义武装工农群众的头脑。进入社会主义建设时期，在他的推动下，学校的政治思想教育得到了极大加强，学生的政治思想素质也有了极大提高。1957年，他在普通教育工作座谈会上明确提出，要加强学校政治思想教育。为更好地对学生进行遵守纪律、艰苦创业教育，他要求教育部编写一些专门论述艰苦奋斗的课文，涵盖小学到大学的各个学段，而且要求每省要有一位宣传部部长、一位教育厅厅长亲自抓这项工作③。

其次，坚持德育与智育的统一，做到又红又专。毛泽东一贯坚持又红又专的人才培养标准，其实质就是坚持德育与智育的统一。他强调德育为先，同时高度重视智育发展，主张"全面发展是要使学生得到比较完全的和比较广博的知识、发展健全的身体、发展共产主义的道德"④。他要求学生要"以学为主"，强调"要学理论，必须首先学文化"⑤。为建设社会主义，毛泽东要求无产阶级自己培养技术干部和理论家，使工人阶级拥有自己的技术队伍和理论队伍。德才兼备是毛泽东对社会主义教育培养人才的基本要求。

---

① 毛泽东：《毛泽东文集》（第 7 卷），人民出版社，1999，第 226 页。
② 毛泽东：《毛泽东文集》（第 2 卷），人民出版社，1999，第 191 页。
③ 毛泽东：《毛泽东文集》（第 7 卷），人民出版社，1999，第 246~247 页。
④ 毛泽东：《毛泽东文集》（第 7 卷），人民出版社，1999，第 399 页。
⑤ 中共中央党校：《马列著作毛泽东著作选读》（党的学说部分），人民出版社，1978，第312 页。

最后，做到身体好、健康第一。毛泽东历来就非常重视学生的身体健康。为确实提高学生的身体素质，他首先要求学校树立"健康第一，学习第二"的理念。新中国成立初期，他在半年内连续两次给马叙伦（时任教育部部长）去信强调此事，给出具体的指导性建议①。其次，重视体育教育。1952 年，"发展体育运动，增强人民体质"的新中国体育教育纲领颁布。体育教育质量影响人民健康水平、民族精神与民族强盛的教育理念不断深入人心，人们开始关注体育教育质量。再次，减少学校活动总量，减轻学生课业负担，促进学生全面发展。1953 年 6 月 30 日，毛泽东在接见青年团"二大"主席团时提出，青年团的工作要照顾青年的特点，建议学校适当减少一些上课和开会的时间，使工农兵青年们充分兼顾工作学习和娱乐休息睡眠，并向全国青年发出"身体好、学习好、工作好"的号召②。1957 年 3 月，他在普通教育工作座谈会上明确提出："课程要减少，分量要减轻，减少门类，为的是全面发展。"③ 为减轻学生的课业负担，使学生有时间和精力参加一些生产劳动和必要的社会活动，他建议学校砍掉一半的课程④。最后，进行教育制度改革，改变教学方法，使青年们在德、智、体诸方面生动活泼主动地得到发展。他要求减少考试课程，改变考试中搞突然袭击，用怪题、偏题整学生的类似考八股文的做法⑤。要求教员改革教学方法，实行启发式教学，让学生自己研究问题，反对注入式⑥。

二　邓小平对毛泽东人民教育思想的恢复和发展

"文化大革命"期间，毛泽东的人民教育思想被"四人帮"歪曲解读，教育战线乱象丛生。"文化大革命"结束后，邓小平通过领导教育战线的拨乱反正，恢复毛泽东人民教育思想，使我国社会主义教育事业走上了健康发展的轨道。同时，结合社会主义建设实际，从中国的国情和国际发展趋势思考教育发展新路，恢复和发展了毛泽东的人民教育思想。为保障国民

---

① 毛泽东：《毛泽东文集》（第 6 卷），人民出版社，1999，第 83 页。
② 毛泽东：《毛泽东文集》（第 6 卷），人民出版社，1999，第 276~278 页。
③ 毛泽东：《毛泽东文集》（第 7 卷），人民出版社，1999，第 248 页。
④ 毛泽东：《建国以来毛泽东文稿》（第 11 册），中央文献出版社，1996，第 391 页。
⑤ 毛泽东：《建国以来毛泽东文稿》（第 11 册），中央文献出版社，1996，第 22~23 页。
⑥ 毛泽东：《建国以来毛泽东文稿》（第 11 册），中央文献出版社，1996，第 96~97 页。

平等享有受教育的权利和机会，邓小平采取了恢复高考招生制度和制定《义务教育法》等举措。通过普及基础上的提高和提高指导下的普及以及多样化的办学形式，发展毛泽东"两条腿走路"的办教育思想；通过倡导尊重知识、尊重人才、尊师重教，提高教育为社会主义建设、为人民服务的水平，重拾教师身为人师的那份自豪与光荣；通过重申并坚持和发展毛泽东提出的教育方针，提出培育"四有"新人理论，提高全民族的思想道德素质和科学文化素质，实现人的全面发展。

（一）保障国民平等享有受教育的权利和机会

为使受教育者通过公平竞争，平等享有接受良好教育的机会，恢复高考招生制度，重建以考试制度为核心的教育体制势在必行。1977年，邓小平提出："要经过严格考试，把最优秀的人集中在重点中学和大学。"① 同年8月，在科学和教育工作座谈会上提出，要改变群众推荐的做法，下决心从当年就开始恢复从高中毕业生中直接招考学生。随后，他同教育部主要负责同志谈话，将"第一是本人表现好，第二是择优录取"② 确定为高校的招生标准。10月5日，中央政治局会议讨论通过了招生工作文件。10月12日，中央以文件形式宣布立即恢复高考。同年12月全国范围开始了"文化大革命"后的第一次高考，大量被"文化大革命"耽误的青年通过公平竞争，平等享有了接受良好教育的机会。

邓小平历来非常重视中小学教育。1985年全国教育工作会议上他就提出，从中小学抓起，把教育工作认真抓起来。次年，他在会见香港知名人士包玉刚、王宽诚、霍英东、李兆基等时明确提出，教育是一个民族最根本的事业。抓教育，要从娃娃抓起。为全面保障适龄儿童受教育的基本权利，在他的极力倡导下，1986年六届全国人大四次会议审议通过了《义务教育法》。

此外，邓小平保障国民平等享有受教育的权利和机会的思想还体现在，他对少数民族教育事业的关心和支持上。1950年，他在欢迎赴西南地区的

① 中共中央文献研究室：《邓小平决策恢复高考讲话谈话批示集：1977年5月至12月》，中央文献出版社，2007，第2页。
② 中共中央文献研究室：《邓小平决策恢复高考讲话谈话批示集：1977年5月至12月》，中央文献出版社，2007，第27页。

中央民族访问团大会上就提出，要在少数民族地区举办一些教育事业，尽快提高少数民族的文化水平。通过迅速创办民族学院，解决西南人才缺乏问题。

（二）办教育要"两条腿走路"

人民教育既有普及的教育，又有提高的教育，两者不能偏废。邓小平在1958年就深刻认识到，为适应国家各方面的需要，快速发展科学文化，普及与提高是教育要解决的主要问题。他建议学校挖掘教学潜力，多招学生，做到学生人数多，又能保证质量[1]。同时，为提高各级各类学校的教学水平和教学质量，加速造就人才，满足现代化建设需要，在搞好"普九扫盲"的基础上，提出教育要更注意重点和提高，即集中力量加强重点大学和重点中小学建设。

邓小平关于办教育"要两条腿走路"的思想，还体现在"以政府办学为主，社会各界共同办学"的多样化办学主张上。邓小平一贯主张全社会都要关心和支持教育。为动员全社会的办学力量，鼓励人民群众采取多种形式和办法，积极自愿地为发展教育贡献力量。中央出台《中共中央关于教育体制改革的决定》和《中国教育改革和发展纲要》等文件，明确规定：在各级各类教育中，基础教育和高等教育以政府办学为主，职业技术教育和成人教育则主要依靠行业、企业、事业单位办学和社会各方面联合办学。国家对社会团体和公民个人依法办学，采取积极鼓励、大力支持、正确引导、加强管理的方针[2]。捐资办学、国际合作办学开始出现，它们与各行各业兴办的职业教育、半工半读业余学校以及私立学校一样，极大地促进了国家教育事业的发展。

（三）要在全社会倡导尊重知识、尊重人才、尊师重教的良好风气

新中国成立以来，在一段相当长时间里，由于受"左"的思想影响和小生产观念的束缚，我国不同程度地存在轻视科学文化知识、不尊重知识

---

① 中共中央文献研究室：《邓小平论教育》，人民教育出版社，2004，第16页。
② 中华人民共和国教育部：《邓小平教育理论学习纲要》，北京师范大学出版社，1998，第77~78页。

分子的错误思想。特别是在"文化大革命"期间，教师作为知识分子的一部分，同样受到了不公正的对待，教师的政治地位和社会地位低下，劳动不受尊重。

拨乱反正后，中国开启了社会主义现代化建设。为促进科技进步和教育发展，邓小平提出，教育要出人才、出成果，关键在教师，要在全社会倡导尊重知识、尊重人才、尊师重教的良好风气。他认为，能不能真正做到尊重知识和人才，在很大程度上决定着我们的民族兴衰与现代化进程。正是基于这样的认识，1977 年 5 月，他在同中央两位同志谈话时就提出，要重视知识，重视从事脑力劳动的人，要承认这些人是劳动者。同年 8 月，在科学和教育工作座谈会上，他认为，应当肯定绝大多数的知识分子，尤其是教育工作者，他们的劳动更辛苦，培养了各条战线的骨干力量，应该受到尊重和重视，鼓励终身为教育事业服务的人。这次会议使教师彻底放下了精神包袱。邓小平深刻认识到，要调动教育工作者的积极性，仅仅放下包袱还不够，还要确实提高人民教师的政治地位和社会地位。为此，他建议解决教师的地位问题；通过研究中小学教师的工资制度，切切实实帮助教师解决一些具体问题，改善中小学教师尤其是小学教员的物质待遇；同时，通过把师资培训工作列入教育规划，重视师范院校的建设和管理，全面提高教师的基本素质和业务水平。在邓小平的极力倡导和推动下，尊重知识、尊重人才、尊师重教的良好风气逐渐形成，教师也重拾了身为人师的那份自豪与光荣。

（四）各级各类教育都要培养"四有"新人

邓小平重申毛泽东提出的教育方针，并不断坚持和发展。在此基础上，他结合社会主义建设实际，围绕"社会主义究竟需要什么样的人来建设，如何培养造就这样的人"对民族素质提高和人的全面发展问题进行了深入思考。只有把"四有"作为社会主义新人素质的主要要求和新时期人才培养的基本标准，人的全面发展的实现才不是空话。1980 年 5 月，他在书赠《中国少年报》和《辅导员》杂志的题词中，首次以"四有"的表达形式，概括了新人必备素质。1981 年 11 月，他在与时任美国财政部部长的谈话中初次表达了"四有"新人的观点。1982 年 7 月，他明确提出培育"四有"新人的理论。此后，培育"四有"新人被明确写入党的有关报告和决议。

"四有"是一个有机统一的整体。其中，有理想是"四有"新人的精神支柱，是坚持共产主义远大理想和建设社会主义现代化强国共同理想的统一；有道德是"四有"新人的灵魂，强调通过发扬奉献精神、革命精神与艰苦奋斗的创业精神，培养和树立优良道德风尚，正确处理人与人之间的关系；有文化是"四有"新人的基石，强调掌握现代化先进的科学文化知识和劳动技能，具有建设社会主义的真才实学；有纪律是"四有"新人的保证，强调增强公民意识和法纪观念，提高遵纪守法的自觉性。

为培养"四有"新人，必须加强思想政治工作，充分发挥学校教育在培养社会主义"四有"新人中的重要作用。1989年，他在回顾我国改革开放的经验教训时指出，要加强和改进德育工作，永远把坚定正确的政治方向放在第一位，牢固树立教育为社会主义现代化建设、为工人阶级和广大人民群众服务的观点。

三　江泽民"教育为人民服务"的思想

20世纪90年代，国际国内形势发生深刻变化，以知识和信息为基础的知识经济兴起，科学技术发展迅速，世界范围的经济竞争、综合国力竞争日趋激烈。在这一时期，随着社会主义市场经济体制的建立，我国的改革开放也逐步进入成熟期。科技创新与劳动者素质在经济社会发展中的作用和地位越来越重要。教育要面向新世纪，加大创新力度，适应社会主义现代化建设需要，就必须大力推进素质教育、终身教育，促进人的全面发展，最终实现为人民服务的目的。为此，江泽民在"三个代表"重要思想基础上提出教育为社会主义现代化建设、为人民服务的教育方针，使教育的服务对象更加完整，服务目的更加明确。其中，教育为人民服务是"二为"服务的最终落脚点。为更好地贯彻教育为人民服务的思想，党的十五大提出建设有中国特色的社会主义文化的任务。党的十六大提出全面建设小康社会的教育奋斗目标。同时，从"三个代表"思想的高度，丰富和发展了教育为人民服务的内涵，对如何保证人民享受教育权利、满足人民受教育需求、提高全民族科学文化素质，提出新时期的具体思路。

（一）保证人民接受良好教育的权利

教育是一个系统工程，为保证人民接受良好教育的权利，全社会应当关心和支持教育事业的发展。首先，通过法律保障公民的受教育权利。1995

年，国家通过《教育法》，这是我国历史上第一部由最高国家权力机关制定的教育基本法律。它规定，中华人民共和国公民依法享有平等的受教育权利和义务。各级人民政府应采取各种措施保障适龄儿童、少年就学，社会组织和个人也要相应履行义务教育义务。有了法律保障，九年义务教育在全国范围内全面展开。其次，教育经费要做到"三个增长"①，以保证足够的教育投入。再次，通过实施"国家贫困地区义务教育工程"，设立中央、省、地、县四级贫困地区实施义务教育的专项经费，解决农村和中西部地区，特别是山区、牧区和边境地区等贫困地区的义务教育经费。最后，针对进城务工人员随迁子女存在就学困难，农村留守儿童因家庭经济困难或学习困难等存在辍学的现实情况，提出要采取必要措施，确保这些儿童平等接受义务教育的权利。

（二）满足人民接受良好教育的需求

随着社会的发展，人们对接受学前教育、高中阶段教育和高等教育的需求不断增加。为此，江泽民提出，国家在办好九年义务教育基础上，还应该大力发展这些阶段的教育，满足人们接受良好教育的需求。同时，人们在学校学到的知识不能满足知识技术更新的需要，终身学习成为必需。应大力发展成人教育和职业教育，以满足人民接受终身教育的需求。

1. 基本普及学前教育，重点发展农村学前教育

很长一段时间，我们对学前教育关注不多。随着社会的发展，人们日益认识到学前教育对一个人的习惯养成和智力发展具有奠基性的作用，对接受学前教育的需求不断增加。为此，江泽民提出，要切实把学前教育纳入经济社会发展和教育事业的总体规划，基本普及学前教育，尤其应努力提高农村学前教育的普及程度，保证贫困家庭儿童和留守儿童入园，满足人民群众不断增长的接受学前教育需求，提高国民素质和国家竞争力。

---

① "三个增长"，即各级政府教育财政拨款的增长要高于同级财政经常性收入的增长，在校学生人均教育经费逐步增长，教师工资和学生人均公用经费逐步增长。

2. 推进义务教育均衡发展，确保适龄儿童接受良好义务教育

义务教育是科教兴国的奠基工程。"两基"① 目标顺利实现后，应重点解决义务教育区域、城乡、校际发展不均衡问题。为此，2001 年，出台《国务院关于基础教育改革与发展的决定》，大力扶持农村、贫困地区和少数民族地区义务教育，提高这些地区的义务教育质量。完善、落实中小学助学金制度，在农村地区推广使用经济适用型教材，对贫困地区家庭经济困难的中小学生免费提供教科书，确实减轻农村和家庭经济困难学生家长的负担。

3. 加快普及高中阶段教育，推动普通高中多样化发展

江泽民认为，对个体而言，高中阶段是学生从未成年逐步走向成年的重要阶段，也是一个人提高综合素质和促进个性发展的重要阶段。对国家而言，高中阶段教育是国民教育体系中承上启下的关键时期，是实现科教兴国的重要保证。为满足人民群众不断增长的接受高中阶段教育的需求，国家应加快普及高中阶段教育，推动普通高中多样化发展。

4. 扩大高等教育规模，全面提高高等教育质量

国家规定，为使更多的高中毕业生有接受高等教育的机会，根据各地的需求和经费投入及师资条件大力发展高等教育。为解决高等教育办学经费短缺问题，逐步形成以中央、省（自治区、直辖市）两级政府办学为主、社会各界参与办学的新格局。同时，改革学生上大学由国家包办的做法，逐步实行收费制度。有了国家精神，又解决了办学经费，各省高等教育规模快速扩大。为全面提高高等教育质量，国家决定通过实施"211"工程，集中中央和地方等各方面的力量办好一百所左右重点大学和一批重点学科、专业。同时，根据《高等教育法》关于"高等学校应当面向社会，依法自主办学，实行民主管理"的规定，扩大高校办学自主权，实现高校后勤工作社会化，使高校能够集中精力进行教育教学改革。

5. 建立全民学习、终身学习的学习型社会，满足人民群众多样化学习需求

职业技术教育和成人教育是全民学习的主要形式，为建立全民学习的学习型社会，国家依靠行业、企业、事业单位和社会各方面联合办学，大力发展职业技术教育和成人教育。2002 年，开始进行高等职业教育的各项改革与

---

① "两基"，即基本普及九年义务教育，基本扫除青壮年文盲。

试点工作，大力推进职业教育改革与发展。为构建终身学习体系，国家通过实施"现代远程教育工程"，形成开放式教育网络，拓宽继续教育途径。

（三）推进教育创新，全面实施素质教育，提高国民素质

江泽民认为，提高国民素质是教育的根本宗旨。要提高国民素质，就必须不断推进教育创新，全面实施素质教育。

1. 不断推进教育创新，培养学生创新精神和创新能力

首先，教育在增强国家创新能力中起着基础性作用，必须不断推进教育创新。随着知识经济的兴起，经济社会发展越来越多地依靠知识的创造性运用，一个国家、一个民族的发展进程与其科技发展程度、知识创新能力的关系更加紧密。江泽民认为，创新的关键在人才，人才的成长靠教育，教育在增强国家创新能力中起着基础性的作用。1998 年 4 月，他在考察北京大学时明确提出："创新，最根本的一条就是要靠教育、靠人才。"① 其次，培养青年学生的创新精神和创新能力是教育创新的重点。1998 年，他在庆祝北京大学建校 100 周年的讲话中提出，青年人在成长的道路和方向上，要做到"四个统一"②。2001 年 4 月，在庆祝清华大学建校九十周年大会上的讲话中，他再次强调，青年学生要努力做到"五种人"，即理想远大、热爱祖国的人，追求真理、勇于创新的人，德才兼备、全面发展的人，视野开阔、胸怀宽广的人，知行统一、脚踏实地的人③。这"四个统一"和"五种人"科学揭示了青年学生成长的客观规律和创新精神、创新能力培养路径，是青年学生立志成才的努力方向。

2. 全面实施素质教育，提高国民素质

江泽民认为，提高国民素质可以增强民族凝聚力，提高国际竞争中的知识竞争与人才竞争优势，是增强综合国力和国际竞争力的重要途径。我们要通过全面实施素质教育，努力促进人的全面发展，提高国民的思想道

---

① 《江泽民总书记考察北京大学时强调：必须紧紧围绕经济建设中心　坚定不移实施科教兴国战略》，《人民日报》1998 年 4 月 30 日，第 11 版。

② "四个统一"，即学习科学文化与加强思想修养的统一，学习书本知识与投身社会实践的统一，实现自身价值与服务祖国人民的统一，树立远大理想与进行艰苦奋斗的统一；江泽民：《江泽民文选》（第 2 卷），人民出版社，2006，第 124~125 页。

③ 中共中央文献研究室：《江泽民思想年编（1989~2008）》，中央文献出版社，2010，第526~527 页。

德素质、科学文化素质和健康素质。为此，1998 年 12 月，国家开始实施"跨世纪素质教育工程"。1999 年，"全面实施素质教育，要坚持面向全体学生"① 被正式提出，并重点围绕以下五个方面展开。首先，应树立正确的教育观和人才观。改变分数至上、单纯追求升学率的片面观点，树立德智体美全面发展的教育观。根据经济建设和社会发展对人才的多样化要求，将人才分为不同类型和层次，要求大家树立"不是只有上大学才能成为人才，只要认真学习和掌握知识技能，就一定能成长成有用之才"的正确人才观。其次，改革课程、教材、教学方法。改变现行课程门类过偏，有的教材内容过于陈旧，缺少科学精神与人文精神，有的偏深、偏多，与国家现代化建设需要不相适应的情况。适当减轻学生过重的课业负担，使学生有时间接受全面素质教育。改变以灌输为主的教学方法，注重启发式教学。再次，教育是个系统工程，全社会都要关心支持教育事业。各级各类教育都要全面推进素质教育。师范院校更要率先进行素质教育。复次，要加强体育和美育工作。体育可以使学生拥有健强体魄。美育不仅能培养学生的高尚情操，还能激发学生学习活力，促进智力开发，培养学生创新能力。体育和美育是素质教育的重要组成部分。要求初步建立大中小学相互衔接、较为科学合理的体育、艺术教育体系，保证学校体育和艺术教育教师的数量和质量，提高教学水平。最后，充分发挥中小学校长和教师在推进素质教育中的主力军作用。教师要不断学习和提高自己。

此外，为培育学生的思想道德和健康素质，国家出台《中共中央关于加强和改进思想政治工作的若干意见》，召开全国思想政治工作会议，全面加强对青少年的爱国主义、遵纪守法和社会公德教育、中华民族优秀传统和革命传统教育以及劳动技能与心理健康教育。

四 胡锦涛坚持教育以人为本的思想

进入 21 世纪，世界进入大发展大变革大调整时期，我国的改革发展也进入关键阶段。面对前所未有的机遇和挑战，为应对人口、资源、环境日益加大的压力，加快转变经济发展方式，以胡锦涛为代表的中国共产党人

---

① 中共中央文献研究室：《十五大以来重要文献选编》（中），人民出版社，2001，第 859 页。

提出科学发展观思想。在科学发展观指导下，总结我国教育改革与发展实践，形成了科学发展观教育理论。科学发展观教育理论将"以人为本"作为理论核心，坚持教育的以人为本思想，提出努力办好让人民群众满意的教育，使教育为人民服务并让人民满意。同时，围绕"要培养什么样的人""怎样培养人"两个基本问题，不断促进教育公平，提高育人质量。

（一）促进教育公平，保证人人平等获得发展机会

1. 教育公平思想的提出

进入 21 世纪，我国教育取得了较大成效，九年义务教育基本普及，高等教育大众化初步实现。但是，这一时期人民群众对教育公平的呼声仍然十分强烈。究其根源，一方面，经济快速发展，人民群众的教育需求不断增加，社会两极分化加剧，人们的权利意识不断增强；另一方面，教育发展总体水平不高、优质教育资源有限、教育发展不平衡、素质教育推进不力，教育供给与教育需求的矛盾不断加大，人民群众接受教育的情况仍存在较大差距，"上学难、上好学"的问题日益凸显。具体表现为：群众对上学难的问题反映比较强烈，城乡教育差距扩大，农村九年义务教育还存在学生辍学现象，农民工子女异地上学难，一些城乡经济困难家庭难以支持子女完成高等教育甚至高中教育等。

党的十六届五中全会提出，将教育公平作为改善民生、构建和谐社会的重要内容和途径，要求"坚持教育优先发展，促进教育公平"[1]。"教育公平"概念被首次提出。此后，在党的重要会议和报告中"教育公平"被多次强调重申。2007 年，党的十七大报告强调："教育公平是社会公平的重要基础。"[2] 2010 年 7 月，全国教育工作会议指出："把促进公平作为国家基本教育政策。"[3] 教育公平思想逐渐形成。

2. 促进教育公平，保证人人平等获得发展机会

实现教育机会公平是促进教育公平的关键。教育要注重发展的全局性、全体性和全方位，关注教育机会公平，满足群众的教育个性需要和期望。

---

[1] 中共中央文献研究室：《十六大以来重要文献选编》（下），中央文献出版社，2011，第 654 页。
[2] 中共中央文献研究室：《十七大以来重要文献选编》（上），中央文献出版社，2009，第 29 页。
[3] 中共中央文献研究室：《十七大以来重要文献选编》（中），中央文献出版社，2011，第 882 页。

为此，胡锦涛结合教育发展实际，明确要求政府必须为每个公民提供义务教育就学的公平机会和高中以上学段升学的公平机会。2011 年，国家"普九"验收在所有省份通过，"有学上"问题得到根本解决。

促进义务教育均衡发展、扶持困难群众，是促进教育公平的重点。农村义务教育基础薄弱，普及起点较低、时间较短，教育质量有待提高。同时，由于各种原因，家庭经济困难的学生、进城务工人员子女、留守儿童、残疾人等困难群体均存在不同程度的入学困难。为此，国务院出台《关于进一步加强农村教育工作的决定》和《关于深入推进义务教育均衡发展的意见》，对农村义务教育实行"两免一补"① 政策，对西部地区"两基"工作开展攻坚。此外，国家还在普通本科高校、高等职业学校和中等职业学校建立健全国家奖学金、助学金制度。

为保证人人平等获得发展机会，必须大力发展职业教育，扩大职业教育招生规模。2005 年，国家出台的《国务院关于大力发展职业教育的决定》提出，建设中国特色的现代职业教育体系，"培养数以亿计的高素质劳动者和数以千万计的高技能专门人才"②，把我国面临的巨大人口压力转化为人力资源优势。重点支持发展面向农村学生的中等职业教育，努力使城乡劳动力人人有知识、个个有技能，提高广大农民的职业技能和转移就业能力。

3. 促进教育公平，保证人民群众接受良好教育的需求

随着"有学上"问题的解决，人民群众"上好学"的需求逐渐增强，人们的教育质量意识明显增强，强烈期盼接受良好教育。人民群众不断增长的高质量教育需求与供给不足的矛盾日益突出。实现优质教育资源的合理配置，妥善处理好教育规模、结构、质量和效益的关系，促进教育过程与结果的公平，成为新时期教育领域的重要议题。为此，胡锦涛提出，政府要着力促进公共教育资源公平配置，缩小教育发展差距。要健全教育体系，形成学历教育与非学历教育、有组织学习与自主学习相互补充的良好格局。大力倡导全民学习、终身学习，以学校教育系统为依托，以现代信

---

① "两免一补"，即对农村义务教育阶段学生免收学杂费、对其中贫困家庭学生免费提供课本和补助寄宿生生活费。
② 中共中央文献研究室：《十六大以来重要文献选编》（下），中央文献出版社，2009，第 35 页。

息技术为重要手段，整合社会学习资源，形成开放、灵活、方便的学习平台，为广大人民群众接受教育、参与学习创造条件，努力建设终身教育体系和学习型社会。

（二）育人为本，全面实施素质教育

育人为本是以人为本教育思想的核心。为提高育人质量，胡锦涛提出要把立德树人作为教育的根本任务，进一步加强青少年体育、增强青少年体质，为每个学生提供适合的教育，促进学生全面发展。

1. 把立德树人作为教育的根本任务

育人为本、德育为先是胡锦涛始终坚持的教育理念。他认为，学校是对学生进行思想道德教育的主渠道，提高未成年人和大学生的思想道德素质至关重要。2004 年，加强和改进未成年人思想道德建设和大学生思想政治教育工作会议相继召开。会议明确要求，必须始终坚持立德树人，把德育作为素质教育的首要内容，贯穿教育教学的各个环节。根据德性养成规律，进行有序教育，切实把社会主义核心价值体系与价值观教育融入国民教育全过程，引导学生自觉践行社会主义核心价值观。

2. 进一步加强青少年体育、增强青少年体质

胡锦涛历来重视青少年体育工作。2007 年，他以迎接 2008 年北京奥运会为契机，要求学校全面实施《国家学生体质健康标准》，认真贯彻《学校体育工作条例》，建立和完善校园体育工作规章制度。开展"全国亿万学生阳光体育运动"，切实减轻学生过重的课业负担，降低青少年近视率，进一步加强青少年体育、增强青少年体质。

3. 为每个学生提供适合的教育，促进学生全面发展

随着经济社会的发展，人们更关注自身，更重视自我价值，有了更强的主体意识。尊重主体性成为教育发展的新趋势。为此，胡锦涛提出，学校应把促进学生健康成长作为一切工作的出发点和落脚点。在教育教学过程中发挥学生主体性和教师主导性，秉持"人人需关心"和"人人可成才"的理念，关心、爱护每位学生，在遵循教育规律和学生成长发展规律基础上，着眼于学生的成长成才需要，为每个学生提供适合的、符合个性的教育，促进学生全面发展。

第三节　中华传统优秀教育思想

从春秋战国时期孔子的有教无类、因材施教到唐朝韩愈、柳宗元的尊师重道观，到明末清初的实学教育思潮，再到近代蔡元培先生的德智美诸育和谐发展思想，所有这些优秀传统教育思想都无不散发出追求教育公平，提高教育者和受教育者获得感、荣誉感，促进人的全面发展的思想。这些源远流长的优秀教育思想为新时代坚持以人民为中心发展教育提供了丰富的理论借鉴和理论来源。

一　有教无类

早在先秦时期，孔子便提出"有教无类"这一教育理念。在《论语·卫灵公》中，孔子对教诲对象再次强调，要有教无类。意指教育不应因人而异，众生皆平等，无论贫富、贵贱、贤愚，只要对方诚心请教，就应当施以教诲。在 2500 年前的中国，夷夏有别，以周天子治下的土地为中心，称为中国，其东为夷，南称蛮，西谓戎，北呼狄。在当时的人看来，除中国外，四周皆为未开化地区，不知礼数，无可教化。随着井田制的崩溃、私学的兴起，孔子率先打破了这一常规，先后收当时被视为荆蛮的楚国人公孙龙、秦商为弟子，甚至孔子在周游列国时欲去"九夷之地"施教，传播他的"仁"与"义"。

孔子认为，教育不应该是贵族的特权，平民同样有接受教育的权利，因此，孔子的学生有大贵族子弟如司马牛，也有称为"卞之野人"的子路和"在缧绁中"的公冶长，有"家累千金"的子贡，也有"穷居陋巷"的颜回。孔子对学生的喜爱程度也不因为其身份而有不同，只要好学尚学，孔子便不吝一切赞美之词来表达自己的喜爱之情。正是孔子率先打破贵族教育这一不成文规定，才推动后世形成科举这一从平民间选拔人才的制度。

在孔子看来，有教无类应该表现在平等看待每个学生，不应该戴着"有色眼镜"，这体现在客观并实事求是地评价每个学生。对颜回，孔子常称赞其"好学""贤"等，对冲动易怒的子路，孔子称赞其"片言折狱"。但仅仅作出客观的评价仍不够，人皆凡人，皆有缺点。对子夏，虽擅长文学却有吝啬的毛病，孔子不以为然，甚至在与他交往时格外注重这一细节，认为应当"推其长者，违其短者"。这也使得孔子能更好地为不同类型的学生传教授业。

在孔子之后，孟子更是将"有教无类"的办学思想发扬光大，忠实地践行这一教育理念。孟子对求学者"往者不追，来者不拒"，只要一心求学，便开堂授课。

因此，教育平等、一视同仁、爱满天下正是为人师表所应具备的基本条件。但有教无类仅仅是教育的前提，该如何开展教育？方法同样重要。

二 因材施教

因材施教，最早由孔子提出，其含义是"教育者应根据学生的实际情况施予不同的教育方法"。这里所说的"学生的实际情况"包括学生的理解能力、身份及性格。首先，因材施教应考虑学生的理解能力。如《论语·雍也》所述，对中等以上才智的学生，可以给他讲授比较高深的学问；对中等以下才智的学生，则不宜讲授高深的学问。人对知识的理解都有渐进的过程，让一个初入小学的儿童迅速理解高等数学是不可能的，不同的知识理解能力决定了老师的教授方法。例如，关于"人为什么要学习"这一问题，对稍愚者可教之为使将来有立足之地，对稍贤者则可谓之为祖国崛起而努力。其次，因材施教应考虑学生的身份及性格。《论语·先进第十一》记载，同样是关于"听到就要去做吗"这一问题，孔子给子路的答复是三思而后行，而对冉有的答复则是闻而即行。这是因为子路平时过于激进，容易犯冒进之错，因此需要保持冷静；而冉有性格懦弱，常畏首畏尾以至于不敢行动，因此需要激励勇气，才能成就事业。在《论语·颜渊》中，孔子关于仁的答复也因人而异，如颜渊问仁，孔子答曰"克己复礼为仁"，"非礼勿视，非礼勿听，非礼勿言，非礼勿动"。司马牛问仁，孔子则答复"仁者，其言也讱"。由于颜渊对孔子思想领悟较为透彻，孔子传授的内容也较高深，而司马牛常多言且急躁，孔子希望他能有所收敛，故告之说话做事要慎重，三思而后行。请教问题的对象不同，解答问题的角度也相应有所不同，从不同的角度进行解答，根据每个人的情况，使其从一个可以理解、接受的方面去把握"仁"和实践"仁"，殊途同归。

人之不同，因此世界绚丽多彩，也正因人之不同，如何育人这一话题成为亘古的难题。因材施教这看似简单的四个字，在实际操作中对教师的要求也极为苛刻。昔日孔子通过有目的的谈话，以及细微的观察来了解自己的学生。当今教育可借助成熟的理论测试，如性格、智力分析加以辅助。但即使知道了教学方法仍然不够，应当如何保证教学质量，即如何使学生始终愿学、肯学、乐学，同样是当今教育者应当思考的重要问题。

三 尊师重道

中国先贤很早就发现要保证教学的有序性，就必须有崇学尚学的风气。倘若学生不抱有对知识的敬重，即对传道授业者的敬重，即使传道授业者有高超的教育技巧也无济于事。传授的知识无法为学生所接受，教育目标就难以达成。也正因此，孔子身体力行教授弟子们要尊师重道。据《史记》记载，孔子见老子时，虽年已半百，仍心怀敬重地向老子行弟子礼，虚心请教世间之"道"，在听完老子的教导后，闭门三日无言静思，反复琢磨老子所言。孔子对道的态度由《论语·里仁》可见一斑。孔子曾言："朝闻道，夕死可矣。"对道的敬重使他能无时无刻向任何人求学问道，"三人行则必有我师"。正因此，孔子才能不断提升自己，最终被后世称为圣人。

除了孔子，荀子对尊师重道思想也非常推崇。他系统阐述了教师的作用以及师生关系。最为关键的是，荀子在孔子思想的基础上，对教师自身作出了更加明确的要求。正如孔子所言，"其身正，不令而行，其身不正，虽令不从"①，自身希望并提倡学生去做的，首先自己要能做到，而那些不希望学生做的，自己也要做个表率不去做，所说的和所做的保持一致，如此才能在学生心目中树立威信。荀子据此提出，凡为人师者，必须具备以下几个基本条件："有尊严使人肃然起敬；有崇高的威信和丰富的教学经验；表达问题条理清楚、逻辑性强、语言简练、规范，且不违背师说；能体会'礼法'的精微之处进行恰当的阐发。"②

为实现尊师重道，孟子对教师也提出要求。在他看来，人们都热衷于充当别人的老师，去教授别人各种道理，但自己应该首先要能做出表率。

---

① 孙德玉主编《中国教育思想简史》，安徽教育出版社，2010，第 14 页。
② 孙德玉主编《中国教育思想简史》，安徽教育出版社，2010，第 50 页。

所以孟子提醒我们，"人之患在好为人师"①，如果自己没有准备好，就不要随便当别人的老师。所以，传授他人知识，自己首先要对该领域有一定程度的理解，对自己不擅长甚至未曾涉足的领域，万不可随意发表见解作为真理教授给他人。

除先秦诸子外，后世文人对尊师重道也有各自的推崇及理解，如韩愈、柳宗元等。但无一例外的是，在尊师重道这一话题中，最重要的便是如何为人师，保持对知识的尊重，保持自身的谦逊，保持对世界的求知欲。

四　实学教育

明清时期，中国传统儒学教育已发展至巅峰，不可避免地存在片面性。自宋王安石伊始，八股文雏形初成，后明太祖朱元璋将其确定为国家选拔人才的考试标准，清将其发扬光大。八股取士虽对选取人才作出了明确且公平的标准要求，给平民百姓晋升上层社会提供了制度保障，但在教育方面却严重阻碍了人的发展。由于八股文将考试范围限制在四书五经内，忽视实用技术，一批明清学者提出"实学教育"主张，希冀朝廷能改变教育方向。

实学教育最早由南宋程颐提出，后在明清时期发扬光大。明末王夫之提出，教育作用必须在社会综合治理中才能实现，要充分发挥教育对社会的作用，对人才培养的作用。与王夫之同一时期的颜元对实学教育也有一定的理解。他认为，教育的目的是培养人，学校的教育应该培养有实学、能实用的人。他主张教育应从两个方向入手。一是直接对民众的教育。颜元将原先单纯的教化目的，转变为不仅要教化民众，而且要培养其生存能力，并且颜元认为培养民众生存能力更优于教化民众②。二是注重培养为民务实的官吏。颜元认为读书做官无可厚非，但重要的是该做怎样的官。八股出身的官吏在政务上的迂腐导致任上治理情况糟糕。官应该是为民官，培养官吏如何为民做实事是教育的使命，同时也是开办学校的目的所在。在亲历教学活动时，颜元十分重视劳动技术和生活实践能力教育。他将传统经学内容和自身教育思想相结合，在教育目的、培养目标、教育内容、教学方法等方面彰显实学教育理念。

① 《孟子》，中华书局，万丽华、蓝旭译注，2006，第 165 页。
② 陈山榜：《颜元的教育目的与培养目标论》，《教育评论》2004 年第 4 期，第 75~77 页。

清初，戴震提出实用科学教育。受历史条件限制，戴震的实用科学与西方近代科学不同，仍旧是为经学教育服务，但也有一定的进步性，对现代教育同样有参考意义。戴震认为，若知识分子想对经文的本意有透彻的理解和认识，除了要熟悉四书五经的内容及相关学科，如音韵学、训诂学、名物学，古时的天文、数学、地理、水利、工程等自然科学同样需要花费工夫去钻研。只有掌握了一定的自然学科知识，才能使经学研究更深刻更全面。相反，研究经文倘若缺少科学知识，经文讲述的内容将无法融会贯通，仅仅是粗略的理解，所窥仅剩皮毛。所以，戴震自己设计了一系列教学课程。他把天文、数学、地理、工艺等作为治经、教经的大端，作为私塾学生必修课。戴震对实用科学的研究同样身先士卒，先后留下如《原象》《勾股割圆记》《策算》《续天文略》等涉及自然科学内容的著作。他认为这些科学知识，作为儒者"不宜忽置不讲"。即使是研究儒经，也要讲求这些科学，也要去理解这些科学。

五　诸育和谐

近代以来，随着西方思想的传入，中国传统文化遭受冲击，文人士大夫始思考中华落后的原因。通过思考，中国士人发现国民教育是导致落后的一个关键因素，并意识到八股取士的局限性与民智的重要性。在学习借鉴西方先进文化教育思想后，时任北大校长的蔡元培先生提出"五育并举"教育理念，即完全人格的教育思想。蔡元培先生认为，完全人格教育首先要使人在德智体美四方面和谐发展，缺一不可；其次，完全人格教育要求人的个性和社会性协调发展；最后，完全人格教育要求人的身心两方面实现协调统一。其中，他所提倡的德智体美诸育和谐发展理念，具体包括以下四个方面。

第一，德育是人的根本。蔡元培先生认为，德育实为完全人格之本，人若没有了道德，就会做出诸多背德忘本的事情，小如欺诈，大若卖国。只有大力提倡德育，国家教育才能有正确的方向，国家才能振兴，民族才能自强，小到路不拾遗夜不闭户，大至同仇敌忾一致对外。第二，智育是完全人格不可缺少的一部分。蔡元培先生认为："知识者，人事之基本也，人事之种类至繁，而无一不有赖于知识。近世人文大开，风气日新，无论何等事业，其有待于知识也盖殷。"[1] 而我国旧教育无外乎四书五经，阻塞

---

① 高平叔编《蔡元培全集》（第二卷），中华书局，1984，第183页。

民智。因此，蔡元培先生认为，首先要改制教学内容，从内容上启发开拓民智；其次，要出资设立完备的实验教育研究所，以保证学术研究不受制于设备缺失；最后，蔡元培先生提出，我国需紧急培养一众有充分知识的教师，能够对适龄受教育儿童，甚至是成年人进行大众普及教育，提高民智，有赖于此。第三，体育不同于强体健魄，它是个人精神与身体健康两者的平衡发展。他认为："精神者，人身之主动力也。"[①] 体育不仅要发达学生的身体，更要振作学生的精神，只有这样才能激发学生参加体育活动的兴趣。此外，只有拥有相当强大的精神力量的人，才能够克服艰险，不畏困难，迎头向上，也才能使其他"育"得到更好发展。第四，美育是完全人格教育中的重要组成部分。蔡元培先生保留了中国传统美学中的悦乐精神和道德理性，同时汲取西方自由和个性的主张。所谓美育，并非美术教育，而是美感教育，应当以人为中心。人生途中，应当拥有一双善于发现美的眼睛，以陶冶内心及升华灵魂，感悟人生之美好、生活之美妙，构建大同社会。

德智体美诸育和谐发展是中国近代教育改革与发展的产物，对于我们切实推进素质教育，提高整个民族的创新能力，都有重要价值。

第四节　西方教育思想文明成果借鉴

在西方教育发展进程中，不同历史时期、不同国家的教育家提出的教育主张和教育理论，多涉及教育普及与教育平等、人的全面发展与个性全面和谐发展、教育的民主性以及终身教育思想等。虽然这些思想和主张提出的目的是为封建统治阶级或资产阶级服务，具有封建性和资产阶级性，但其中仍蕴含许多合理成分，是人类教育发展史上的文明成果。"他山之石，可以攻玉"，这些西方教育思想的文明成果可以为我们提供借鉴。

一　教育普及与教育平等

在西方，强调公共教育的普及最早可追溯到早期空想社会主义者莫尔和康帕内拉。莫尔在《乌托邦》一书中指出，劳动人民之所以穷困潦倒，

[①] 蔡元培：《中国人的修养》，作家出版社，2016，第 5 页。

不仅在于上位剥削者的压迫，还在于自身知识的局限性。正因为不对等的知识掌握水平，底层百姓要想战胜剥削者就变得异常艰难。要使人民变得有力量，首要的方式就是普及教育。更难能可贵的是，莫尔在那个女性尚处于被支配地位的时代，坚决主张男女享有平等的受教育权利①。继莫尔之后，意大利人文主义思想家康帕内拉指出，私有制的罪恶是以无知为养料。要铲除私有制，就必须对人民进行启蒙和教育。这一思想与莫尔不谋而合。与莫尔不同的是，康帕内拉极力强调儿童教育，为此他描述了一系列儿童教育的设想，如婴幼儿时期应学习语言文字和历史，稍大后学习让四肢均衡发展的运动，7~8岁时就要进行数学和其他科学的教育了②。无论是莫尔还是康帕内拉，他们的思想都充满人文主义、平等主义和现实主义精神，为现代教育理念描绘出初稿，激起人民大众对知识的渴望，明确了受教育的正当性、必要性。这不仅为后来思想革命埋下种子，同时也为工业革命提供了铺垫。

在中世纪的欧洲，教育被宗教教会垄断。当人民受教育的意识觉醒后，要想获得受教育的权利就必然与当时的宗教教会发生冲突。这一反抗教会教育垄断的时期，被称为宗教改革时期，其代表人物为马丁·路德和加尔文。马丁·路德以宗教为切入点，指出一切基督徒都应受教育，良好的教育能够培养信徒的虔诚信仰，民众受教育具有正当性；教育不仅能使国家昌盛，还能使个人得到良好发展，民众受教育是必要的；国家应实施普及义务教育③。加尔文与马丁·路德的教育思想大致相同，其不同点在于：马丁·路德更重视家庭教育和初等学校教育，而加尔文更重视中高等教育和法制教育。加尔文认为，人们只有以法律规定为根据，进行"道德法"说教并内省，才能保持一颗向善的纯洁心灵，并对国家发展起到一定的积极作用④。受马丁·路德的教育思想影响，德国境内部分邦国和新教地区的独立城市从1559年起先后颁布了普及义务教育的法令，给近代德国及欧洲等大陆法系国家的教育注入了新的活力。而加尔文在日内瓦城所实施的普及义务教育实践，则对荷兰、英国、美国等海洋法系国家近代普及教育运动

---

① 单中惠主编《西方教育思想史》，中国人民大学出版社，2017，第63~64页。
② 单中惠主编《西方教育思想史》，中国人民大学出版社，2017，第65~67页。
③ 单中惠主编《西方教育思想史》，中国人民大学出版社，2017，第72~74页。
④ 单中惠主编《西方教育思想史》，中国人民大学出版社，2017，第74~76页。

产生了较大影响。

在法国，因为封建宗教势力的顽固反抗，全民普及教育效果不太明显，这种情况一直持续到 18 世纪中期。此时，法国爆发了对后世影响深远的启蒙运动，产生了一批唯物主义教育思想家。启蒙思想家、教育理论家狄德罗就是其中之一。他认为，应把学校从教会手中夺回，全部交由国家管理，加强国家对教育的领导，建立一个民主的完整的国民教育制度。为迎合资产阶级利益，狄德罗强调，通过普及教育，能够培养资产阶级"新人"，尤其是通过建立普及的、免费的初等教育制度，对儿童实施强迫的义务教育，能够使一个民族文明化，更好地推动资产阶级国家发展[1]。在此之后，推行教育普及、提倡国家开办和管理教育的国家主义教育思想逐步产生。其中，法国法学家拉夏洛泰提出"公民教育"概念，主张教育的目的是为国家培养公民，"教育必须有国家的法律保证，学校必须给青年人提供作为良好公民所必需的实际知识"[2]。法国哲学家、数学家孔多塞则主张建立国家的学校制度，以便对所有的儿童（不分贫贱）实行免费的初等教育[3]。同时，在遥远大洋彼岸的美国也开始意识到国家公办学校是保障全民知识普及的必要手段。西方诸国在此时期先后开始积极推行教育普及，为科技革命提供了充足的人才储备。

综上所述，西方教育普及和教育平等思想主张不分贵贱，不论男女，每个人都应当受到最基本的教育。良好的全员性的大众教育将使国家有序、社会安定，减少国家冗余政令的同时提高国家综合竞争实力。

二　人的全面发展与个性全面和谐发展

在西方，产生于欧洲文艺复兴时期的人文主义教育思想开始强调人的身心全面发展。文艺复兴时的人文主义者为反对经院主义教育对人性的压抑，他们从新兴资产阶级的需要和利益出发，提倡"人性"，将人的身心或个性的全面发展作为教育的培养目标，恢复了体育在学校教育中的地位。在道德教育上提倡个性发展和思想自由。

---

[1]　单中惠主编《西方教育思想史》，中国人民大学出版社，2017，第 142~145 页。
[2]　单中惠主编《西方教育思想史》，中国人民大学出版社，2017，第 174 页。
[3]　单中惠主编《西方教育思想史》，中国人民大学出版社，2017，第 176 页。

18 世纪后期，在法国启蒙运动的影响下，瑞士教育家裴斯泰洛齐提出要素教育思想，即教育应当由简到易，再由易到难。从儿童所能理解的最简单的"要素"开始，再逐步过渡到更复杂的"要素"，使儿童的各方面能力全面和谐地发展①。与其同时期的德意志，因为拿破仑的进攻分崩离析，其中最大的邦国普鲁士开始意识到自身实力的落后，落后就会挨打，更何况其还身处中欧大陆，四面环敌。在"耶拿崩溃"后，普鲁士文化和教育司司长洪堡开启普鲁士教育整顿改革。他提出"普通人的教育"，旨在将道德、知识、能力等三方面，通过教育融为一体，进行"全面教育"，即使一个人能够得到全方面发展，这样才能培养起独立人格，才能够对纯粹知识进行深入研究，进而增强国家实力②。与洪堡一起致力于德国 19 世纪初期教育的还有第斯多惠。第斯多惠提出"全人类教育"思想，目的在于通过内容全面的教育，促进人的全面发展，最重要的是将知识和技能相结合，既不能纸上谈兵，也不能机械重复。其核心在于强调儿童的自动性及思想的发展性，以实现人的可自主性不断发展③。

19 世纪时，资本主义得到一定程度的发展，大量的无产阶级同时出现。无产阶级带着对未来的美好向往，对资本主义制度进行批判。他们认为要改变现状，实现未来理想社会，需要借助教育。这其中最出名的代表人物便是欧文，他认为，应当实施以性格形成学说为基础的教育，只有这样，才能为人的本性和才能充分而全面发展创造条件，但以人的性格为基础尚不够，还需将教育与生产劳动相结合。

创立世界第一个无产阶级政权的苏联继续践行全面教育理念。当时的苏联教育家苏霍姆林斯基提出，要培养"个性全面和谐发展"的人，强调学生的体格、思想品德、知识本领、智慧能力、审美情操、劳动本领等方面都应该得到健康发展，即德育、智育、体育、美育、劳动教育等各方面协调发展④。这在当时不仅促进了苏联教育理论和实践的发展，而且还将全

---

① 单中惠主编《西方教育思想史》，中国人民大学出版社，2017，第 163 页。
② 单中惠主编《西方教育思想史》，中国人民大学出版社，2017，第 197~198 页。
③ 单中惠主编《西方教育思想史》，中国人民大学出版社，2017，第 231~236 页。
④ 〔苏联〕瓦·阿·苏霍姆林斯基：《关于全面发展教育的问题》，湖南教育出版社，1984，第 32 页。

面教育理论推向了新的高度，对世界各国产生了深远影响。

综上可见，人的全面发展需注意两个方面，一方面是重视德智体美等方面的知识教育，另一方面则是注重知识与实践的结合，前者保证了人的心智健康、知识完备、体格健壮，后者则保证了人能将所学知识用来指导日常生活与科研实践，不至于成为一个只会夸夸其谈的庸才。

三　教育的民主性

文艺复兴时期，西方的资本主义开始萌芽，同时，民主意识开始进入民众的日常生活，并对社会产生深远影响，教育也不例外。最早提出教育民主性的是夸美纽斯的泛智教育思想。他认为，"所有的人都应受教育"[1]，应当把一切的知识教给一切人，强调在平等基础上所有人都有受教育的权利。与教育的普及概念不同，夸美纽斯的泛智教育思想侧重平等，教育普及的目的是所有人都应当受教育，但不同的人受教育程度不同，泛智教育要求所有人应当平等地受到相同程度的教育。西方之所以会有平等教育思想，源于当时的学者，他们认为所有人无论民族人种，无论出身，他们的天赋智慧是相同的。就如18世纪中期法国启蒙思想家、教育理论家爱尔维修认为的，人的智力是平等的，对任何一个民族的轻视都是不对的。他强调："人生而无知，并非生而愚蠢。"[2] 人与人之间的差距不在于天生，聪慧与愚笨也不是与生俱来的，而在于后天的教育，在于人不断学习和努力。在这一思想的影响下，法国人开启了对封建专制制度、教会和宗教神学的无情批判，为法国大革命作出了卓越的贡献。18世纪，美国政治家、科学家和教育家富兰克林，倡导唯实主义教育思想。这一教育思想要求打破原先的学校教育和家庭教育的阶级性与等级性，力图将教育推广到一般民众。这些主张要求，可以看作教育普及理论的进一步发展，即每一个人都应当能平等地享有受教育的权利。

距离西欧较远的俄国，也对教育进行了大刀阔斧的改革，彰显出一定的民主性。19世纪中期，俄国的资本主义经济得到了相当发展，这在一定程度上冲击了当时的沙皇俄国政权统治。迫于压力，沙皇被迫采取开明措

---

[1]　任钟印主编《西方近代教育论著选》，人民教育出版社，2001，第71页。
[2]　北京大学哲学系外国哲学史教研室编译《十八世纪法国哲学》，商务印书馆，1979，第480页。

施，也即"自由化"政策。借此，以乌申斯基等教育家为代表的资产阶级民主主义者登上了舞台，他们主张将国民教育交给人民办理，而非国家。他认为："只有当公共教育的问题成为与所有人都有关的社会问题，成为与每一个人都有关的家庭问题的时候，公共教育才能真正发挥效力。"① 乌申斯基的教育思想，对后来俄国十月革命产生了深远的影响，也为俄国后来的教育发展打下了良好的基础。

自诩为西方国家民主灯塔的美国，在教育上自然也不落后。提到美国民主性教育思想，必然会提到"公共教育"。美国自建国起便十分重视并普及全民教育，包括设立公立学校与教师，开展免费教学活动等。对 19 世纪的美国人来说，"平等首先是指机会的平等，在教育上便是教育机会的平等"②。美国是世界闻名的移民国家，国内有各种肤色、人种的公民，提倡公共教育思想的美国教育家们，致力于建立不属于任何教派，依靠公众税款支持，对所有儿童开放的、统一的和免费的公立学校制度。这个制度为实现教育机会平等提供了可能，也使得"美国化"的进程富有成效，这也是现在所谓的"美国梦"内核，即无论是谁，只要满足条件，都能享受到应当享有的权利，在教育上便是受教育权利。

四　终身教育思想

"活到老，学到老"，这个从古代中国流传至今的优秀文化思想已深入人心。中国教育思想注重主动学，西方的教育思想则注重受教育权保障，20 世纪 50 年代的法国产生了"终身教育"思想。

终身教育，即强调把教育贯穿人的一生。它起源于成人教育。当时科技的发展，对劳动力技术的需求也不断变化。为使劳动人口能够不断适应新的社会生产关系，劳动力再教育计划被提上了日程，由此兴起了终身教育这一思潮。这一思想被认为可能导致"真正的教育复兴"，并"必将改变世界的教育面貌"。终身教育不只是指贯穿人的一生的教育，它同样是教育方式的改变。以往，人们接受教育的方式多为学校教育，即正规教育，但同时还存在诸如私人教育等教育机构，这被称为非正规教育。终身教育应

---

① 乌申斯基著《乌申斯基教育文选》，人民教育出版社，郑文樾选编，2007，第 86 页。
② 单中惠主编《西方教育思想史》，中国人民大学出版社，2017，第 251 页。

是这两种教育的总和，将学校和社会二者有机融合成一个统一并相互衔接的制度。以此方式，才能真正最充分地利用资源实现终身教育。在终身教育思想中，教育民主性不再单指每个人都能得到同样的教育，它强调每个人都能受到最好的教育。这将消除社会不平等，同时为每个人的终身受教育权利提供保障。伴随时代的发展，终身教育也体现了相当程度的国际性特点。大众传媒的诞生及发展，世界各地文化交流日趋频繁，地球上任意一个被互联网络覆盖的区域，都能迅速了解与该区域相隔万里的事件，无形中扩大了人们的视野。人们不断被新事物冲击，在旧知识与新文化的融合交汇下，终身学习成为必需。

终身教育思想的代表人物是法国成人教育理论家和活动家朗格朗。他认为终身教育的最终目标是努力建设更美好的生活。他主张改革教育理念，提出在教育过程中，应当强调的是学生，而非课程，教育不单单是简单的知识传授，更多的是教会学生如何学习，如何将知识运用到生活中，教育不应当带有竞争性，每个人的竞争对象应该是昨天的自己。朗格朗的终身教育思想对传统教育带来极大冲击，它击碎了"学校就是学习活动的区域与场所，学习离不开学校"这一传统观念。人们在从学校毕业后，不应结束学习，相反，继续学习、不断学习，是人们在日新月异的变化中保持自身竞争力的唯一保障。

第二章　形成背景与发展成熟

进入新时代，以习近平同志为核心的党中央在遵循马克思主义群众史观和教育的人民性思想，对中国共产党人教育的人民性思想的赓续发展中，创新性地提出了坚持以人民为中心发展教育。新时代坚持以人民为中心发展教育，是在总结中国共产党人教育发展实践探索与历史经验的基础上，在社会主义现代化教育事业建设进程和新时代中国特色社会主义教育改革发展实践中，回应人民对更好教育的期盼，教育领域综合施策过程中逐步形成和发展起来的。它作为中国共产党人民教育实践经验的总结，是以习近平同志为核心的党中央集体智慧的结晶。新时代坚持以人民为中心发展教育自提出以来，在不到十年的发展过程中，经历了从初步形成、走向成熟再到继续发展等阶段。

第一节　形成背景

新中国成立后，经过中国共产党人的不懈努力，我们建成了世界上最大规模的教育，积累了丰富的教育发展经验，为新时代坚持以人民为中心发展教育、实现教育现代化奠定了坚实的基础。进入新时代，国内外形势发生巨大变化，面对世界百年未有之大变局和实现中华民族伟大复兴战略，中国应该如何应对，教育又应该发挥什么样的作用，这是中国教育需要回应的时代问题。为实现中华民族伟大复兴，建设社会主义现代化强国，满足人民对高质量教育的需求，深化新时代教育改革，应对新时代国际挑战，以人民为中心发展教育理念应运而生。

一　实现中华民族伟大复兴的必然要求

进入新时代，我们比历史上任何时期都更有信心、有能力实现中华民族伟大复兴的目标。但是，我们知道，中华民族的伟大复兴不具有自然命定成真的必然性。我们不可能靠概念演绎来推进这项伟大事业，也不可能轻轻松松地等来梦想成真，必须依靠一代代中华儿女艰苦卓绝的持续奋斗。正如习近平所说，中华民族伟大复兴中国梦的实现，归根到底靠人才、靠教育①。教育是对中华民族伟大复兴具有决定性意义的事业，它的地位和作用至关重要。

国之命脉，重在人才。人才是衡量一个国家综合国力的重要指标，也是实现民族振兴的战略资源。当前，中国改革进入攻坚期、深水期，要啃硬骨头、涉险滩，迫切需要我们通过教育培养造就一大批有理想、有本领、有担当的时代新人。这是新时代教育的使命和任务。为此，我们的教育要坚持以人民为中心的发展思想，"凝聚人心、完善人格、开发人力、培育人才、造福人民"②。充分发挥教育强信心、聚民心、暖人心、铸同心的重要作用，为实现中华民族伟大复兴凝心聚力；引导我国人民树立和坚持正确的历史观、民族观、国家观、文化观，增强做中国人的骨气和底气，促进人格完善、全面发展；推进素质教育，创新教育方法，提高教育质量，提升人力资源素质；培养一大批具有国际水平的科技人才、哲学社会科学人才、军事人才、高素质法治人才、农村实用人才以及专业化干部队伍，为实现中华民族伟大复兴提供人才支撑。

总之，不断推动教育发展同人民群众的期待相契合，加快建成伴随每个人一生、平等面向每个人、适合每个人的教育，增强教育服务中华民族伟大复兴的使命感，中华民族伟大复兴的中国梦必将指日可待。

二　建设社会主义现代化强国的必然要求

建设社会主义现代化国家一直是中国共产党人矢志不渝的奋斗目标。在我国社会主义现代化建设发展历程中，教育一直肩负着提高国民素质、培养专业人才的重任，是国家发展和民族振兴的根本事业。党的十九大，对我国建设社会主义现代化强国列出了时间表，画出了路线图，提出了分两个阶段实现中国特色社会主义现代化强国的奋斗目标。我们需要通过发

---

① 习近平：《做党和人民满意的好老师——同北京师范大学师生代表座谈会时的讲话》，人民出版社，2014，第3页。
② 《习近平总书记教育重要论述讲义》编写组编《习近平总书记教育重要论述讲义》，高等教育出版社，2020，第186页。

展中国特色社会主义教育现代化，提高全民素质，培养全程参与实现"两个一百年"奋斗目标的具有较高政治觉悟、思想观念和精神状态的新时代社会主义建设者和接班人，为新时代建设中国特色社会主义现代化强国提供基础和先决条件。

我国是人民当家作主的社会主义国家，实现教育现代化不可能照抄照搬西方或别国的路径和模式。同时，我国人口众多、发展不平衡、整体发展水平不高，实现公平而有质量的教育，是新时代教育现代化的一个重要使命。特殊的国情要求我们要坚持尊重教育规律，扎根中国大地办教育，开辟一条具有中国特色、跨越式发展的教育现代化道路。这就必然要求我们在教育发展中贯彻落实以人民为中心的发展思想，将实现新时代教育现代化与办好人民满意的教育统一起来，尊重教育规律和人才成长规律，进一步优化教育结构和教育布局，在教育公平和教育质量提升上迈出更大步伐，在激发教育活力上采取更有力的措施，系统创新人才培养模式，全面提高个性化、多样化、高质量教育服务的供给能力，坚持中国特色社会主义教育道路，不断推进教育治理体系和治理能力现代化。我们可以通过在学校、城乡以及区域间科学合理地投放优质教育资源，提高学校教学和管理质量，促进学生的个性发展和全面发展，解决教育发展不平衡、不充分问题，最终实现"推动各级教育高水平高质量普及"的教育现代化。

总之，新时代我国教育现代化建设要求我们贯彻落实以人民为中心的发展思想，将实现新时代教育现代化与办好人民满意的教育统一起来，为建设社会主义现代化强国提供基础和先决条件。也就是说，建设社会主义现代化强国需要实现教育现代化，需要我们坚持以人民为中心的发展思想，办好人民满意的教育。

三 满足人民对高质量教育需求的必然要求

党的十八大以来，中国特色社会主义教育事业取得了历史性成就，我国完成了以高速增长扩大教育机会的任务，进入提高质量、优化结构、促进公平的新阶段，人民群众"有学上"的矛盾已经解决。正如习近平指出的，"十八大以来，我们全面加强党对教育工作的领导，坚持立德树人，加强学校思想政治工作，推进教育改革，加快补齐教育短板，教育事业中国特色更加鲜明，教育现代化加速推进，教育方面人民群众获得感明显增强，我国教育的国际影响力加快提升，13 亿多中国人民的思想道德素质和科学文化素质全面提升"①。

"需要是同满足需要的手段一同发展的，并且是依靠这些手段发展起来的。"② 当人民群众"有学上"的矛盾解决后，人们开始追求有质量的教育。政府的有效教育服务供给和人民群众愿意接受的教育，由过去单纯满足延长教育年限、提高学历的教育转变为个性化、多样化、高质量的教育。人民对优质教育的需求与教育不平衡不充分发展之间的矛盾成为我国教育发展的主要矛盾。

为解决这一矛盾，满足人民的高质量教育需求，我们应在教育改革发展中坚持以人民为中心的发展思想，以解决好人民最关心、最直接、最现实的教育问题为工作目标，实施素质教育，办更加公平、更高质量的教育。促进义务教育均衡发展，保障包括进城务工人员随迁子女、残疾学生、农村留守儿童等困难群体的受教育权，不让一个孩子因家庭经济困难而失学。优化教育资源配置，以教育信息化促进优质教育资源的共享，逐步缩小区域、城乡和校际教育发展差距。努力加强教师队伍建设，切实提高教师整体素质，把提高质量作为教育改革发展的核心任务，统筹推进世界一流大学和一流学科建设，增强核心竞争力，办好人民满意的教育。

四　新时代深化教育改革的必然要求

教育要发展，关键靠改革，改革是教育事业发展的根本动力。改革开放以来，我国教育事业发展取得历史性成就，其动力就来自"以改革创新促进教育公平、提高教育质量"。当前，我国教育总体上符合国情，适应经济社会发展的需要，但也存在一些突出的问题和短板，超前教育和过度教育不同程度地存在于学前教育和基础教育中，职业教育和高等教育质量有待提升，继续教育相对薄弱，教育公平和教育质量仍然是群众关心的教育热点，教育评价弊端，教育管理体制、办学体制障碍不同程度地存在。只有不断深化教育领域改革创新，才能解决这些人民群众最关心最直接最现

---

① 《习近平在全国教育大会上强调：坚持中国特色社会主义教育发展道路 培养德智体美劳全面发展的社会主义建设者和接班人》，《人民日报》2018 年 9 月 11 日，第 1 版。

② 中共中央马克思恩格斯列宁斯大林著作编译局编译《马克思恩格斯全集》（第 23 卷），人民出版社，1972，第 559 页。

实的教育问题。

"实现发展成果更多更公平惠及全体人民，必须加快社会事业改革，解决好人民最关心最直接最现实的利益问题，更好满足人民需求。"① 教育改革是社会事业改革的重要组成部分。我们只有大力推进教育领域综合改革，切实解决教育发展中存在的突出问题和短板，释放更多老百姓看得见、摸得着、感受得到的教育红利，才能满足人民群众对更好教育的热切期盼，不断提升人民群众的教育获得感，使教育发展成果更多更公平地惠及全体人民。因而，我们要在教育改革发展中落实以人民为中心的发展思想，想人民之所想、急人民之所急，把是否有利于提高人民的教育水平和实现人的全面发展作为检验教育改革成效的标准，坚持教育改革的"以人民为中心"价值取向。在教育改革中，对标群众实际，积极回应并切实解决群众关注、关心和关切的教育问题，"处理好改革'最先一公里'和'最后一公里'的关系，突破'中梗阻'，防止不作为，把改革方案的含金量充分展示出来，让人民群众有更多获得感"②。

总之，新时代我们必须坚持教育改革"以人民为中心"的价值取向，不断深化教育领域改革创新，解决人民群众最关心最直接最现实的教育问题。换句话说，坚持以人民为中心发展教育是新时代深化教育改革的必然要求。

五　新时代应对国际挑战的必然要求

改革开放以来，中国发展无论是规模还是速度都是史无前例的，中国没有照搬西方模式，而是以"摸着石头过河"的探索取得了成功。中国的成功不仅因中国人口、幅员的体量让西方人感受到压力，而且因中国特有的文明和制度让西方人感到恐惧。西方人发现原有的世界秩序迅速变化，一个新世界即将产生，他们担心塑造这个新世界的力量不是西方能够控制的，于是就开始从政治、经济、文化、军事等方面对中国进行压制。在政治、文化上，以美国为首的西方国家凭借种族和文化优越感对外灌输所谓

---

① 中共中央文献研究室编《十八大以来重要文献选编》（上），中央文献出版社，2014，第535页。
② 习近平：《习近平谈治国理政》（第二卷），外文出版社，2017，第102页。

的"普世价值"，用资本主义意识形态思潮和舆论对我国大众思想、文化和意识形态进行攻击，妖魔化中国，制造各种"中国威胁论"，用娱乐文化、享乐主义、消费主义等对中国的年轻一代进行侵蚀。在经济上，为转移国内矛盾，遏制中国崛起，美国政府以中美贸易逆差和中国市场经济地位认可为由，挑起中美贸易摩擦，并借助"华为事件"打压、抹黑中国企业，对中国的知识产权保护进行抨击。此外，新冠肺炎疫情在给中国和世界经济造成严重影响的同时，也给我国发展带来挑战。

面对挑战，中国共产党必须牢牢掌握意识形态工作领导权和话语权，着力打造融通中外的新概念、新范畴、新表述；必须把关键核心技术掌握在自己手中，在激烈的国际竞争中真正掌握竞争和发展的主动权，从根本上保障国家安全。要实现这一目标，教育的作用至关重要。我们要在教育发展中坚持以人民为中心的发展思想，教育引导学生做到"四个正确认识"①，不断增强学生的"四个自信"，尤其是文化自信，自觉抵御不良思潮的侵蚀。我们还要在全社会积极营造鼓励大胆创新、勇于创新、包容创新的良好氛围，教育青年树立科学精神、培养创新思维、挖掘创新潜能、提高创新能力，在继承前人的基础上不断超越，培养一大批创新型科技人才，解决我国缺乏世界级科技大师，领军人才、尖子人才不足，工程技术人才培养同生产和创新实践脱节等结构性矛盾问题，从根本上改变自主创新特别是原创力不强、关键领域核心技术受制于人的局面。

总之，新时代我国发展面临严峻的国际挑战。为应对国际挑战，保障国家安全，我们必须在教育发展中坚持以人民为中心的发展思想，掌握意识形态工作和关键核心技术领域的主动权。换句话说，坚持以人民为中心发展教育是新时代应对国际挑战的必然要求。

第二节　形成过程

进入新时代，以习近平同志为核心的党中央继承了中国共产党人的教育人民性思想，创新性地提出了坚持以人民为中心发展教育新理念。新时

---

① "四个正确认识"，即正确认识中国和世界发展大势，正确认识中国特色和国际比较，正确认识时代责任和历史使命，正确认识远大抱负和脚踏实地。

代坚持以人民为中心发展教育理念从提出至今，经历了初步形成、走向成熟以及继续发展三个阶段。

一 初步形成阶段

2012 年，党的十八大顺利召开，标志着我国迈进了新时代，开启了新征程。以习近平同志为核心的党中央为实现人民对更好教育的期盼，努力办好人民满意的教育，聚焦解决好人民最关心最直接最现实的利益问题，坚持共享发展，着力增进人民福祉。党的十八届五中全会提出以人民为中心的发展新理念，为"新时代坚持以人民为中心发展教育"的提出奠定了坚实的基础。可以说，党的十八大到十八届五中全会，这一时期是新时代坚持以人民为中心发展教育理念的初步形成阶段。

这一时期，"努力让人民过上更好生活""努力办好人民满意的教育""让人民满意""更好满足人民需求"，成为以习近平同志为核心的党中央治国理政的核心追求。党的十八大报告，在我国已全面实现城乡九年免费义务教育的基础上，面对社会矛盾明显增多，尤其是教育、就业等关系群众切身利益的问题较多，部分群众生活比较困难的实际，以习近平同志为核心的党中央提出："要多谋民生之利，多解民生之忧，解决好人民最关心最直接最现实的利益问题，在学有所教……上持续取得新进展，努力让人民过上更好生活。"[1] 在报告社会建设部分明确提出，"努力办好人民满意的教育"[2]。2012 年 12 月 15 日，在十八届中央政治局常委同中外记者见面时习近平提出，"人民对美好生活的向往，就是我们的奋斗目标"[3]，我们要不断满足人民对更好教育的期盼。2013 年政府工作报告作出"继续推进教育优先发展"的部署，要求在继续增加国家财政性教育经费支出总额的同时，用好这些钱，让人民满意[4]。2013 年 11 月，党的十八届三中全会通过的《中共中央关于全面深化改革若干重大问题的决定》明确提出，要以促进社会公平正义、增进人民福祉为出发点和落脚点，全面深化改革。在改革中

---

① 中共中央文献研究室编《十八大以来重要文献选编》（上），中央文献出版社，2014，第 27 页。
② 中共中央文献研究室编《十八大以来重要文献选编》（上），中央文献出版社，2014，第 27 页。
③ 中共中央文献研究室编《十八大以来重要文献选编》（上），中央文献出版社，2014，第 69 页。
④ 中共中央文献研究室编《十八大以来重要文献选编》（上），中央文献出版社，2014，第 189 页。

要尊重人民主体地位，发挥群众首创精神，紧紧依靠人民推动改革。同时，通过改革，实现发展成果更多更公平地惠及全体人民。其中，对于社会事业改革，提出应围绕"解决好人民最关心最直接最现实的利益问题，努力为社会提供多样化服务，更好满足人民需求"①，不断深化教育领域综合改革，推进考试招生制度改革，深入推进管办评分离。

　　这一时期，以习近平同志为核心的党中央在教育领域围绕"着力推进义务教育均衡发展，进一步促进教育公平"，重点对较为薄弱的民族地区教育与农村教育进行部署，提出教育扶贫理念。2014 年 10 月 12 日，为改善民生，推进民族地区经济社会发展，中共中央、国务院出台《关于加强和改进新形势下民族工作的意见》，提出要把义务教育和职业教育作为民族地区经济社会发展的重中之重，支持民族地区义务教育学校标准化建设，加强与中东部职业教育区域合作，实施中西部高等教育振兴行动计划，落实集中连片特困地区乡村教师生活补助政策，提高民族地区教师待遇，深入推进教育对口支援工作②。2015 年 1 月，出台《关于加大改革创新力度　加快农业现代化建设的若干意见》，提出"国家教育经费要向边疆地区、民族地区、革命老区倾斜"，要"全面改善农村义务教育薄弱学校基本办学条件，提高农村学校教学质量"③。2015 年，更是将"促进教育公平发展和质量提升"④ 作为政府持续推进民生改善和社会建设的重点工作。国务院在2015 年 6 月出台《关于大力推进大众创业万众创新若干政策措施的意见》，提出要推进"大众创业、万众创新"，以促进社会纵向流动与公平正义。同年 7 月，出台《国务院关于积极推进"互联网+"行动的指导意见》，提出要"把互联网的创新成果与经济社会各领域深度融合"，启动"'互联网+'益民服务"行动，探索新型教育服务供给方式，利用"网络化教育新模式，

① 中共中央文献研究室编《十八大以来重要文献选编》（上），中央文献出版社，2014，第535 页。
② 中共中央文献研究室编《十八大以来重要文献选编》（中），中央文献出版社，2016，第107 页。
③ 中共中央文献研究室编《十八大以来重要文献选编》（中），中央文献出版社，2016，第282 页。
④ 中共中央文献研究室编《十八大以来重要文献选编》（中），中央文献出版社，2016，第390 页。

扩大优质教育资源覆盖面，促进教育公平"①。2015 年 10 月，习近平在"2015 年减贫与发展高层论坛"上发表主旨演讲，提出要通过教育扶贫，让贫困地区的孩子接受良好的教育，阻断贫困代际传递，实现"通过教育扶贫脱贫一批"的目标。

这一时期，以习近平同志为核心的党中央将培育和践行社会主义核心价值观作为提高学生思想道德素质的重要抓手。2013 年 12 月，出台《关于培育和践行社会主义核心价值观的意见》，要求坚持立德树人，把培育和践行社会主义核心价值观融入国民教育全过程，从小抓起，从学校抓起。2014 年 5 月 4 日，在与北京大学师生座谈会上，习近平明确要求，"青年要自觉践行社会主义核心价值观"②，并要求青年在"勤学、修德、明辨、笃实"上下功夫。

此外，围绕实施"一带一路"倡议，加强教育对外开放，也是这一时期以习近平同志为核心的党中央教育工作重点。2015 年，出台《中共中央 国务院关于构建开放型经济新体制的若干意见》，提出要加快推进"一带一路"建设，扩大与沿线国家互派留学规模，鼓励有实力的高校走出去办学，开展境外教育合作③。

二 走向成熟阶段

党的十八届五中全会提出以人民为中心的发展新理念后，以习近平同志为核心的党中央要求深入理解新发展理念，在经济社会发展的各个环节着力践行以人民为中心的发展思想，并在 2018 年 9 月召开的全国教育大会上明确提出，"坚持以人民为中心发展教育"，在"六个方面下功夫"，培养德智体美劳全面发展的社会主义建设者和接班人。它标志着新时代坚持以人民为中心发展教育理念逐步走向成熟。

这一时期，"政府的一切工作都是为了人民，要践行以人民为中心的发

---

① 中共中央文献研究室编《十八大以来重要文献选编》（中），中央文献出版社，2016，第600 页。

② 中共中央文献研究室编《十八大以来重要文献选编》（中），中央文献出版社，2016，第1 页。

③ 中共中央文献研究室编《十八大以来重要文献选编》（中），中央文献出版社，2016，第512 页。

展思想"① 成为政府开展一切工作的指导思想。"发展更高质量更加公平的教育"②、"办好公平优质教育"③、"发展公平而有质量的教育"④ 从 2016 年开始连续三年成为政府重点工作。"要发展人民满意的教育，以教育现代化支撑国家现代化，使更多孩子成就梦想、更多家庭实现希望。"⑤ 要"加快推进教育现代化，办好人民满意的教育，让每个人都有平等机会通过教育改变自身命运、成就人生梦想"⑥。成为政府发展教育的目标。2017 年，党的十九大，面对社会主要矛盾转化这一关系全局的历史性变化提出的新要求，以及群众在就业、教育等方面面临不少难题的实际，更是将坚持新发展理念作为新时代中国特色社会主义思想"十四个坚持"之一，提出建设教育强国，办好人民满意的教育。由此，我国教育事业得到了全面发展，人民群众教育获得感不断增强。

这一时期，以习近平同志为核心的党中央以经济社会发展各环节落实发展新理念为契机，改革各级各类教育。首先，结合农业现代化与农业供给侧结构性改革过程中贯彻落实发展新理念要求，改革农村教育。将职业农民培育纳入国家教育培训发展规划，基本形成职业农民教育培训体系，把职业农民培养成建设现代农业的主导力量，加快培育新型职业农民；加快发展农村学前教育，建立城乡统一、重在农村的义务教育经费保障机制，并全面落实；加强乡村教师队伍建设，办好农村特殊教育，提高农村教育公共服务水平；加快建立以城代乡、整体推进、城乡一体、均衡发展的义务教育发展机制，走中国特色社会主义乡村振兴道路，努力让每一个农村孩子都能享受公平而有质量的教育。其次，针对发展不平衡、不协调、不

---

① 中共中央文献研究室编《十八大以来重要文献选编》（下），中央文献出版社，2018，第630 页。
② 中共中央文献研究室编《十八大以来重要文献选编》（下），中央文献出版社，2018，第278 页。
③ 中共中央文献研究室编《十八大以来重要文献选编》（下），中央文献出版社，2018，第642 页。
④ 中共中央文献研究室编《十九大以来重要文献选编》（上），中央文献出版社，2019，第328 页。
⑤ 中共中央文献研究室编《十八大以来重要文献选编》（下），中央文献出版社，2018，第642 页。
⑥ 中共中央文献研究室编《十九大以来重要文献选编》（上），中央文献出版社，2019，第328 页。

可持续等突出问题，在国民经济和社会发展第十三个五年规划中强调，要牢固树立和贯彻落实以人民为中心的发展思想，通过实施义务教育学校标准化、普及高中阶段教育、建设世界一流大学和一流学科等工程，努力补齐基本民生保障的教育短板。再次，结合贯彻落实新发展理念全面振兴东北地区等老工业基地的要求，扶持东北地区科研院所和高校、职业院校加快发展，促进东北地区科教机构与区域发展紧密结合。最后，结合科技工作贯彻落实新发展理念的要求，通过发展信息网络技术，消除不同收入人群、不同地区的"数字鸿沟"，努力实现优质文化教育资源均等化。

这一时期，以习近平同志为核心的党中央结合脱贫攻坚，实施教育扶贫工程，抓好贫困地区教育事业，促进教育公平。2015 年 11 月，在中央扶贫开发工作会议上，习近平提出"贫困地区教育事业是管长远的，必须下大气力抓好"[1]，强调到 2020 年要实现"两不愁、三保障"的脱贫攻坚目标。其中，"农村贫困人口义务教育有保障"居于"三保障"之首。同时，通过发展教育脱贫一批，解决"怎么扶"的问题。会议最后形成了《中共中央　国务院关于打赢脱贫攻坚战的决定》，要求实施教育扶贫工程，让贫困家庭子女都能接受公平有质量的教育，阻断贫困代际传递。紧接着，"贫困地区农村义务教育阶段学生营养改善计划"和"教育扶贫结对帮扶行动计划"相继实施。2018 年 6 月，出台《中共中央　国务院关于打赢脱贫攻坚战三年行动的指导意见》，将"切实解决义务教育学生因贫失学辍学问题，实现贫困地区基本公共教育服务指标接近全国平均水平"[2]确定为打赢脱贫攻坚战三年行动的任务目标。

此外，这一时期，高校思想政治工作得到了极大加强。2016 年 12 月，召开全国高校思想政治工作会议，出台《中共中央　国务院关于加强和改进新形势下高校思想政治工作的意见》，对高校思想政治工作进行全方位部署，牢牢把握高校发展的正确方向，扎实办好中国特色社会主义大学。

三　继续发展阶段

2018 年 9 月，全国教育大会提出坚持以人民为中心发展教育理念后，

---

① 中共中央文献研究室编《十八大以来重要文献选编》（下），中央文献出版社，2018，第 42 页。
② 中共中央文献研究室编《十九大以来重要文献选编》（上），中央文献出版社，2019，第 480 页。

以习近平同志为核心的党中央大力践行该理念，着力发展更加公平更高质量的教育。新时代坚持以人民为中心发展教育理念得到了大力发展。

这一时期，以习近平同志为核心的党中央将"必须坚持以人民为中心，不断实现人民对美好生活的向往"[①] 凝练为中国共产党改革开放四十年积累的九个宝贵经验之一。"发展更加公平而有质量的教育"[②]、"推动教育公平发展和质量提升"[③] 以及 "发展更加公平更高质量的教育"[④] 成为从 2019 年以来连续三年的政府重点工作任务。"努力办好人民满意的教育，托起明天的希望"[⑤]、"让教育资源惠及所有家庭和孩子，让他们有更光明未来"[⑥] 以及 "努力让广大学生健康快乐成长，让每个孩子都有人生出彩的机会"[⑦] 成为这一时期政府发展教育的目标和价值追求。

这一时期，实现教育现代化、建设高质量教育体系成为以习近平同志为核心的党中央坚持以人民为中心发展教育的重点。

首先，印发《中国教育现代化 2035》，围绕推进教育现代化八大基本理念，重点部署面向教育现代化的十大战略任务。

其次，构建德智体美劳全面培养的教育体系，实现人的全面发展和社会的全面进步。2020 年 3 月，《中共中央　国务院关于全面加强新时代大中小学劳动教育的意见》和《大中小学劳动教育指导纲要（试行）》出台，全面构建体现时代特征的劳动教育体系。紧接着，中共中央办公厅、国务院办公厅联合发布《关于全面加强和改进新时代学校体育工作的意见》和《关于全面加强和改进新时代学校美育工作的意见》，对新时代学校体育和

---

① 中共中央文献研究室编《十九大以来重要文献选编》（上），中央文献出版社，2019，第 730 页。

② 中共中央文献研究室编《十九大以来重要文献选编》（上），中央文献出版社，2019，第 862 页。

③ 李克强：《政府工作报告——2020 年 5 月 22 日在第十三届全国人民代表大会第三次会议上》，人民出版社，2020，第 20 页。

④ 李克强：《政府工作报告——2021 年 3 月 5 日在第十三届全国人民代表大会第四次会议上》，人民出版社，2021，第 19 页。

⑤ 中共中央文献研究室编《十九大以来重要文献选编》（上），中央文献出版社，2019，第 863 页。

⑥ 李克强：《政府工作报告——2020 年 5 月 22 日在第十三届全国人民代表大会第三次会议上》，人民出版社，2020，第 21 页。

⑦ 李克强：《政府工作报告——2021 年 3 月 5 日在第十三届全国人民代表大会第四次会议上》，人民出版社，2021，第 20 页。

美育工作作出具体部署。

再次，提高各级各类教育质量，建设高质量教育体系。一是在国民经济和社会发展第十四个五年规划中，将"坚持以人民为中心"和"坚持新发展理念"确定为"十四五"时期经济社会发展必须遵循的原则。为实现"全民受教育程度不断提升"的"十四五"时期经济社会发展目标，提出"建设高质量教育体系"。二是重点加强义务教育、普通高中、职业教育、研究生教育的教育教学改革。相继出台《中共中央　国务院关于深化教育教学改革，全面提高义务教育质量的意见》《国务院办公厅关于新时代推进普通高中育人方式改革的指导意见》《职业教育提质培优行动计划（2020～2023）》《关于加快新时代研究生教育改革发展的意见》等文件。要求义务教育阶段要树立科学的教育质量观，坚持五育并举，全面发展素质教育；普通高中应扭转片面应试教育倾向，切实提高育人水平；职业教育应公平有质量、类型特色突出；研究生教育应促进研究生德智体美劳全面发展。三是全面深化教师队伍建设改革。出台《关于加强和改进新时代师德师风建设的意见》和《教育部等六部门关于加强新时代乡村教师队伍建设的意见》，抓住教师队伍建设的重点（师德师风）和关键点（乡村教师队伍），全面深化教师队伍建设改革。四是强化教育教学信息技术应用和教研工作。出台《教育部关于加强"三个课堂"应用的指导意见》和《教育部关于加强和改进新时代基础教育教研工作的意见》等文件，关注信息技术与教育教学的融合应用以及基础教育教研工作，进一步促进基础教育阶段教育公平与教育质量提升。

最后，推进教育治理体系与治理能力现代化。2019年10月，党的十九届四中全会通过的《中共中央关于坚持和完善中国特色社会主义制度　推进国家治理体系和治理能力现代化若干重大问题的决定》明确提出，为增进人民福祉、促进人的全面发展，必须"构建服务全民终身学习的教育体系"，健全幼有所育、学有所教的国家基本公共服务制度体系。2020年10月，印发《深化新时代教育评价改革总体方案》，扭转不科学的教育评价导向，对教育工作、学校、教师、学生以及用人等方面的评价进行改革，提高教育治理能力和水平。

这一时期，以习近平同志为核心的党中央将教育公平的重点放在区域协调发展、控辍保学以及稳就业保民生上。2018年11月，出台《中共中

央　国务院关于建立更加有效的区域协调发展新机制的意见》，巩固义务教育管理体制，增加中央财政对义务教育转移支付规模，强化省市统筹作用，加大对"三区三州"深度贫困地区和集中连片特困地区支持力度，提高基本公共教育服务统筹层次，完善基本公共教育服务均等化机制。2019 年 1月，出台《中共中央　国务院关于坚持农业农村优先发展　做好"三农"工作的若干意见》，将"加强贫困地区义务教育控辍保学，避免因贫失学辍学"①和"坚持扶贫与扶志扶智相结合，加强贫困地区职业教育和技能培训"②作为决战决胜脱贫攻坚应着力解决的突出问题，加以重点解决。2020年 6 月，出台《教育部等十部门关于进一步加强控辍保学工作　健全义务教育有保障长效机制的若干意见》，贯彻落实习近平总书记在决战决胜脱贫攻坚座谈会上的重要讲话精神，突出解决因学习困难、外出打工、再婚早育、信教等辍学的问题，坚决防止因疫情影响造成的新的辍学。2020 年受新冠肺炎疫情的影响，稳就业保民生的压力空前加大。为千方百计稳定和扩大就业，以习近平同志为核心的党中央提出，2020 年与 2021 年两年职业技能培训 3500 万人次以上，高职院校扩招 200 万人，使更多劳动者长技能、好就业③。

此外，推动教育对外开放，实现高质量内涵式发展，也是这一时期以习近平同志为核心的党中央坚持以人民为中心发展教育的重点。2020 年 6月，教育部等八部门出台《关于加快和扩大新时代教育对外开放的意见》，对新时代教育的对外开放工作进行全方位部署。

---

① 中共中央文献研究室编《十九大以来重要文献选编》（上），中央文献出版社，2019，第749 页。

② 中共中央文献研究室编《十九大以来重要文献选编》（上），中央文献出版社，2019，第750 页。

③ 李克强：《政府工作报告——2020 年 5 月 22 日在第十三届全国人民代表大会第三次会议上》，人民出版社，2020，第 14 页。

第三章　科学内涵、价值遵循与理论意蕴

正确把握以人民为中心发展教育的科学内涵,分析其价值遵循,深刻领会其理论意蕴,是新时代坚持以人民为中心发展教育的前提。研究表明,以人民为中心发展教育的内涵十分丰富,它内在地包含以人民为中心的教育价值观、功能观、发展观、质量观、教学观以及国际观。新时代应遵循以人民中心原则彰显教育发展的人民性特征、以全面发展原则体现教育发展的系统性特征、以共建共享原则凸显教育发展的目的性特征等价值取向。新时代坚持以人民为中心发展教育,体现了社会主义教育的根本性质,揭示了新时代教育发展主题,彰显了教育发展的实践自觉,涵含人民教育理论品格,具有深远的理论意蕴。

第一节　科学内涵

教育是一项复杂的社会活动,多因素参与使教育及其过程复杂多样。教育活动面临多种教育价值观和功能观的影响;不同历史时期,不同发展阶段,教育发展观和质量观不同;教育作为一种传递知识的认识过程,其教学观决定了怎样培养人以及培养什么样的人。在日益全球化的今天,构建教育命运共同体,形成教育国际观显得尤为迫切。新时代坚持以人民为中心发展教育要坚持以人民为中心的教育价值观、功能观、发展观、质量观、教学观以及国际观。

一　以人民为中心的教育价值观

(一) 教育价值与教育价值观

所谓"价值"是指客体对主体的意义,即客体满足主体需要的关系。

"教育价值"是指，教育这一客体对其他事物、现象（即主体）所具有的某种意义。顾明远在《中国教育大百科全书》中将"教育价值"定义为："教育活动的属性、特点、功能、效果与教育活动主体之间的关系，表明教育活动过程及其结果对教育活动主体需要的适合或满意程度。"① 大到一个社会、一个国家，选择怎样的教育制度，是一定教育价值取向影响的结果；小到具体的作为个体的人的发展，也是对价值生活的追求。根据教育是培养人的社会实践活动这一本质，教育具有两种属性，即内在属性与外部属性。教育的内在属性，即教育的本质属性，也称为人的发展属性，它决定了教育的内在价值（本体价值），即促进个体身心发展和提升人口素质。人的发展是教育的永恒主题。人类的普遍价值需要教育的实现程度和人类对美好生活的根本价值来确定，是教育价值的核心。教育的外部属性，即教育的社会属性，它决定了教育的外在价值（工具价值），即促进经济、政治、文化、社会等的发展。教育外在价值的实现必须通过其内在价值的发挥。

在教育价值关系上，教育主体包括国家主体、社会主体与个人主体。所有这些从事教育活动的主体根据自身对教育的价值需要，对教育价值进行合目的性选择与判断，就构成了教育活动的价值选择，教育活动面临多种教育价值观的影响。

（二）我国历史上的教育价值观

教育价值观是一个不断选择的历史过程。在中国共产党领导中国人民进行革命和建设过程中，教育经历了一次又一次的选择，出现了不同的教育价值取向。新民主主义革命时期、社会主义改造以及社会主义建设的初始阶段，我们注重强调教育的政治价值。改革开放后，在"以经济建设为中心"的指导思想下，教育的经济价值得到了强调。无论是对政治价值的强调还是对经济价值的重视，关注和重视的都是教育的外在价值（工具价值）。只有到 20 世纪 90 年代，随着以人为本的科学发展观的确立，我们才开始把人的需要当作对教育价值的首要认同。随着党的十八届五中全会提出以人民为中心的发展思想在教育领域深入贯彻和实施，以人民为中心的

---

① 顾明远：《中国教育大百科全书》第 2 卷，上海教育出版社，2012，第 790 页。

教育价值观，成为教育领域的一个主导教育价值取向。

（三）以人民为中心的教育价值观

以人民为中心的教育价值观，是在马克思主义关于人的全面发展学说指导下，通过对教育实际具有和应当具有的价值进行探索后得出的。它主张人的发展是教育的永恒主题，教育应在弄清人的发展与社会发展的根本关系基础上，正确处理教育活动与受教育者这一教育价值产生的根本关系，重视受教育者的主体地位，满足受教育者的全面发展需要，进一步增进人的主体性发展。具体来说，以人民为中心的教育价值观包括以下三个方面。

1. 实现中华民族伟大复兴

实现中华民族的伟大复兴是近代以来中华民族最伟大的梦想。聚焦教育对实现中华民族伟大复兴的价值是以人民为中心教育价值观最重要的内容。"教育是民族振兴、社会进步的重要基石，是功在当代、利在千秋的德政工程，对提高人民综合素质、促进人的全面发展、增强中华民族创新创造活力、实现中华民族伟大复兴具有决定性意义。"① 实现中华民族伟大复兴，教育的地位和作用至关重要。实现中华民族伟大复兴的教育价值观具体包括以下内容：基础教育是提高民族素质的奠基工程；职业教育可以为实现中华民族伟大复兴提供人才保障；办好高等教育，事关民族未来；建设教育强国是中华民族伟大复兴的基础工程等。

2. 创造人类美好未来

人类对美好未来的追求从未停息，它不断推动人类文明发展进步。以人民为中心的教育价值观肯定教育在创造人类美好未来中的独特价值。创造人类美好未来的教育价值观认为，"教育决定着人类的今天，也决定着人类的未来。人类社会需要通过教育……使人们能够更好认识世界和改造世界、更好创造人类的美好未来"②。教育是推动人类文明进步的重要力量，教育在创造人类美好未来中具有独特的价值。"当今时代，世界各国人民的命运更加紧密地联系在一起，各国青年应该通过教育树立世界眼光、增强

---

① 习近平：《坚持中国特色社会主义教育发展道路　培养德智体美劳全面发展的社会主义建设者和接班人》，《人民日报》2018年9月11日，第1版。

② 习近平：《致清华大学苏世民学者项目启动仪式的贺信》，《人民日报》2013年4月22日，第1版。

合作意识，共同开创人类社会美好未来。"①

3. 促进人的全面发展

教育的根本价值在于人的个性发展与需要的满足，即教育活动内在的本体价值。只有重视人的价值、个性发展及其需要，教育价值观的合理性才得以体现。以人民为中心的教育价值观主张，教育的根本目的在于通过德、智、体、美、劳等方面的教育，使人实现全面发展。

二 以人民为中心的教育功能观

（一）教育功能与教育功能观

教育功能也叫"教育作用"或"教育职能"，是指教育所具有的作用和影响，即教育对主体的人和客体的环境（包括社会环境和自然环境）所具有的作用和影响。与教育价值一样，教育所具有的两种属性，即内在属性与外部属性，决定了教育功能相应地分为基本功能（人的发展功能）和衍生功能（社会发展功能）两种。从事教育活动的主体，根据自身对教育的需要，对教育功能进行合目的性选择与判断，就构成了教育活动的功能选择。

（二）我国历史上的教育功能观

中国共产党在领导中国人民进行革命和建设过程中，根据革命与建设的需要，对教育赋予了不同的功能。在新民主主义革命时期、社会主义改造以及社会主义建设的初始阶段，注重强调教育的政治功能。改革开放后，在"以经济建设为中心"的指导思想下，教育的经济功能得到强调。无论是对政治功能的强调还是对经济功能的重视，我们关注和重视的都是教育的衍生功能（社会发展功能）。只有到20世纪90年代，随着以人为本的科学发展观的确立，我们才开始把教育对主体的人的作用当作对教育功能的首要认同。随着党的十八届五中全会提出以人民为中心的发展思想在教育领域深入贯彻和实施，以人民为中心的教育功能观，成为教育领域的一个

---

① 习近平：《向首届清华大学苏世民书院开学典礼致贺信》，《人民日报》2016年9月11日，第1版。

主导取向。

（三）以人民为中心的教育功能观

以人民为中心的教育功能观具体包括以下四个方面的内容。

1. 传承人类文明

文明是一个民族、一个国家的灵魂。任何一种文明都需要传承和创造，需要交流和借鉴。教育传承过去、造就现在、开创未来，是继承发扬民族优秀传统文化、吸收借鉴人类文明成果的重要渠道，是推动人类文明进步的重要力量，在人类文明发展中扮演重要角色。"我们要积极发展教育事业，通过普及教育，启迪心智，传承知识，陶冶情操，使人们在持续的格物致知中更好认识各种文明的价值，让教育为文明传承和创造服务。"①

2. 培养担当民族复兴大任的时代新人

服务中华民族伟大复兴是教育的重要使命，必须努力培养担当民族复兴大任的时代新人。正如习近平2016年9月9日在北京市八一学校考察时所讲，"要实现'两个一百年'奋斗目标、实现中华民族伟大复兴的中国梦，必须更加重视教育，努力培养出更多更好能够满足党、国家、人民、时代需要的人才"②。全国涉农高校要为打赢脱贫攻坚战、推进乡村全面振兴不断作出新的更大的贡献。改变藏区面貌，要靠教育；保证"一国两制"事业后继有人，要加强对青少年的教育培养。所有这些要求，无不紧紧围绕培养担当民族复兴大任的时代新人的教育功能提出。

3. 增强人们的社会生存竞争能力与本领

教育是扩大就业、改善民生的基础。通过接受更好更高水平的教育，可以增强人们的社会生存竞争能力与本领，为创造美好生活提供条件。可以通过办好职业技术培训，使学生在校学一手、就业有技能，同时，通过建设现代职业教育体系，培养越来越多的高技能人才，使他们成为中等收入者。党的十九大报告提出，为使绝大多数城乡新增劳动力接受高中阶段

---

① 习近平：《在联合国教科文组织总部的演讲》，《人民日报》2014年3月28日，第3版。

② 习近平：《全面贯彻落实党的教育方针　努力把我国基础教育越办越好——在北京市八一学校考察时的讲话》，《人民日报》2016年9月10日，第1版。

教育、更多接受高等教育，要健全学生资助制度①。

对于贫困地区和贫困家庭来说，增强社会生存竞争能力与本领最重要的就是摆脱贫困。教育是脱贫致富的根本之策，是阻断贫困代代传递的治本之策。为此，习近平多次在不同场合强调，"抓好教育是扶贫开发的根本大计，要让贫困家庭的孩子都能接受公平的有质量的教育，起码学会一项有用的技能，不要让孩子输在起跑线上，尽力阻断贫困代际传递"②。"教育很重要，革命老区、贫困地区抓发展在根上还是要把教育抓好，不要让孩子输在起跑线上。"③ "西部地区要彻底拔掉穷根，必须把教育作为管长远的事业抓好。"④ 我国精准脱贫的"两不愁三保障"目标中，很重要的一条就是要实现义务教育有保障，其中，最重要的就是让贫困家庭义务教育阶段的孩子不失学辍学。为实现精准脱贫，国家提出实施"五个一批"工程，"发展教育脱贫一批"就是其中之一。2020年，经过艰苦卓绝的努力，我们打赢了脱贫攻坚战，为贫困地区和贫困家庭创造美好生活奠定了扎实的基础。教育在增强人们的社会生存竞争能力与本领方面的功能得到充分发挥和彰显。

4. 助力实现人生出彩

人们通过教育获得发展自身、奉献社会、造福人民的能力，为实现人生出彩奠定坚实基础。高等教育作为使人成其为才的教育，职业教育作为使人成其为匠的教育，它们在发展学生专业能力方面有其他教育无可比拟的优势。为此，习近平要求各级党委和政府要高度重视高校工作，为大学生实现人生出彩搭建舞台⑤。强调要大力发展职业教育，为广大青年打开通往成功成才的大门，尤其要"强化就业创业服务体系建设，支持帮助学生们迈好走向社会的第一步"⑥。"要加大对农村地区、民族地区、贫困地区职

---

① 习近平：《决胜全面建成小康社会　夺取新时代中国特色社会主义伟大胜利——在中国共产党第十九次全国代表大会上的报告》，人民出版社，2017，第46页。
② 习近平：《在中央经济工作会议上的讲话》，《人民日报》2014年12月12日，第1版。
③ 习近平：《向全国人民致以新春祝福　祝祖国繁荣昌盛人民幸福安康——习近平在春节前夕赴陕西看望慰问广大干部群众时的讲话》，《人民日报》2015年2月17日，第1版。
④ 习近平：《解放思想　真抓实干　奋力前进　确保与全国同步建成全面小康社会——习近平在东西部扶贫协作座谈会上的讲话》，《人民日报》2016年7月21日，第1版。
⑤ 习近平：《青年要自觉践行社会主义核心价值观——习近平在北京大学师生座谈会上的讲话》，《人民日报》2014年5月5日，第2版。
⑥ 习近平：《中央民族工作会议暨国务院第六次全国民族团结进步表彰大会在北京举行——习近平在中央民族工作会议上的讲话》，《人民日报》2014年9月30日，第1版。

业教育支持力度，努力让每个人都有人生出彩的机会。"①

三　以人民为中心的教育发展观

（一）教育发展与教育发展观

在社会发展理论中，发展被看作"一个国家或社会由落后的不发达状态向先进的发达状态的过渡和转化"。它体现在经济、社会、政治等不同层面，即经济发展、社会发展、政治发展等。教育是社会发展的必备前提之一。所谓教育发展，是指随着经济社会的发展，教育自身内部各因素在数量上和质量上发生的变化。一个社会或国家教育发展的程度受这个社会或国家的政治、经济、社会发展观影响和支配。但教育发展又具有相对独立性和自主性，如教育的适度超前发展。我们坚持优先发展教育事业，"把优先发展教育事业作为推动党和国家各项事业发展的重要先手棋"②，就是对教育发展理论的运用。

教育发展观是指人们对教育发展的主观看法，包括对教育发展的认识、态度、判断和评价等。随着人们对社会发展条件认识的不断深化，发展作为一种社会变化过程，其含义也不断扩大。人们对教育发展的看法也随之发生变化。20世纪50、60年代，人们往往认为社会进步主要是由经济增长带来的，发展通常也仅仅被看作经济发展或经济增长。教育可以为经济发展提供掌握现代技能的人力，此时，教育发展就被认为是"人力资本"或"人力资源开发"的手段。教育发展也主要采取扩大教育规模、加快发展速度、增加教育投资等方式。到了60年代末、70年代初，人们开始意识到，单纯以经济增长为指向的发展目标存在诸多问题，必须重新定义发展。在经济增长的同时，对经济增长的收益做到合理分配，将社会发展公平性列入其中，重视社会各系统的均衡和发展，实现社会综合发展，成为人们对发展的普遍认识。在这种发展观指导下，教育发展观也随之变化。在教育发展中，除了采取规模扩张以外，开始重视教育的普及程度。一个涵盖教

---

① 习近平：《更好支持和帮助职业教育发展　为实现"两个一百年"奋斗目标提供人才保障——习近平就加快发展职业教育作出重要指示》，《人民日报》2014年6月24日，第1版。
② 习近平：《坚持中国特色社会主义教育发展道路　培养德智体美劳全面发展的社会主义建设者和接班人》，《人民日报》2018年9月11日，第1版。

育结构、教育质量和教育效益等的教育发展整体观逐步形成。

（二）我国历史上的教育发展观

我国教育的发展，在相当长一段时间里主要着眼于规模扩张和数量增长。为适应经济快速发展的需要，教育规模急剧扩张，为满足教育自身协调发展的内在要求，进入一个结构调整和强调质量的发展阶段。按这种发展模式，到 20 世纪 80 年代，我国初步形成了多层次、多类别、多形式的教育格局。到 90 年代，随着教育优先发展战略的落实和教育适度超前发展方针的贯彻执行，教育规模不断扩大的同时，教育资源短缺问题日益突出。提高教育质量和效益成为这一时期解决教育发展过程中存在的教育资源短缺问题的核心。进入 21 世纪，为全面建成小康社会，教育为社会主义现代化建设服务、为人民服务，成为教育发展的指导方针，提高质量成为新时期教育改革发展的核心任务。这一时期，我国教育发展紧紧围绕"优先发展、育人为本、改革创新、促进公平、提高质量"[1] 目标推进。2016 年 5月，习近平在中央财经领导小组第十三次会议上强调："我国高等教育取得了长足发展，高等教育毛入学率达到百分之四十。规模能力上去了，质量也要上去。要深入研究教育体制、教学体制、教师管理等问题，着力把教育质量搞上去。"[2] "当前，我国高等教育办学规模和年毕业人数已居世界首位，但规模扩张并不意味着质量和效益增长，走内涵式发展道路是我国高等教育发展的必由之路。"[3] 随着党的十八届五中全会提出以人民为中心的发展思想在教育领域深入贯彻和实施，以人民为中心的教育发展观逐步形成。

（三）以人民为中心的教育发展观

以人民为中心的教育发展观，将办好人民满意的教育确定为教育发展的核心命题。教育不仅是发展的手段，还是发展的组成部分和主要目的。

---

[1]　顾明远、石中英：《〈国家中长期教育改革和发展规划纲要（2010~2020 年）〉解读》，北京师范大学出版社，2010，第 9 页。

[2]　中共中央文献研究室：《习近平关于社会主义社会建设论述摘编》，中央文献出版社，2017，第 55 页。

[3]　习近平：《在北京大学师生座谈会上的讲话》，《人民日报》2018 年 5 月 3 日，第 2 版。

人民既是教育发展的第一主角，又是教育发展的终极目标。要将人民满意不满意作为评价教育发展的标准，使教育发展同人民群众的期待相契合，与国家发展的现实目标和未来方向紧密联系。以人民为中心的教育发展观，必须在以人民为中心的新发展理念指导下，实现教育的创新、协调、绿色、开放、共享发展，其核心是"办好人民满意的教育"。

1. 实现教育创新发展

创新是引领发展的第一动力，教育要为国家创新驱动战略提供有力的人才与智力支持。"要加强基础研究，力争在原始创新和自主创新上出更多成果，勇攀世界科技高峰。"① 当前，面对全球人工智能发展态势，应积极推动人工智能和教育深度融合，促进教育变革创新。2019 年 5 月，习近平在致国际人工智能与教育大会的贺信中强调："把握全球人工智能发展态势，找准突破口和主攻方向，培养大批具有创新能力和合作精神的人工智能高端人才，是教育的重要使命。"②

2. 实现教育协调发展

习近平强调："要重视教育，重视基础教育尤其是老区的基础教育，财政资金要向这方面倾斜。"③ "要优化教育资源配置，逐步缩小区域、城乡、校际差距，特别是要加大对革命老区、民族地区、边远地区、贫困地区基础教育的投入力度，保障贫困地区办学经费，健全家庭困难学生资助体系。"④ 以人民为中心的教育发展观强调教育要实现协调发展，一方面，要协调好教育系统与社会大系统之间的关系。在保证经济社会良性循环发展基础上，实现教育的适度超前发展，为经济社会发展准备好人力、人才和知识基础。另一方面，要协调好教育系统内部各个子系统之间的关系。重点处理好以下三方面的关系：处理好层次与类别之间的关系，使各级各类教育协调发展；处理好结构、质量与效益之间的关系，通过教育结构的合理布局，确保教育的质量与效益；处理好城乡与区域之间的协调关系，缩

---

① 习近平：《在天津南开大学考察调研时的讲话》，《人民日报》2019 年 1 月 20 日，第 1 版。
② 习近平：《推动新一代人工智能健康发展 更好造福世界各国人民——致国际人工智能与教育大会的贺信》，《人民日报》2019 年 5 月 17 日，第 1 版。
③ 习近平：《向全国人民致以新春祝福 祝祖国繁荣昌盛 人民幸福安康——习近平在春节前夕赴陕西看望慰问广大干部群众时的讲话》，《人民日报》2015 年 2 月 17 日，第 1 版。
④ 习近平：《全面贯彻落实党的教育方针 努力把我国基础教育越办越好——习近平在北京市八一学校考察时的讲话》，《人民日报》2016 年 9 月 10 日，第 1 版。

小差距，实现城乡、区域教育均衡发展。

3. 实现教育绿色发展

实现教育绿色发展需要解决教育发展的可持续问题。以人民为中心的教育发展观强调教育发展要长期可持续，不仅要深入研究、真正尊重、切实遵循教育教学规律和学生身心发展规律，全面实施素质教育，按规律办学、按规律育人，而且要为受教育者提供可持续发展服务，通过"构建衔接沟通各级各类教育、认可多种学习成果的终身学习立交桥"[1]，"构建网络化、数字化、个性化、终身化的教育体系，建设'人人皆学、处处能学、时时可学'的学习型社会。"[2] 实现受教育者的全面发展和终身教育。

4. 实现教育开放发展

以开放发展拓展教育资源。以人民为中心的教育发展观强调教育要开放发展，不仅要主动对社会开放，而且要坚持对外开放。当前，面对全球人工智能发展新态势，教育开放显得更迫切。"中国愿同世界各国一道，聚焦人工智能发展前沿问题，深入探讨人工智能快速发展条件下教育发展创新的思路和举措，凝聚共识、深化合作、扩大共享，携手推动构建人类命运共同体。"[3] 我们要扩大教育开放，通过教育开放，同世界一流教育机构开展高水平合作办学。在认真吸收世界先进办学治学经验的同时，不断增进人民了解和友谊。习近平2019年6月6日出席接受圣彼得堡国立大学名誉博士学位仪式时明确表示："中俄双方不断扩大教育领域交流合作，广泛传播各自优秀文化，兼容并蓄，互学互鉴，为两国各自发展建设培养更多优秀人才。"[4]

5. 实现教育共享发展

共享发展注重解决社会公平正义问题。教育的共享发展是促进教育公平的重要途径和手段。以人民为中心的教育发展观强调教育要共享发展，要关注身处不同环境中的孩子，千方百计为家庭经济困难学生、进城务工

---

① 习近平：《深入学习习近平关于教育的重要论述》，人民出版社，2019，第150页。
② 习近平：《致国际教育信息化大会的贺信》，《人民日报》2015年5月24日，第2版。
③ 习近平：《推动新一代人工智能健康发展　更好造福世界各国人民——致国际人工智能与教育大会的贺信》，《人民日报》2019年5月17日，第1版。
④ 习近平：《出席接受圣彼得堡国立大学名誉博士学位仪式时的讲话》，《人民日报》2019年6月8日，第1版。

人员随迁子女、留守儿童、残疾儿童少年提供更多的关爱和帮助。要大力支持民族教育，全面提高少数民族和民族地区教育发展水平。要更加重视发展继续教育，为进城定居农民工、现代职业农民、现代产业工人和退役军人等提供方便、灵活、个性化的继续教育培训服务。

四 以人民为中心的教育质量观

（一）教育质量与教育质量观

根据国际标准化组织（ISO）对质量的定义，"实体满足明确或隐含需要能力的特性的总和"[①]，即事物或人满足人们需要的能力的特性。据此可以得出，所谓教育质量是指，"教育满足教育者发展需要并实现特定社会目的的能力和属性"。教育质量可以从宏观和微观两个层面来理解。从宏观层面看，教育质量是整个教育体系的质量，即教育系统内部各要素（规模、结构、效益）之间的协调问题。从微观层面看，教育质量就是教育水平高低和效果优劣的程度。顾明远在《教育大辞典》中对教育质量的解释，就是从微观层面来理解的。他认为，教育质量"是对教育水平高低和效果优劣的评价"，"最终体现在培养对象的质量上"，"衡量标准是教育目的和各级各类学校的培养目标。前者规定受培养者的一般质量要求，亦是教育的根本质量要求，后者规定受培养者的具体质量要求，衡量人才是否合格的质量规格"[②]。

教育质量观是指人们对教育质量的主观看法，包括对教育质量的认识、态度、判断和评价等。教育质量问题是一个历史范畴，不同历史时期有不同的教育质量观。党的十九届五中全会提出，"十四五"期间要"建设高质量教育体系"，我国教育发展已经进入以质量为核心的新阶段。经过长期努力，我们全面普及了义务教育，基本普及了高中教育，学前教育也将基本普及，下一步的重点就是转向高质量发展。何谓教育高质量发展？必须站在国家立场、人民立场、党的立场，注重教育的政治属性、制度属性、社会属性与人民属性来讨论教育高质量发展的问题。

---

① 刘广第：《质量管理学》，清华大学出版社，1996，第44页。
② 顾明远：《教育大辞典》，上海教育出版社，1998，第798页。

（二）以人民为中心的教育质量观

以人民为中心的教育质量观，就是站在人民立场，从人民属性来讨论教育高质量发展的问题，它强调育人的质量、教育公平的质量以及教育满足人民群众需要的质量。

1. 强调育人的质量

学校是立德树人的地方，"让学生成为德才兼备、全面发展的人才"①是学校教育的首要问题。以人民为中心的教育质量观强调育人的质量。为提高育人质量，要将立德树人的成效作为检验学校一切工作的根本标准，把立德树人融入教育各环节，贯穿教育各领域。在学校，教师的教与学生的学都要围绕这个目标进行。同时，不利于实现这个目标的做法都要坚决改过来②。2018 年 9 月 10 日，习近平在全国教育大会上要求学校教育工作要在"六个方面下功夫"③，对如何提高育人质量作了更具体的要求和指导。

2. 强调教育公平的质量

教育公平是社会公平的重要基础，要不断推进以教育公平促进社会公平正义④。努力让 14 亿人民享有更好更公平的教育是进入新时代党和政府对人民的庄严承诺。党的十九大提出，"推动城乡义务教育一体化发展，高度重视农村义务教育，办好学前教育、特殊教育和网络教育，普及高中阶段教育，努力让每个孩子都能享有公平而有质量的教育"⑤。为提高教育公平质量，习近平要求，"东部地区要在基础教育、职业教育、高等教育等方面，通过联合办学、设立分校、扩大招生、培训教师等多种方式给了西部

---

① 习近平：《把思想政治工作贯穿教育教学全过程　开创我国高等教育事业发展新局面——在全国高校思想政治工作会议上的讲话》，《人民日报》2016 年 12 月 9 日，第 1 版。

② 习近平：《坚持中国特色社会主义教育发展道路　培养德智体美劳全面发展的社会主义建设者和接班人——在全国教育大会上的讲话》，《人民日报》2018 年 9 月 11 日，第 1 版。

③ "六个方面下功夫"，即在坚定理想信念上下功夫，在厚植爱国主义情怀上下功夫，在加强品德修养上下功夫，在增长知识见识上下功夫，在培养奋斗精神上下功夫，在增强综合素质上下功夫。

④ 习近平：《全面贯彻落实党的教育方针　努力把我国基础教育越办越好——在北京市八一学校考察时的讲话》，《人民日报》2016 年 9 月 10 日，第 1 版。

⑤ 习近平：《决胜全面建成小康社会　夺取新时代中国特色社会主义伟大胜利——在中国共产党第十九次全国代表大会上的报告》，人民出版社，2017，第 45 页。

地区更多帮助"①。尤其"要加大教育援藏力度，重点加强以数理化学科为主的内地教师进藏支教"②。同时，"通过教育信息化，逐步缩小区域、城乡数字差距，大力促进教育公平，让亿万孩子同在蓝天下共享优质教育、通过知识改变命运"③。

3. 强调满足人民群众需要的质量

进入新时代，随着社会主要矛盾的转化，人民群众对教育的需求不断提高。以人民为中心的教育质量观强调，要不断提高满足人民群众需要的质量，"要加大投资于人的力度，全面加强教育事业，深化教育综合改革，提升教育质量，加快推进中西部教育发展，高度重视对农民工、职业农民、退役军人等的培训，及时对下岗失业人员进行技能再培训，使劳动者更好适应变化了的市场环境"④。我们要扎根中国大地办好中国的世界一流大学和一流学科，满足人民群众接受高质量教育的需要。"要积极推动区块链技术在教育领域的应用，为人民群众提供更加智能、更加便捷、更加优质的教育公共服务。"⑤

五　以人民为中心的教育教学观

（一）教育教学与教育教学观

教学作为人类社会传授和学习生活经验的最主要途径，早在原始社会早期就已经存在。现代意义的教学是指，"根据一定的教育目的，以课程内容为中介的由教师的教和学生的学共同构成的一种教育活动"⑥。教学活动由学生、教师、教学内容构成。它的主要任务是使学生获得关于客观世界的知识，掌握一定的技能和技巧，使自身个性得到发展。马克思主义认识

---

① 习近平：《解放思想真抓实干奋力前进　确保与全国同步建成全面小康社会——在东西部扶贫协作座谈会上的讲话》，《人民日报》2016 年 7 月 21 日，第 1 版。

② 习近平：《依法治藏富民兴藏长期建藏　加快西藏全面建成小康社会步伐——在中央第六次西藏工作座谈会上的讲话》，《人民日报》2015 年 8 月 26 日，第 1 版。

③ 习近平：《致国际教育信息化大会的贺信》，《人民日报》2015 年 5 月 24 日，第 2 版。

④ 习近平：《在中央经济工作会议上的讲话》，《人民日报》2015 年 12 月 22 日，第 1 版。

⑤ 习近平：《把区块链作为核心技术自主创新重要突破口　加快推动区块链技术和产业创新发展——在主持中央政治局第十八次集体学习时的讲话》，《人民日报》2019 年 10 月 16 日，第 1 版。

⑥ 顾明远：《中国教育大百科全书》第 1 卷，上海教育出版社，2012，第 606 页。

论认为，教学的本质是一种认识过程。但与一般认识或其他形式的认识不同，具有特殊性。它是间接的、有领导的，是关于学生个体的认识。

教育教学观是人们对教育教学活动的主观看法，包括对教育教学活动的内容、过程、目标、模式、方法、教学规律、教学效果评价、教学原则等的认识、态度、判断、评价和选择。教育是培养人的活动，教育的思想和观念最终要通过具体的教学体现出来，因此，教学是教育的核心工作，教学观是教育思想的重要组成部分。教育是培养人的活动，教育教学观要回答的核心问题是怎样培养人。教育教学观并不独立存在，它受价值观、知识观、人才观的制约，是不同价值观、知识观、人才观在教学领域的具体体现。例如，科学主义的知识观强调科学是最有价值的知识，在课程内容安排上重理工、轻文史。

（二）以人民为中心的教育教学观

以人民为中心的教育教学观，应以学生的发展需要为教育教学的价值取向，重视学生的个性发展。在教学方式上更多采用启发式教学方法，同时在教学过程中发挥学生的主动性。在教学原则上，注重科学性与思想性相统一、理论联系实际、因材施教、启发性和直观性。通过教师的教和学生的学，使学生在德、智、体、美、劳等方面实现全面发展。正如2016年9月9日习近平在北京市八一学校考察时强调的，"教育要注重以人为本、因材施教，注重学用相长、知行合一，着力培养学生的创新精神和实践能力，促进学生德智体美全面发展"[1]。习近平2019年3月18日在学校思想政治理论课教师座谈会上对思政课教师提出"六个要"[2]要求和"八个相统一"[3]要求，也是以人民为中心教育教学观的具体诠释和要求[4]。新时代以

---

① 习近平：《全面贯彻落实党的教育方针　努力把我国基础教育越办越好——在北京市八一学校考察时的讲话》，《人民日报》2016年9月10日，第1版。

② "六个要"，即政治要强、情怀要深、思维要新、视野要广、自律要严、人格要正。

③ "八个相统一"，即坚持政治性和学理性相统一、坚持价值性和知识性相统一、坚持建设性和批判性相统一、坚持理论性和实践性相统一、坚持统一性和多样性相统一、坚持主导性和主体性相统一、坚持灌输性和启发性相统一、坚持显性教育和隐性教育相统一。

④ 习近平：《用新时代中国特色社会主义思想铸魂育人　贯彻党的教育方针　落实立德树人根本任务——在学校思想政治理论课教师座谈会上的讲话》，《人民日报》2019年3月19日，第1版。

人民为中心的教育教学观具体包括以下三个方面的内容。

1. 教学不仅传播知识，而且传授美德

教师的工作是塑造生命、塑造灵魂、塑造人的工作。教师应既做学问之师，又做品行之师，以人格魅力引导学生心灵，以学术造诣开启学生的智慧之门。新时代以人民为中心的教育教学观要求，"好老师应该做中国特色社会主义共同理想和中华民族伟大复兴中国梦的积极传播者，帮助学生筑梦、追梦、圆梦，让一代又一代年轻人都成为实现我们民族梦想的正能量"①。"教师要用自己的学识、阅历、经验点燃学生对真善美的向往。引导和帮助青少年学生扣好人生的第一粒扣子。"②"努力做到每一堂课不仅传播知识，而且传授美德，每一次活动不仅健康身心，而且陶冶性情。"③

2. 教学不仅授人以鱼，而且授人以渔

"好老师应该是智慧型的老师，具备学习、处世、生活、育人的智慧，既授人以鱼，又授人以渔，能够在各个方面给学生以帮助和指导。"④ 新时代以人民为中心的教育教学观要求，在教学中坚持知行合一，既指导学生多读有字之书，也多读无字之书，注重引导学生在实践中学真知、悟真谛，加强磨炼、增长本领，将知识转化为能力，通过掌握更多实用技能，努力成为对国家有用、为国家所需的人才。"随着信息化不断发展，知识获取方式和传授方式、教和学关系都发生了革命性变化。这也对教师队伍能力和水平提出了新的更高的要求。"⑤

3. 教学不仅关心厚爱，而且严格要求

老师在学生心目中具有重要位置，老师无意间的一句话，可能造就一个天才，也可能毁灭一个天才。好老师一定要尊重学生的个性，平等对待每一个学生，理解学生的情感，善于发现每一个学生的闪光点，让学生都

① 习近平：《做党和人民满意的好老师——同北京师范大学师生代表座谈时的讲话》，《人民日报》2014 年 9 月 10 日，第 2 版。
② 习近平：《做党和人民满意的好老师——同北京师范大学师生代表座谈时的讲话》，《人民日报》2014 年 9 月 10 日，第 2 版。
③ 习近平：《从小积极培育和践行社会主义核心价值观——在北京市海淀区民族小学主持召开座谈会时的讲话》，《人民日报》2014 年 5 月 31 日，第 2 版。
④ 习近平：《在纪念五四运动 100 周年大会上的讲话》，《人民日报》2019 年 5 月 1 日，第 2 版。
⑤ 习近平：《在北京大学师生座谈会上的讲话》，《人民日报》2018 年 5 月 3 日，第 2 版。

成长为有用之才①。做好老师，要有仁爱之心。要用爱培育爱、激发爱、传播爱。对所谓的"差生"甚至问题学生，老师更应该多一些理解和帮助。新时代以人民为中心的教育教学观要求，"要坚持关心厚爱和严格要求相统一、尊重规律和积极引领相统一……对一些青年思想上的一时冲动或偏激要多教育引导，能包容要包容，多给他们一点提高自我认识的时间和空间，不要过于苛责"②。

六 以人民为中心的教育国际观

（一）教育国际化与教育国际观

所谓教育国际观，是指人们对教育国际化发展的主观看法，包括对教育国际化发展的认识、态度、判断和评价等。教育国际化是教育事业发展规律本身的要求，不同教育形态之间通过合作交流，相互影响、相互借鉴、相互促进。随着世界全球化发展日益深入，教育国际化浪潮席卷全球。联合国教科文组织就曾在2001年的日内瓦国际教育大会上提出，"各国要在教育国际化的浪潮中学会生存"。随着中国教育质量的提升，国际社会普遍认为中国在全球教育合作与交流中不可或缺。中国在教育国际化发展中的影响力不断提升，教育开放发展逐渐进入由外延式扩张转向内涵式发展、由以西方为中心转向全球视域、由单向流动转向双向互动、由边缘参与转向核心主导的新时期。

（二）以人民为中心的教育国际观

进入新时代，我们要实现教育现代化目标，需要学习和借鉴国外先进的教育理念和教育教学经验，并进行创新。以人民为中心的教育国际观，就是对接国家和人民的需求，立足自身特色和优势，寻找国际合作契合点，通过国际化，更新教育理念、课程内容和教学方法，培养适应全球化、信息化的高素质人才，同时，通过国际化提升教育的影响力和解决现实问题的能力，发挥在全球教育治理体系中的主导作用，为实现教育现代化奠定

---

① 习近平：《做党和人民满意的好老师——同北京师范大学师生代表座谈时的讲话》，《人民日报》2014年9月10日，第2版。
② 习近平：《在纪念五四运动100周年大会上的讲话》，《人民日报》2019年5月1日，第2版。

基础。新时代以人民为中心的教育国际观具体包括以下三方面内容。

1. 办世界一流的大学与一流的学科

2014 年，党中央作出了建设世界一流大学的战略决策。2017 年，党的十九大进一步提出，要加快一流大学和一流学科建设，实现高等教育内涵式发展，使我们的大学能在世界上有地位、有话语权。为此，我们要扩大教育开放，借鉴国外有益做法，通过与世界一流资源开展高水平合作办学，认真吸收世界上先进的办学治学经验，并立足中国实际，扎根中国大地办好教育。

2. 履行"一带一路"倡议提出的教育新使命与新要求

为应对世界格局变化、适应发展方式转变、加强与亚非欧及世界各国的互利合作，2013 年我国提出建设"一带一路"合作倡议。教育是促进各国人民交流合作的重要纽带，在推进"一带一路"倡议进程中肩负着历史重任。新时代以人民为中心的教育国际观强调，"中国将加强同世界各国的教育交流，扩大教育对外开放，积极支持发展中国家教育事业发展，同各国人民一道努力，推动人类迈向更加美好的明天"[1]。为更好履行"一带一路"倡议提出的教育新使命与新要求，我国将与"一带一路"沿线国家不断扩大互派留学生规模，开展更高水平的合作办学。

3. 构建国际化教育共同体

教育合作是增进人民了解和友谊的重要渠道。人类命运共同体理念的践行，需要教育的力量。2016 年 9 月 10 日，习近平在致首届清华大学苏世民书院开学典礼的贺信中强调，"当今时代，世界各国人民的命运更加紧密地联系在一起，各国青年应该通过教育树立世界眼光、增强合作意识，共同开创人类社会美好未来"[2]。为构建国际化教育共同体，我们应"通过更加密切的互动交流……以促进各国学生……确立为人类和平与发展贡献智慧和力量的远大志向"[3]。通过关注国际教育的共同价值、共同利益、共同

---

① 习近平：《在联合国"教育第一"全球倡议行动一周年纪念活动上发表的视频贺词》，《人民日报》2013 年 9 月 27 日，第 3 版。

② 习近平：《向首届清华大学苏世民书院开学典礼致贺信》，《人民日报》2016 年 9 月 11 日，第 1 版。

③ 习近平：《致清华大学苏世民学者项目启动仪式的贺信》，《人民日报》2013 年 4 月 22 日，第 1 版。

责任以及参与各方就特殊问题的共同协商，为构建人类命运共同体贡献中国教育的力量。

第二节　价值遵循

当前，我国教育发展中存在教育内在价值彰显不够，各教育层次、教育类别以及教育功能的协同性不强，教育发展的多主体参与不够，人民群众教育获得感有待提升等问题。基于此，新时代坚持以人民为中心发展教育必须遵循以人民中心原则彰显教育的人民性特征、以全面发展原则体现教育的系统性特征、以共建共享原则凸显教育的目的性特征等价值取向。

一　以人民中心原则彰显教育发展的人民性特征

教育发展的人民中心原则是以人民为中心发展教育必须遵循的首要原则。教育的人民性特征是新时代坚持以人民为中心发展教育的最本质特征。新时代坚持以人民为中心发展教育，首先必须遵循人民中心原则，更好地彰显教育的人民性特征。

（一）教育发展的人民中心原则

社会发展以何为中心？或者说以何为核心内容？这是社会发展必须解决的首要问题。马克思、恩格斯认为，社会发展必须以"现实的人"为中心，必须"从现实的人"出发①。人民群众是人类历史的创造者和社会发展的推动者，社会发展要以"现实的人"为中心，首先要以最广大人民群众为中心，要以实现最广大人民群众的根本利益为归宿。它是马克思人民性思想在社会发展理论中的本质体现。

中国共产党始终坚持把人民置于发展的视域中，提出"为什么人的问题，是检验一个政党、一个政权性质的试金石"②。从毛泽东"为人民服务"，到邓小平"一切为了群众利益"，再到习近平坚守"为人民谋幸福"，

---

① 马克思、恩格斯：《德意志意识形态》，《马克思恩格斯选集》（第1卷），人民出版社，2012，第308页。
② 中共中央党史和文献研究院：《十九大以来重要文献选编（上）》，中央文献出版社，2019，第31、32页。

无不指向人民当家作主的基本立场，和以人民利益、人民实践、人民评判为中心的价值追寻、历史动力和发展尺度。进入新时代，以习近平同志为核心的新一代中国共产党人，总结历史、展望未来，在设定现阶段我国经济社会发展全局的价值主线过程中向世人宣示，中国社会发展坚持"以人民为中心"，并明确提出"以人民为中心的发展思想"①。

所谓"以人民为中心"，就是坚持人民在发展中的核心地位，坚持人民是发展的核心，使改革发展成果更多更公平地惠及全体人民，不断满足人民对美好生活的向往。党的十九大报告指出："人民是历史的创造者，是决定党和国家前途命运的根本力量。必须坚持人民主体地位。"② 坚持以人民为中心，是社会主义社会的本质要求，凸显了中国特色社会主义全局事业的人民性特质，它不仅是一种发展思想，更是一种执政理念、一种价值追求、一种实践方式，体现了习近平新时代中国特色社会主义思想的鲜明特点，也体现了我们党一以贯之的群众自觉和群众立场。

"以人民为中心的发展思想，不是一个抽象的、玄奥的概念，不能只停留在口头上、止步于思想环节，而要体现在经济社会发展各个环节。"③ 将以人民为中心的发展思想贯彻到教育发展领域，就是坚持以人民为中心发展教育。教育发展的人民中心原则是以人民为中心发展教育必须遵循的首要原则。这里的"中心"指的是中央部分、核心内容，就是指教育发展的主体、目的、动力、方式和效果都要围绕人民展开，以满足人的需要、释放人的力量和实现人的全面发展为终极目标。可见，教育发展的人民中心原则的逻辑体系内在地包括"一个基本立场、两大基本动力、一个最终结果"。所谓"一个基本立场"，就是坚持教育的人民立场，它是我们以人民为中心发展教育的现实起点与逻辑起点。所谓"两大基本动力"，就是指以满足人民接受公平而有质量的教育，促进人的全面发展为教育发展的价值动力，以最大限度地发挥人民在教育发展中的推动作用，尤其是人民群众的创造精神为教育发展的历史动力。所谓"一个最终结果"，就是指以办好

① 中共中央文献研究室编《十八大以来重要文献选编》（下），中央文献出版社，2018，第4页。
② 中共中央文献研究室编《十九大以来重要文献选编》（上），中央文献出版社，2019，第15页。
③ 习近平：《在省部级主要领导干部学习贯彻党的十八届五中全会精神专题研讨班上的讲话》，人民出版社，2016，第24页。

人民满意的教育为最终评价结果，它是坚持以人民为中心发展教育的目的与归宿。

（二）教育发展的人民性特征

人民是马克思主义的核心话语。在马克思主义看来，在无限系列（过去、现在和将来）的"人"和"人类"中，只有现实的"人"和"人类"才能够称为人民。"人民"是参与并承担人类现实生活的所有人，它"始终由占现实人口的绝大多数、每日每时担当着人类社会生活职能的全体个人所构成，包括由他们组成的阶级和阶层"[①]。"人民"是普遍性与特殊性的有机统一。一方面，它是一个具有普遍意义的集合概念，是指参与并承担人类现实生活的社会成员的总和，其中劳动者是人民的主体。马克思主义认为，作为一个整体，人民是推动社会历史发展进步的主体和根本动力。在不同的国家和同一国家的不同历史时期，人民所包括的对象是不同的。在我国，随着改革开放不断深入和经济社会不断发展，新时期的人民包含各社会阶层、各行各业的劳动者和建设者以及拥护社会主义制度的爱国者和维护祖国统一的爱国者。另一方面，人民又是一个具有特殊意义的个体概念，是指参与并承担人类现实生活的一个个单独的个体。正如黑格尔所说："概念是自由的原则，是独立存在着的实体性的力量。概念又是一个全体，这全体中的每一环节都是构成概念的一个整体，而且被设定和概念有不可分离的统一性。"[②] 作为类的每一个个体，它是具体的、历史的、现实的个人，其本身的价值实现超越一切价值之上。正如康德所言："不论是谁在任何时候都不应把自己和他人仅仅当作工具，而应该永远看作自身就是目的。"[③]

"人民性"是马克思主义最鲜明的品格。在马克思学说体系中，所谓"人民性"指的是："一种价值取向，即坚持人民至上、以人民群众为本的

---

① 李德顺、王金霞：《论当代中国的"人民主体"理念》，《哲学研究》2016 年第 6 期，第 104~105 页。

② 〔德〕黑格尔：《小逻辑》，贺麟译，商务印书馆，1980，第 329 页。

③ 〔德〕康德：《道德形而上学原理》，苗力田译，上海人民出版社，1986，第 86 页。

价值追求。"① 马克思在对现实的人的关注和对最广大人民利益的关切中，逐步形成了"人民性"思想，那就是：实现人的自由全面发展。马克思认为，在资本主义社会，人民（广大工人劳动者）在异化劳动中沦为"机器的单纯附属物"。人民被当作手段，而不是目的本身，其发展必定是片面的。因而资产阶级口中的"人民性"是虚假的，它只是一种"人的依赖性"或"物的依赖性"。只有到共产主义社会，人民彻底摆脱了"异化"状态，劳动成为人的自由自觉的活动，人民实现了对人的本质的全面占有，人的自由而全面发展才能真正实现，以人的自由而全面发展为价值归宿和逻辑起点的马克思"人民性"思想也才能最终实现。

中国共产党继承和发展了马克思的人民性思想，将人民利益作为党一切工作的根本出发点和落脚点。毛泽东强调"为人民服务"，指出："共产党人的一切言论行动，必须以合乎最广大人民群众的最大利益，为最广大人民群众所拥护为最高标准。"② 邓小平认为，"判断的标准，应该主要看……是否有利于提高人民的生活水平"③，指明"一切为了群众利益"。习近平提出"人民性的重点就是人民利益"④，指出中国共产党领导中国人民全面建成小康社会、进行改革开放和社会主义现代化建设的根本目的，"就是要不断提高人民物质文化生活水平，促进人的全面发展"；就是"要坚持从维护最广大人民根本利益的高度，在学有所教……上持续取得新进展"⑤。总之，中国共产党坚持保障人民的利益，让改革发展成果更多更公平惠及全体人民，促进人的全面发展，是马克思人民性思想在新时代的继承和发展。

依据马克思关于实现人的自由全面发展的"人民性"思想，教育的人民性特征包括两层含义：一方面，教育要回归本质，帮助个人发展，培养全面发展的人；另一方面，教育要以人民的需求为旨归，要惠及人民大众。以人民为中心发展教育体现教育的人民性特征。首先，"我们要教育引导广大少年

---

① 朱建伟、徐军：《马克思"人民性"思想的逻辑嬗变和当代价值》，《中国石油大学学报》（社会科学版）2020 年第 4 期，第 58~59 页。

② 毛泽东：《毛泽东选集》第 3 卷，人民出版社，1991，第 1096 页。

③ 邓小平：《邓小平文选》第三卷，1993，第 372 页。

④ 习近平：《胸怀大局把握大势着眼大事　努力把宣传思想工作做得更好》，《人民日报》2013 年 8 月 21 日，第 1 版。

⑤ 习近平：《全面贯彻落实党的十八大精神要突出抓好六个方面工作》（2012 年 11 月 15 日），《求是》2013 年第 1 期，第 3~7 页。

儿童树立远大志向、培育美好心灵，让少年儿童成长得更好"①。中国共产党人对新时代教育人民性思想进行了最佳诠释和最好践行。其次，以人民需求为旨归发展教育。"我们的人民期盼有更好的教育。""人民的期盼就是我们努力的方向，就是我们的奋斗目标。"② 人民对教育的期待集中体现在办更好更公平的教育，培育社会需要的各种人才，提升民族整体素质，使国家兴旺发达，最终实现中华民族的伟大复兴。当然，教育要以人民的需求为旨归还有一点不容忽视，那就是教育应以学生的状况和需求为旨归。教育虽然受多方面的社会需求驱动或干扰，但也要顾及学生的接受程度。

总之，新时代坚持以人民为中心发展教育必须遵循教育发展的人民中心原则，使教育发展始终围绕满足人民需要、释放人民力量、实现人的全面发展，不断彰显教育的人民性特征。

二　以全面发展原则体现教育发展的系统性特征

实施全面发展的教育，实现人的全面发展，是新时代坚持以人民为中心发展教育必须遵循的全面发展原则的核心。同时，新时代坚持以人民为中心发展教育强调对象、内容、功能的系统性，最终目标就是实现人的全面发展。以全面发展原则体现教育的系统性特征是新时代坚持以人民为中心发展教育的价值遵循。

（一）教育的全面发展原则

以人民为中心发展教育的全面发展原则就是指实施全面发展的教育，实现人的全面发展。它以素质教育为核心，以教育现代化和人的现代化为目标。

培养全面发展的人，需要什么样的教育？根据马克思主义教育原理，中国共产党确立了以素质教育为核心，实现德、智、体、美、劳五育并举，实现育人为本，促进人的全面发展的教育方针。其中，德育是基础，体育是基本前提，美育是不可缺少的组成部分，劳动教育是重要途径。为落实五育并举，培养适应 21 世纪现代化建设需要的社会主义新人，中国共产党在教育实践中形成了以 "面向全体学生、为了学生的全面发展、贯穿人才

---

① 习近平：《习近平谈治国理政》（第 1 卷），外文出版社，2018，第 182 页。
② 中共中央宣传部编《习近平总书记系列重要讲话读本》，人民出版社，2016，第 212 页。

培养全过程"的素质教育理念。1999 年，党中央、国务院作出全面开展素质教育的决定，并提出实施素质教育应当贯穿各级各类教育，应当贯穿学校、家庭、社会等各个方面。进入新时代，素质教育的作用更加凸显。为培养新时代学生的创新精神和实践能力，习近平在不同场合多次强调，我们必须以素质教育为核心，因材施教，在学用相长、知行合一过程中，促进学生德智体美劳全面发展①。

人不仅是发展的手段，更是发展的目的。人的全面发展不仅要立足当下，更要着眼未来。坚持以人民为中心发展教育的全面发展原则，在现代化进程中必然要求我们更加注重面向现代化培养全面发展的人，实现人的现代化。由于现代教育不仅具有极大的人为性、明确的目的性、较强的计划性和系统性，还具有一定的终身性和开放性，可以在很大程度上激活人的自我意识，实现不断完善和发展。通过现代化教育实现教育的现代化，进而实现人的现代化，是贯彻全面发展原则的必然选择。我们应以《中国教育现代化 2035》提出的"八个更加注重"② 为推进教育现代化的基本理念，通过"建成服务全民终身学习的现代教育体系、普及有质量的学前教育、实现优质均衡的义务教育、全面普及高中阶段教育、职业教育服务能力显著提升、高等教育竞争力明显提升、残疾儿童少年享有适合的教育、形成全社会共同参与的教育治理新格局"③。实现教育现代化，进而实现人的全面发展与现代化。

（二）教育发展的系统性特征

系统性指的是一个层次分明的整体。在一个整体中，不同层级按不同的指标维度和一定的秩序排列，同层级之间逻辑关系清晰，是系统性的典型特征。新时代坚持以人民为中心发展教育，其发展对象、内容、功能等层次分明，逻辑关系清晰，是一个层次分明的整体，呈现鲜明的系统性特

---

① 习近平：《全面贯彻落实党的教育方针，努力把我国基础教育越办越好》，《人民日报》2016 年 9 月 10 日，第 1~2 版。

② "八个更加注重"，即更加注重以德为先，更加注重全面发展，更加注重面向人人，更加注重终身学习，更加注重因材施教，更加注重知行合一，更加注重融合发展，更加注重共建共享。

③ 中共中央、国务院印发《中国教育现代化 2035》，中国政府网，http://www.gov.cn/zhengce/2019-02/23/content_5367987.htm。

征。以人民为中心发展教育的系统性特征具体包括发展对象具有系统性、发展内容具有系统性、发展功能具有系统性等三个方面。

教育发展对象具有系统性。新时代坚持以人民为中心发展教育，不仅涉及教育内部各要素，而且还涉及教育内部要素与外部系统之间的联系，是一个完整的系统。以人民为中心发展教育，在教育层次上涉及学前教育、义务教育、高中教育、高等教育等各个不同层次；在教育类别上涉及普通教育、职业教育、成人教育、终身教育等各个不同类别；在教育内部要素与外部系统上涉及教育与经济、政治、文化、社会、生态等方面的关系。它不仅强调"办好教育事业，家庭、学校、政府、社会都有责任"①，而且指出，"教育公平是社会公平的基础"②，"教育是传承人类文明、创造美好生活的重要力量"③。

教育发展内容具有系统性。新时代坚持以人民为中心发展教育，坚持问题导向，紧紧抓住人民最关心最直接最现实的教育问题。其聚焦的教育领域突出而具体的重点问题一经整合，便可发现涉及教育发展的各个方面与层面，体现层次鲜明、逻辑关系清晰的教育发展内容，具有较强的系统性。新时代坚持以人民为中心发展教育，不仅强调"基础教育在国民教育体系中处于基础性、先导性地位"④，而且提出"要加大对农村、民族地区、贫困地区职业教育支持力度，努力让每个人都有人生出彩的机会"⑤。"我们对高等教育的需要比以往任何时候都更加迫切。"⑥ "我们将通过教育信息化，逐步缩小区域、城乡数字差距，大力促进教育公平，让亿万孩子同在蓝天下共享优质教育、通过知识改变命运。"⑦

---

① 《习近平在全国教育大会上强调：坚持中国特色社会主义教育发展道路　培养德智体美劳全面发展的社会主义建设者和接班人》，《人民日报》2018年9月11日，第1版。
② 《习近平在北京市八一学校考察时强调　全面贯彻落实党的教育方针　努力把我国基础教育越办越好》，《光明日报》2016年9月10日，第1版。
③ 习近平2013年9月25日在联合国"教育第一"全球倡议行动一周年纪念活动上发表的视频贺词。
④ 《习近平在北京市八一学校考察时强调　全面贯彻落实党的教育方针　努力把我国基础教育越办越好》，《光明日报》2016年9月10日，第1版。
⑤ 《习近平就加快职业教育发展作出重要指示》，《人民日报》2014年6月24日，第1版。
⑥ 《习近平在全国高校思想政治工作会议上强调：把思想政治工作贯穿教育教学全过程　开创我国高等教育事业发展新局面》，《人民日报》2016年12月9日，第1版。
⑦ 习近平：《深入学习习近平关于教育的重要论述》，人民出版社，2019，第171页。

　　教育发展功能具有系统性。新时代坚持以人民为中心发展教育，在教育功能上不仅强调教育的个体性发展功能，而且强调教育的社会性发展功能，是一个系统的整体。在个体性发展功能上，以人民为中心发展教育注重作为社会个体的人在教育发展中的获得感与幸福感，使人民群众通过教育分享到改革开放的红利，让教育为个人的发展奠定坚实基础，强调"办好人民满意的教育"①，"努力让每个人都有人生出彩的机会"②。在社会性发展功能方面，以人民为中心发展教育提出"要实现'两个一百年'奋斗目标、实现中华民族伟大复兴的中国梦，必须更加重视教育，努力培养出更多更好能够满足党、国家、人民、时代需要的人才"③。同时"激励学生自觉把个人的理想追求融入国家和民族的事业中"④，实现教育发展功能个体性与社会性的统一。

　　总之，新时代坚持以人民为中心发展教育必须坚持全面发展原则，以素质教育为核心，通过教育现代化，实现人的全面发展与现代化。同时，教育发展的全面原则体现了教育发展对象、内容及功能上的系统性特征。这是新时代坚持以人民为中心发展教育的又一价值遵循。

三　以共建共享原则凸显教育发展的目的性特征

　　提升人民群众的教育发展参与度，不断满足人民群众对更公平更高质量的教育需求，是新时代坚持以人民为中心发展教育必须遵循的共建共享原则的核心。同时，新时代坚持以人民为中心发展教育的最终目的就是为人民谋教育福利，办好人民满意的教育。

（一）教育发展的共建共享原则

　　"社会建设要以共建共享为基本原则。"⑤ 为实现以人民为中心发展教育的目的，同样必须遵循共建共享原则。所谓共建共享，是指只有共建才能

---

① 中共中央文献研究室编《十九大以来重要文献选编》（上），中央文献出版社，2019，第32页。
② 《习近平就加快职业教育发展作出重要指示》，《人民日报》2014年6月24日，第1版。
③ 《习近平在北京市八一学校考察时强调　全面贯彻落实党的教育方针努力把我国基础教育越办越好》，《光明日报》2016年9月10日，第1版。
④ 《习近平就加快职业教育发展作出重要指示》，《人民日报》2014年6月24日，第1版。
⑤ 中央文献研究室编《习近平关于全面建成小康社会论述摘编》，中央文献出版社，2016，第150页。

共享，共建的过程也是共享的过程。共建共享原则体现教育发展目的与手段的统一。

首先，共享需要共建，共建是为了共享。人民群众是历史的主体，社会主义革命、建设、改革的每一个环节无不凝结着人民群众的智慧和力量。为保证党和人民事业的顺利进行，我们必须充分调动人民群众的积极性、主动性和创造性。不论是在中华民族复兴的宏大发展图景中，还是在推进"全面建成小康社会"战略发展目标的过程中，抑或是在经济生产领域之外的其他各领域，以习近平同志为核心的党中央始终不忘提升人民群众的参与度，凸显人民群众的存在感，弘扬中国精神，凝聚中国力量，共建发展。在我们这样一个大国，要办强的教育，单靠政府的力量远远不够。"人民办教育，教育为人民"是我国教育事业发展的经验。中国共产党历来就非常重视鼓励人民群众办教育，鼓励多渠道筹措教育经费，多主体办学，使社会力量办学成为我国教育事业的一个重要组成部分。为调动地方的办学积极性，推动农村义务教育均衡发展，建立了中央和地方分项目、按比例分担的农村义务教育经费保障新机制。高等教育也实行了中央、省、中心城市三级办学体制。

其次，人民群众作为创造美好生活的实践主体，既是价值创造主体，也是受益主体，理应成为发展成果的享有者。当前，增进人民群众教育"获得感"、共享教育成果的关键是不断满足人民群众对更公平更高质量的教育需求。我们要以教育信息化促进优质教育资源共享、优化教育资源配置。通过发展普惠性学前教育，扩大资源破解"入园难"，提升水平解决"入好园难"，着力普惠化解"入园贵"。通过促进义务教育均衡发展，实现特殊儿童融合教育，保障进城务工人员子女教育，保障女童平等受教育权利，聚焦重点难点提高民族教育质量，不让一个学生因家庭经济困难、学习困难或其他因素失学、辍学，提升人民群众受教育水平。

（二）教育发展的目的性特征

在马克思列宁主义哲学视域中，"目的性"主要是指事物、体系、过程、活动等导向确定的目标或充当达到特定目的的手段的特性与能力。它是原因与效果关系的一种特殊表现形式。在人的活动中，思想上预先估算的目标被自觉地置于因果联系中，这是人的活动达到目的性的最高形式。教育发展作为人类文明发展的一项活动，其确定的目标导向就是人的发展，是面向所有人的全面发展。教育具有阶级性，在阶级社会由于生产关系的局限，这个目标无法真正实现。只有消灭了分工，废除了私有制，社会的每一个成员摆脱了"人的依赖关系"和"物的依赖关系"，都能完全自由地发展和发挥全部才能和力量时，面向所有人的全面发展的教育发展目标才有可能实现。

在我国社会主义现代化建设中，人民居于核心位置，以人民为中心发展教育的目的是人民能接受良好的教育，提高自身素质，实现自身发展，进而实现中华民族的伟大复兴。是否有利于提高人民教育水平是检验以人民为中心发展教育合目的性的标准。为人民谋教育福利，办好人民满意的教育则是其目的性的最高形式。我们提倡让不同区域、不同群体、不同民族、不同阶段的个体获得更加公平、更加优质的教育，如"人民期盼有更好的教育"①，"推进教育公平"，"努力让13亿人民享有更好更公平的教育"②，"国家的教育经费要多往新疆投"③，"要推进教育精准脱贫，重点帮助贫困人口子女接受教育"④，"思想政治工作从根本上说是做人的工作"⑤。所有这些观点，都是以人民为中心发展教育目的性特征的生动体现。

总之，新时代以人民为中心发展教育必须坚持共建共享原则，充分调动人民群众在教育发展中的积极性、主动性和创造性，共享教育成果，提高人民群众的教育获得感。同时，通过共建共享，不断提高人民教育水平，办好人民满意的教育，凸显教育发展的目的性特征。

第三节　理论意蕴

十八大以来，我国教育取得了历史性成就，发生了历史性变革。党对教育工作的领导全面加强，学校思想政治工作力度空前，学生思想道德素质持

① 习近平：《习近平谈治国理政》（第1卷），外文出版社，2018，第4页。
② 习近平：《习近平谈治国理政》（第1卷），外文出版社，2018，第191页。
③ 习近平：《坚持依法治疆团结稳疆长期建疆　团结各族人民建设社会主义新疆》，《人民日报》2014年5月30日，第1版。
④ 习近平：《全面贯彻落实党的教育方针，努力把我国基础教育越办越好》，《人民日报》2016年9月10日，第1~2版。
⑤ 习近平：《习近平谈治国理政》（第2卷），外文出版社，2017，第377页。

续向好，教育自信进一步增强。办学质量和水平显著提升，基础教育、职业教育、高等教育等各级各类教育事业全面发展。教师队伍特别是乡村教师队伍建设全面加强，教师的政治地位、社会地位、职业地位不断提升。加快补齐教育短板，形成覆盖各级各类教育的家庭经济困难学生资助体系，教育公平取得重大进展，人民群众的教育获得感显著增强。推出一批标志性、引领性的重大教育改革举措，在解决教育深层次、根本性问题上取得重要突破。教育对外开放层次和水平不断提高，中国教育的世界影响力加快提升。学前三年毛入园率、高中阶段与高等教育毛入学率均高于中高收入国家平均水平；义务教育普及率超过高收入国家平均水平。截至 2019 年，全国超过 95% 的县（市、区）实现了义务教育基本均衡，全国累计有 2767 个县（占比 95.32%）通过了国家基本均衡认定，23 个省份整体实现县域义务教育基本均衡发展。截至 2020 年 12 月，全国普惠性幼儿园覆盖率达到 80%，公办幼儿园占比达50%，实现了"基本普及学前教育"的发展目标，全国及各省份均实现 90%的高中普及目标。我国教育总体发展水平已进入世界中上行列，步入提高质量、优化结构、促进公平的新阶段。新时代坚持以人民为中心发展教育意蕴深远，它不仅体现了社会主义教育的根本性质，揭示了新时代教育发展主题，蕴含人民教育理论品格，还彰显了教育发展的实践自觉。

一　体现社会主义教育的根本性质

（一）社会主义教育的根本性质

根据生产关系和社会形态性质的不同，教育从社会性质上可以分为五种不同形态。社会主义社会的教育是由社会主义的生产关系和社会主义经济、政治形态决定的，具有无产阶级性质。正如恩格斯在《共产主义原理》一文中指出的："由整个社会按照计划和为了公共的利益而经营的工业就更需要各方面都有能力的人，即能通晓整个生产系统的人。"[①] 社会主义生产需要全面发展的人。同时，社会主义社会的生产可以保证社会一切成员体力智力才能的自由发展和运用。正如恩格斯在《社会主义由空想发展到科

---

① 马克思、恩格斯：《共产主义原理》，《马克思恩格斯选集》（第 1 卷），人民出版社，2012，第 308 页。

学》一文中指出的：“通过社会生产，不但有可能给社会一切成员保证丰裕的和不断改进的物质生活条件，而且还有可能保证他们的体力和智力才干获得自由发展和运用。”[①] 与社会主义生产要求和生产特点相适应，培养全面发展的人就成为社会主义教育的本质要求。

无产阶级政党以马克思主义思想为指导领导广大人民群众推翻了资产阶级的统治，建立了无产阶级专政的社会主义社会，第一次实现了占人口绝大多数的广大劳动人民群众当家作主。因而，马克思主义的指导、共产党的领导以及人民当家作主是社会主义社会的根本特征。社会主义教育要体现社会主义的社会性质，就必然要以马克思主义为指导、要坚持党的领导、要让人民满意。这是社会主义教育的本质属性。

（二）以人民为中心发展教育体现社会主义教育的根本性质

教育必须培养社会发展所需要的人，这是古今中外的共识。以人民为中心发展教育始终坚持社会主义教育道路，明确教育的社会主义价值取向和人才培养的社会主义属性，体现了社会主义教育的根本性质。具体表现在以下三个方面。首先，以人民为中心发展教育坚持社会主义办学方向。“以马克思主义为指导，坚持党的领导”，“培养一代又一代拥护中国共产党领导和我国社会主义制度、立志为中国特色社会主义奋斗终身的有用人才……这是教育现代化的方向目标”[②]，也是新时代以人民为中心发展教育的价值取向。其次，以人民为中心，办好人民满意的教育。社会主义教育是为最广大人民群众服务的，必须从最广大人民群众的利益出发，重视如何使人民获得更好的教育。全党要“永远把人民对美好生活的向往作为奋斗目标”，“办好人民满意的教育”[③]。最后，以学生为根本，培养全面发展的人才。促进学生全面发展，培养全面发展的人才是以人民为中心发展教育必须始终坚持的重点。我们要“引导学生沿着……求真理、悟道理、明

---

① 马克思、恩格斯：《社会主义由空想发展到科学》，《马克思恩格斯选集》（第4卷），人民出版社，2012。
② 《习近平在全国教育大会上强调：坚持中国特色社会主义教育发展道路　培养德智体美劳全面发展的社会主义建设者和接班人》，《人民日报》2018年9月11日，第1版。
③ 中共中央文献研究室编《十九大以来重要文献选编》（上），中央文献出版社，2019，第32页。

事理的方向前进"①，"让学生成为德才兼备、全面发展的人才"②。

二　揭示新时代教育发展主题

（一）办公平而有质量的教育是新时代教育发展主题

新中国成立尤其是改革开放 40 多年来，我国教育事业实现了跨越式发展，教育质量与水平步入世界中上水平。但是，人民群众对教育还有许多不满意的地方。主要体现在人民群众对高质量教育的强烈需求与优质教育资源供给严重不足、配置使用不够合理的矛盾凸显。人民群众对高质量教育的强烈需求体现在社会对高素质劳动者和各类高层次人才的需求以及人民对不同类型教育进行自由选择、接受较高层次教育与优质教育的需求等方面。同时，优质教育资源供应不足，全国仅初中阶段就有 70 万代课教师，超大班上课现象严重；优质教育资源的配置和使用不够合理，地区、城乡、高等教育与基础教育、名校与薄弱校之间优质教育资源的配置和使用差距大。为解决这一矛盾，办公平而有质量的教育成为新时代教育发展的主题。当然，随着社会发展，人民对高质量教育需求不断增加的同时，对教育质量的衡量标准呈现多元化，对教育质量的理解形成一定共识。

（二）以人民为中心发展教育揭示新时代教育发展主题

以人民为中心发展教育具有清晰的内在逻辑和鲜明的人民主题，其主体结构包括：一个本质规定，即办好人民满意的教育；一个衡量标准，即公平而有质量的教育；一个总体目标，即建设教育强国。它以"办好人民满意的教育"为统领，以"公平而有质量的教育"为立柱，以"建设教育强国"为激励，将办好"人民满意的教育""公平而有质量的教育"有机统摄在"建设教育强国"这一新时代旗帜之下，把教育发展的基本特征与教育的社会主义性质融会贯通起来，揭示了新时代教育发展主题。

在弄清楚新时代人民对教育的新期待、新要求，看准、摸透我国教育

---

① 《习近平在全国教育大会上强调：坚持中国特色社会主义教育发展道路　培养德智体美劳全面发展的社会主义建设者和接班人》，《人民日报》2018 年 9 月 11 日，第 1 版。
② 《习近平在全国高校思想政治工作会议上强调：把思想政治工作贯穿教育教学全过程　开创我国高等教育事业发展新局面》，《人民日报》2016 年 12 月 9 日，第 1 版。

发展的短板和问题基础上，以习近平同志为核心的党中央明确提出，"努力让每个孩子都能享受公平而有质量的教育"①，并发出"建设教育强国"动员令。"公平而有质量"准确而清晰地标示了新时代中国特色社会主义教育发展的基本方向和质量要求，道出了亿万人民的期待和梦想。"建设教育强国是中华民族伟大复兴的基础工程。"② 为此，我们首先要发展具有中国特色、世界水平的现代教育。我们办教育不仅应坚持教育的民族性与主权立场，扎根中国大地，体现"中国特色"，而且应与世界接轨，吸收世界先进的办学经验，提高办学质量，达到"世界水平"。其次，要实现教育现代化。教育现代化是建设教育强国的基本途径和内核。2019年，《中国教育现代化2035》在我国现代化建设新的战略安排基础上，清晰设定了到2035年中国总体实现教育现代化的目标，并从人才培养体系、教育改革动力、教师队伍建设和教育对外开放等方面搭建起教育强国建设框架。

三 蕴含人民教育理论品格

以人民为中心发展教育以人民至上为价值取向，尊重人民的教育发展主体地位，强调教育成果人民共享，凸显教育与人民的内在逻辑统一，蕴含人民教育理论品格。

（一）人民至上的价值取向

让"孩子们能成长得更好"，为人民办教育、让人民对教育放心和满意，是以人民为中心发展教育的价值追求。发展以人民至上为价值取向的教育，应注重教育对象的全员性、教育内容的适应性、教育过程的终身性。首先，注重教育对象的全员性，就是要发展"面向人人"的教育。"要让每一个孩子充分享受到充满生机的教育，让每一个孩子带着梦想飞得更高更远，让更多的孩子走出大山、共享人生出彩的机会。"③ 其次，注重教育内

① 中共中央文献研究室编《十九大以来重要文献选编》（上），中央文献出版社，2019，第32页。
② 中共中央文献研究室编《十九大以来重要文献选编》（上），中央文献出版社，2019，第32页。
③ 习近平：《给"国培计划"（2014）北师大贵州研修班参训教师的回信》，《人民日报》2015年9月10日，第1版。

容的适应性，就是要发展适合学生的教育。教师在面对性格爱好、兴趣特长、家庭情况、学习状况不一的学生时，"一定要平等对待每一个学生，尊重学生的个性，理解学生的情感，包容学生的缺点和不足，善于发现每一个学生的长处和闪光点，让所有学生全部成为有用之才。"① 最后，注重教育的终身性，就是要发展终身教育。"办好继续教育，加快建设学习型社会，大力提高国民素质。"②

（二）尊重人民的教育发展主体地位

中国共产党一贯坚持"人民教育人民办，办好教育为人民"，在教育发展中尊重人民的教育主体地位。首先，坚持教育为人民服务。通过教育使人民获得发展自身、奉献社会、造福人类的能力。通过教育，保证贫困山区的孩子上学受教育，有一个幸福快乐的童年。所有这些，都是教育为人民服务的生动诠释。其次，发挥人民群众在教育发展中的重要作用。作为教育发展实践活动的主体，人民在发展教育中具有自觉性和能动性。为使全社会都担负起青少年成长成才的责任，必须最大限度地发挥人民群众尤其是广大教师的创造精神和创造力。

（三）共享教育发展成果

教育是民生之首，关系亿万人民群众的切身利益。保障人民享有更好更公平的教育是新时代教育发展的主题和难题。我们要坚持教育共享理念，保障人民共享教育机会、过程与成果。通过保障"农村留守儿童接受义务教育"和"进城务工人员子女平等接受教育"，保障人民共享教育机会。在教育过程中，"通过教育信息化，逐步缩小区域、城乡数字差距"，破解教育资源无法广泛共享的问题，保障人民最大限度、最大范围共享教育资源。通过让更多优秀人才投身到民族地区、边疆地区、乡村的教育事业，使这些地区更多的家庭、更多的孩子能够享有更优质的教育，共享教育成果。

---

① 习近平：《做党和人民满意的好老师——同北京师范大学师生代表座谈时的讲话》，《人民日报》2014 年 9 月 10 日，第 2 版。
② 中共中央文献研究室编《十九大以来重要文献选编》（上），中央文献出版社，2019，第 32 页。

四 彰显教育发展的实践自觉

（一）教育发展的实践自觉

马克思主义认为，实践是物质的、能动的、革命的实践。实践观点是马克思主义哲学首要的基本的观点。

在长期的革命和建设过程中，中国共产党人养成了实践自觉的重要品质。毛泽东强调，人民群众是社会实践的主体力量，因而"群众是真正的英雄"[1]。邓小平坚持"实践是检验真理的唯一标准"，领导中国人民进行改革开放这一艰苦卓绝的伟大实践，其实践自觉更是无人可比。习近平崇尚行动，他认为："实践高于认识的地方正在于它是行动"[2]，一定要通过实践造就实干家，实现中华民族伟大复兴。2018 年 5 月 2 日，他在北京大学师生座谈会上指出，"我在长期工作中最深切的体会就是社会主义是干出来的"，"不论学习还是工作，都要面向实际、深入实践，实践出真知；都要严谨务实，一分耕耘一分收获，苦干实干"[3]。

教育发展作为一项社会实践活动，它将人的教育实践活动与人的教育需要有机联系起来。换句话说，要满足人的教育需要就必须进行教育实践活动。中国共产党人历来强调教育的服务性与实践性，从毛泽东"恢复和发展人民教育"的实践，到邓小平倡导"尊重知识、尊重人才"，尊师重教，提高教育为社会主义建设、为人民服务的水平，再到江泽民从"三个代表"重要思想高度丰富和发展教育为人民服务的内涵，胡锦涛的科学发展观教育理论，都无不彰显了中国共产党人在教育发展中的实践自觉。进入新时代，面对教育发展新形势新任务，习近平推崇教育发展的实践自觉，明确提出以人民为中心发展教育。

（二）以人民为中心发展教育彰显教育发展的实践自觉

以人民为中心发展教育不是抽象空洞的口号，而是实实在在的行动。它不仅仅在于提供一种关于教育发展问题的新的认识，更在于其现实实践

---

[1] 毛泽东：《毛泽东选集》第 3 卷，人民出版社，1991，第 790 页。
[2] 习近平：《摆脱贫困》，福建人民出版社，2016，第 216 页。
[3] 习近平：《在北京大学师生座谈会上的讲话》，人民出版社，2018，第 13 页。

性，即改造世界。坚持以人民为中心发展教育本质上是实践的，需要在教育发展的各个环节体现出来。因为只有通过实干，才能办好人民满意的教育，也才能使人民在教育发展中最关心最直接最现实的利益问题得到重视和解决。它不仅是我们党发展教育的理论和主张，更需要在社会主义教育现代化建设实践中去践行。

以人民为中心发展教育之所以彰显教育发展的实践自觉，顶层设计与实现路径高度统一，是其首要原因。我们不仅对建设教育强国这一以人民为中心发展教育的总体目标进行系统规划和顶层设计，而且找到了新时代以人民为中心发展教育的战略重点和突破口——发展"公平而有质量的教育"。聚焦问题与解决问题高度统一，是其彰显实践自觉的另一个重要原因。以人民为中心发展教育聚焦新时代教育发展的短板和问题，具有强烈的问题意识和问题导向。同时，为推进一个个具体问题的解决，提出了一系列重大举措和工作部署、工作要求。

第四章　困难与挑战

新中国成立以来，特别是改革开放以来，经过几代人的努力，我们建成了世界最大规模的教育体系，中国特色社会主义教育发展道路基本形成。尤其是党的十八大以来，教育领域综合改革不断深化，教育投入持续加大，教育现代化加速推进，教育发展迈上新台阶。但也必须清醒认识到，当前我国教育发展还不完全适应国家经济社会发展和人民群众日益增长的新要求新期盼。正如习近平指出的，我们的教育发展还不均衡，存在区域、城乡和校际差距，还有很多短板要补齐。人民对更好更公平教育的需要与教育不平衡不充分发展的矛盾成为新时代我国教育领域必须着力解决的主要矛盾。新时代坚持以人民为中心发展教育面临艰巨任务和严峻挑战，具体表现为：区域教育发展、各级各类教育发展以及不同群体教育发展不平衡，教育质量提升、教育多样化发展、教育新技术准备、教育转型发展不充分，无法满足人民对公平而有质量的教育需求；教育发展现代化的新阶段与新要求对教育发展提出新挑战。面对教育发展的这些新情况和新问题，不断满足人民群众日益增长的更好更公平的教育需要，国家要从人民群众最关心最直接最现实的教育问题入手，从覆盖面更大的多数人的共同利益需要出发，着重解决人民群众关心的重点、难点问题，以回应人民对更好更公平教育的期待。

第一节　教育发展不平衡

教育发展是一个系统过程，如果发展不平衡，不仅不可能持续发展，甚至还会引发严重的经济社会问题。我国教育在"十三五"期间取得较大发展，但我们还应清醒看到，教育发展受经济发展不均衡、历史条件差异及教育发展自身规律的制约等，现阶段区域教育发展、各级各类教育发展以及不同群体教育发展不平衡现象仍然存在。

一 区域教育发展不平衡

改革开放特别是党的十八大以来，中西部教育和农村教育得到较大发展，但与东部地区和城市地区相比，仍然存在差距。就义务教育而言，在实现全面普及的基础上，均衡发展水平得到了较大程度提高。截至2019年12月底，全国超过95%的县（市、区）实现了义务教育基本均衡（其中东部地区全部实现，中西部地区只有93.24%实现），23个省份整体实现县域义务教育基本均衡发展，剩余未通过认定的9个省份136个县全部集中在中西部。一些已经完成均衡督导评估的中西部县区，也存在教育经费投入仍然不足、学校标准化建设仍有短板、教师队伍仍有困难、学校管理相对滞后、民办教育管理不够规范等问题。从这些数据可以看出，即便是在均衡发展水平较高的义务教育领域，中西部与东部、农村地区与城市地区的教育发展差距依然存在。在均衡发展水平较低的高中阶段教育、职业教育、高等教育等领域，中西部与东部、农村地区与城市地区的教育发展差距更大。区域教育发展不平衡问题没有得到根本性解决。

二 各级各类教育发展不平衡

在我国各级各类教育体系中，教育发展的短板和弱项集中在学前教育、高中阶段教育与民族教育等领域。由于学前教育属于非义务教育阶段，无法用法律进行强制性约束和规范，加之国家财力有限，我国学前教育在相当长的一段时间里，无论是数量还是质量均无法满足人民群众的需求，存在"入园难""入园贵"等问题，阻碍了普及水平的提高。截至2020年12月，全国普惠性幼儿园覆盖率达到80%，公办幼儿园占比达50%，实现了"基本普及学前教育"的发展目标。在扩大普惠性资源的过程中，园所规模得到了扩增，但教育质量却没有得到全面提升，人民群众面临的"入好园难"问题依旧存在。近几年，随着高中阶段教育的快速发展，普及水平迅速提高。2019年，高中阶段毛入学率达到89.5%，2020年全国及各省份均实现90%的普及目标。但是，我国中西部地区、贫困地区高中阶段教育仍较为薄弱，同时，弱势群体在接受高中教育尤其是优质高中教育方面存在短板，这是普及高中阶段教育的重点与难点。民族教育是我国教育事业的重要组成部分。70年来，我国民族教育经历了一个从无到有、从"扩面"到"提质"的发展过程。但受自然条件、经济社会发展、民族历史文化等因素的制约，我国民族教育发展仍然相对滞后，发展不平衡、不充分的矛盾仍较为突出。

三　不同群体教育发展不平衡

在我国，由于多种原因，现实中不同群体的教育水平存在差距。比如，在继续教育和终身学习的参与程度上，不同职业群体、不同年龄群体以及不同文化程度之间存在较大差别。当然，这里所说的不同群体教育发展不平衡，更集中表现为相当数量的教育困难群体的存在。这些在教育发展中处于相对弱势的群体主要包括：进城务工人员随迁子女、留守儿童、残疾学生、家庭经济困难学生、学习困难学生、农村寄宿制学生等。十八大以来，国家非常重视不同群体的教育平衡发展问题，并出台了一系列政策。首先，为保障进城务工人员随迁子女在流入地接受义务教育，国家出台"两为主"（以流入地政府管理为主，以全日制公立学校接受为主）和"两纳入"（将随迁子女义务教育纳入城镇发展规划和财政保障范围）政策。这两项政策极大地保障了进城务工人员随迁子女在流入地接受义务教育。但是，随迁子女在流入地接受义务教育后在当地参加升学考试，即"上高中"和"考大学"的问题又摆在了进城务工人员面前。目前，随着国家对流动人口子女异地升学考试制度的进一步完善，随迁子女在流入地可以按居住证和学籍参加当地中考，但是参加高考仍然有严格的限制。国家出台的相关政策也因故（如户籍制度等）难以真正落到实处。新型城镇化的开展也催生了留守儿童教育问题。其次，针对留守儿童的关爱服务体系初步建立，但不少地方出现留守儿童由于缺乏必要的家庭教育和有效的学校教育，有辍学、心理健康和安全等问题，影响教育公平与教育成果共享水平提升。再次，针对特殊儿童的特殊教育体系初步形成，但存在整体水平不高、城市和农村特殊教育发展不平衡、难以保障残疾学生接受有质量的教育等现实问题。最后，针对农村寄宿制学生和学习困难学生的帮助仍需进一步加强。

第二节 教育发展不充分

"不平衡"与"不充分"是紧密相连的两个概念。现阶段教育发展除存在不平衡现象外，同时存在不充分问题，主要体现为教育质量提升不充分、教育多样化发展不充分、教育新技术准备不充分、教育转型发展不充分等。

一 教育质量提升不充分

随着人们从"有学上"到"上好学"的需求转变，教育领域质量性矛盾凸显，尤其是人民群众的优质教育需求得不到满足，"择校热"、大班额、学生课业负担等成为长期困扰教育领域的难点热点问题。十八大以来，随着义务教育质量的整体提高，这些问题正通过各种途径逐步解决。但与人们对优质教育的向往和实际获得相比，优质教育资源仍显不足，难以满足人民日益增长的优质教育需求。与此同时，面对社会经济发展对教育提出的新要求，先天相对滞后的教育，要实现动态平衡，教育质量仍需不断提升。为做强教育质量，更好地满足人们日益增长的教育需要，我们应着重在教育质量上下功夫，通过加强义务教育财政制度改革和城乡义务教育一体化建设，创新义务教育管理体制机制，促进义务教育优质均衡发展；通过扩大资源、着力普惠、提升水平，破解"入园难""入园贵""入好园难"等问题，普及有质量的学前教育；通过促进高中阶段教育公平水平的全面提升和教育质量的整体提升，全面普及高中阶段教育；通过优质均衡配置民族教育资源，在民族学校教育中构建纵向衔接、横向贯通的现代学校教育体系，建设高素质专业化民族教育师资队伍，以信息技术为核心推动民族教育现代化跨越式发展，提升民族教育发展水平；通过保障进城务工人员随迁子女在流入地平等接受教育，保障留守儿童接受公平的教育，提高残疾学生的受教育水平，确保不让一个孩子因为家庭经济困难而失学，提升困难群体教育水平。

二 教育多样化发展不充分

随着经济社会的发展，人们的需求日益多元，个性发展日益多样化。未来教育改革发展的重点是让每一个孩子在获得机会公平的同时，获得适合自身的教育，以满足学生和家长的多样化需求。教育改革将朝着多样化方向不断深入和发展。但是，满足多样化需求的教育强调教育获得感的公平，是一个长远、复杂的工程。它通过教育体系中学校和课程丰富多元、课堂组织形式多样，满足学习者个性化和多样化的学习需求，真正做到让每一个孩子成才，不让一个孩子掉队。具体来说，教育多样化发展包括：学校类型多样化，课程丰富多元，课堂组织形式多样化，教师角色辅助化、互动化等。当前，我国教育多样化发展存在这样那样的问题。其一，由于受传统教育观念影响，人们重视文凭与学历，忽视职业技能教育。学校大多以学历教育为主，其他类型的教育发展不够，尤其是现代职业教育。其二，课程缺乏个性化、多元化发展，课程单一趋同化，特色不明显，无法为学生提供多种选择的机会。其三，课堂大多是校园、教室、教师的简单空间组合，采取固定地点、固定时间、固定教材的传统教育和学习模式，选课走班、移动终端课堂、智慧课堂等新模式尚未普及。虽然 2020 年由于疫情影响，线上教育得到一定发展，但其效果仍有待加强。信息技术的广泛使用，时时可学、处处可学的现代学习新模式成为可能，但由于学习主体的差异，新模式尚未普遍展开。其四，教师在教学过程中的协助者身份意识不明显，更多地处于传统课程讲授者角色，尤其是在学习过程中，教师与学生情感互动、创新互动以及其他综合互动均存在不足。

三　教育新技术准备不充分

随着信息技术水平的提高，新技术尤其是人工智能，作为未来社会的引领性技术，正在引致经济社会发展对人的发展的新需求。在此背景下，教育从数字化、网络化向智能化迅速跃升。新型学校与新型教育生态系统正在逐步形成，人工智能技术也正逐步深入课堂和学习过程。新技术不仅可以解决教育资源和机会不均衡问题，还可以为教育创新提供新途径。在教学实践中，不仅可以发挥人工智能的个性化智能评测与服务功能，帮助学生和家长更好地判断学业水平、阶段及兴趣，促进教育教学过程的个性化和针对性，还可以发挥人工智能在知识传递中的辅助功能，将教师从知识传授的繁重劳动中解放出来，让教师有更多精力关注与学生的情感沟通，帮助学生身心健康发展，更好地实现育人目标。但是，当前我国新基建薄弱，教育活动主体对新技术的掌握与熟练程度不高，严重影响新技术作用的发挥。未来人工智能应如何进一步发挥作用，教师、学生应如何与人工智能有机融合，学生如何在人工智能教育形态中培育人类情感等问题，都需要我们在今后的教育实践中进一步探讨践行。总之，在人工智能背景下，我们的教育新技术应随时做好充分准备，以解决教育与人工智能的适应、融入、互动发展这个新课题。

四　教育转型发展不充分

受社会经济产业结构需求和转型的影响，未来一个时期，我国教育将面临包括教育发展方式从增长型向发展型转变、从小教育向大学习转变、从信息化向智能化转变等在内的较大转型发展任务。首先，在教育发展方式从增长型向发展型转变中，随着普及义务教育任务的基本完成，我国义务教育正在从增长型向发展型转变，但是学前教育、高中教育和高等教育的入学率还不高，增长任务尚未完成，与实现发展型转变还有较大距离。其次，在教育发展方式从小教育向大学习转变中，由于我国教育现代化水平还不高，全民学习的基础设施、开放平台以及法制机制保障尚不健全，完成从学校教育向全民学习转变的教育与学习革命条件尚不具备。最后，在教育发展方式从信息化向智能化转变中，由于人工智能等新技术在教育领域的应用、普及和提高有待进一步深化，直接影响教育发展从简单信息化向全面智能化的转型升级。总之，教育要找准在新时代的新定位，顺应形势大发展变化，努力实现三大转变，全面提升教育治理现代化水平和质量，才能真正建设一个教育质量强国和人才质量强国。

第三节　教育发展现代化面临新挑战

在 21 世纪的第三个 10 年，乃至更长的时期，对中国教育发展，我们要有前瞻性的思维和整体性的布局。2019 年 2 月，中共中央、国务院印发的《中国教育现代化 2035》对标新时代中国特色社会主义建设总体战略安排提出，到 2035 年实现教育现代化的总体目标。教育发展现代化新要求对我国教育发展提出新使命、对教育资源供给提出新需求、对加快转变教育发展方式提出新任务、对增强教育服务能力提出新要求。同时，教育发展现代化新阶段是建设高质量教育体系、更加重视高技能人才培养、更加重视东中西教育协调发展、更加重视大中小城市协调发展、更加强调教育治理的保障功能、重视"互联网+"和"智能+"运用的新阶段。教育发展现代化的新要求与新阶段对坚持以人民为中心发展教育提出了新挑战。

一 教育发展现代化新要求提出新挑战

（一）新形势对加快教育现代化提出新使命

2021年，在建党100周年之际，我们建成了惠及十几亿人口的更高水平的小康社会。现在，我们乘势而上开启了全面建设社会主义现代化国家的新征程。教育是国之大计、党之大计。面对世界百年未有之大变局和中华民族伟大复兴的战略全局这两个"大局"，我们要全面建设社会主义现代化国家，就要把优先发展教育事业作为推动党和国家各项事业发展的重要"先手棋"，进一步发挥教育在经济社会发展中的基础性、先导性、全局性作用。通过发挥教育在民族振兴和社会进步中的重要基石作用，提高人民综合素质、促进人的全面发展、增强中华民族创新创造活力、实现中华民族伟大复兴。我们要迎接挑战，抓住机遇，加快推进教育现代化，以教育现代化支撑国家现代化。

（二）新阶段对教育资源供给提出新需求

当前，我国经济社会发展进入由高速增长转向高质量发展的新阶段。在这个新阶段，经济社会发展由高速增长转变为中高速增长，由主要追求增长速度转向追求质量和效益。在这一阶段，人民群众的受教育机会得到了充分保障，"有学上"的问题得到了彻底解决，随之而来的是人民群众"上好学"的需求，即公平优质教育需求与日俱增。囿于历史和现实条件，我国区域教育发展、各级各类教育发展以及不同群体教育发展不平衡，优质教育资源供给相对稀缺，人民群众的高质量教育需求一时难以普遍实现。这要求我们深刻理解人民群众对美好生活的向往发生的变化，从问题出发，补短板、强弱项，建设更注重效率、公平、可持续和安全的高质量教育体系，努力为促进人的全面发展和全体人民共同富裕提供充足的优质教育资源。

（三）新发展理念对加快转变教育发展方式提出新任务

党的十八大以来，以习近平同志为核心的党中央在深刻分析国内外发展大势、正确运用经济社会发展规律、科学破解我国发展中突出矛盾和问题的基础上，创造性地提出了崇尚创新、注重协调、倡导绿色、厚植开放、推进共享的新发展理念，推动当代中国发生深刻变革。当前，我们要把创新、协调、绿色、开放、共享的新发展理念贯穿到教育改革发展全过程，加快教育发展方式转变。创新是引领教育发展的动力，要转变教育理念，创新教育模式，改革教育体制，更新教育内容，建设高质量教育体系，满足全民学习需求，服务经济和社会转型发展需要。协调是教育健康发展的内在要求，要统筹规模、质量、结构和效益协调发展，各级各类教育协调发展，城乡之间、区域之间教育协调发展，改革、发展和稳定协调发展。绿色是教育发展的必要条件，要以绿色发展引领教育，实现教育和经济社会的良性互动，促进教育的健康、可持续发展。开放是教育发展的必由之路，要全方位高水平推进教育对外开放，提高教育国际交流与合作治理能力，探索教育国际交流与合作新形式，拓展教育国际交流与合作新领域，参与国际教育治理。共享是人民群众对教育提出的根本要求，要让人民共享教育改革发展的成果，让人民群众享有公平的受教育权利，经历平等的教育过程，获得公平的教育结果。

（四）新发展格局对增强教育服务能力提出新要求

2020年新冠肺炎疫情突如其来，世界经济遭遇重挫，全球需求市场萎缩，国际局势呈现前所未有的复杂格局，世界正经历百年未有之大变局。同时，我国经济在转向高质量发展阶段也出现了不少矛盾和问题。以习近平同志为核心的党中央结合自身优势和特点，审时度势作出构建国内国际双循环相互促进的新发展格局这一重大决策。教育不仅要把自己主动摆进构建新发展格局的战略布局中，而且要将构建新发展格局作为教育发展的逻辑起点，使教育成为新发展格局的内生变量和优先要素。首先，教育不仅应该而且必须在培育内需体系，加快科技自立自强，推动产业链、供应链升级换代，推进农业农村现代化等方面更好地发挥作用。其次，要促进教育与国内经济、社会的良性循环，努力实现教育体系与科技、产业、社会等体系的有机衔接，推动教育链与产业链、人才链与创新链相互融合发展，不断增强教育服务国内经济社会发展的能力。最后，要统筹利用国际和国内资源，扩大教育对外开放，加强国际科技交流合作，不断增强教育服务国际经济社会发展的能力，实现教育领域国内循环和国际循环的良性互动。

二 教育发展现代化新阶段提出新挑战

从"十四五"开始，我国将进入新的发展阶段，全面开启社会主义现代化建设新征程，我国教育事业也将进入实现教育现代化的新阶段。这个阶段是建设高质量教育体系、更加重视高技能人才培养、更加重视东中西教育协调发展、更加重视大中小城市协调发展、更加强调教育治理的保障功能、重视"互联网+"和"智能+"运用的新阶段。这样的新阶段对坚持以人民为中心发展教育提出了新挑战。

（一）建设高质量教育体系的新阶段

党的十九届五中全会提出，"健全基本公共服务体系""建设高质量教育体系"。经过几十年的改革发展，我国目前各级教育普及程度已经达到或超过中高收入国家平均水平，其中义务教育普及率已相当于世界高收入国家平均水平，高等教育也已经迈入普及化发展阶段。这标志着我国教育已全面进入后普及化阶段，教育发展的主要矛盾从"有学上"转向"上好学"，中国教育的战略性任务转向全面提高教育质量、建设高质量教育体系。

一方面，建设高质量教育体系要求持续加大教育投入。2019年我国教育经费总投入为50175亿元，其中，国家财政性教育经费总额为40049亿元，连续8年占GDP比重在4%以上。但与西方发达国家的教育经费投入水平相比，我国教育经费投入占GDP比重依然较低，这不仅体现在政府财政性经费投入上，也体现在社会与私人投入上。

另一方面，建设高质量教育体系要全面提高教师队伍质量，特别是要提高中小学教师的入职学历。从教师的入职学历水平看，我国与西方发达国家差别很大。与世界主要国家中小学教师的学历层次相比，以高中为例，我国研究生层次的教师不足10%，而西方发达国家已达70%。由此可见，随着中小学教师、学前教师队伍学历水平的提高，我国的师范教育格局要作出重大调整。

（二）更加重视高技能人才培养的新阶段

随着我国进入高质量发展新阶段，产业不断转型升级，经济结构调整不断加快，各行各业对高技能人才的需求越来越迫切，对劳动者的素质能力提出的要求越来越高。据统计，目前我国有技能劳动者 1.65 亿，占就业人员总量的 21%；高技能人才 4791 万人，占技能劳动者比例为 29%，占就业人员总量的 6%。由此可见，我国的高技能人才占比较发达国家有较大差距。统计显示，日本、德国等发达国家高级技工占比高达 40%～50%，德国早在 2005 年就已经达到了 40%，美国占比 30%左右。同时，发达国家产业基础厚实、技能人才培养工作开展较早，高技能人才培养的经验远远领先于我国，高技能型人力资本的积累更是强于我国。

职业教育和普通教育是两种不同类型教育，具有同等重要地位。加快职业教育发展，强化高技能人才培养，一是要调整我国职业教育发展的重心，从过于注重高中阶段教育，到注重高中后的普职协调发展。二是要从当前重视高职高专向更加重视本科层次高等职业教育发展，通过优质高职升格和普通本科转型，抓紧壮大本科高等职业教育。三是要从单向度追求学校与企业的合作向以企业为主导的产教融合，从政府举办职业教育为主，向行业企业办学为主转变。在这里，关键是要充分发挥财税、土地政策作用，激励企业举办职业教育的积极性。

（三）更加重视东中西教育协调发展的新阶段

着眼于我国经济社会发展的新阶段、新环境，习近平指出，要把满足国内需求作为发展的出发点和落脚点，逐步形成国内国际双循环相互促进的新发展格局。国内外双循环发展战略格局将对我国经济社会发展带来显著影响，对于教育事业发展，则要加强教育领域的供给侧结构性改革，全面提高教育质量，关键是要全面缩小东中西部教育差距，促进教育公平发展。

教育公平是社会公平的基础，但是由于自然、历史、社会等多种因素影响，中西部经济社会发展相对滞后，教育基础较差、优质教育资源不足，教育质量总体不高，尤其是东中西部义务教育的发展差距较大。

以 2019 年教育经费统计年鉴数据为例，在生均一般公共预算教育经费方面，从幼儿园到普通高校等各个学段，东中西部教育事业经费投入存在较大差距。差距最大的是普通高中阶段，东部地区是中部地区的近两倍，其次是初中阶段。差距最小的是普通小学和普通高校。东中西部高等教育发展差距依然较大，尤其是西部地区高校发展的阻力较大。

习近平总书记在教育文化卫生体育领域专家代表座谈会上提到，要立足服务国家区域发展战略，优化区域教育资源配置，加快形成点线面结合、东中西呼应的教育发展空间格局，提升教育服务区域发展战略水平。国家要从战略上采取重大举措，通过 5~15 年的努力，以高质量的教育体系，支撑国家双循环战略实施。一方面，努力缩小东中西部区域基础教育公共服务差距，在推进区域公共服务均等化方面取得重大进展。另一方面，优化国家高等教育布局，在战略上支持中西部省份加快建设一流高等教育，带动中西部高等教育梯次发展。特别是要把尽快完善调整 2018 年国家启动的中西部 14 所部省区建设高校的举办体制，从"部省共建、以省为主"，调整为"部省共建、以部为主"。这既是加快中西部地区建设一流高等教育的需要，也是防止因部省共建导致中西部省份地方教育经费的挤出效应，进而影响其基础教育健康发展。

（四）更加重视大中小城市协调发展的新阶段

从教育发展角度看，在都市化、城镇化发展趋势下，需要进一步推动我国城镇教育和农村教育格局的深刻调整与变革。一是要推进大中城市和小城市教育的协调发展。通过探索城乡学校代管制、一校多区制、"一个法人、一体化"发展机制等办学新体制，搭建新型城乡教育关系，缩小城乡差距，不断推进城乡教育一体化发展。二是要防止中小城镇优质教育资源不断向大中城市集聚的"虹吸效应"。"县中强，则县域教育强"，要优化基础教育公共服务体系，强化"县中"在县域基础教育中的战略地位。要积极调整高中教育的统筹管理层级，由县级为主向省市统筹转变，以实现更高水平的协同均衡发展。

（五）更加重视教育治理保障功能的新阶段

教育治理现代化是实现教育现代化的强大动力。其中，教育体制机制的改革与创新是实现教育现代化的关键。近年来，随着我国经济社会的全面转型，教育发展方式的转变也势在必行。当前，我国教育发展方式的转变主要体现在：从强调数量增长、规模扩大、空间拓展和适应外部需求等外延式发展转向突出结构优化、质量提高、实力增强和适应可持续发展内在需求的内涵式发展。教育发展方式从外延式向内涵式转变决定了教育管理模式必须相应发生转变。在外延式发展为主阶段，政府自上而下、强势推行的管理模式具有一定优势。但是，教育内涵式发展是以改革创新为特征、以提高质量为核心，更关注公平和满足群众多样化教育需求，传统的、单一的、自上而下的管理模式有其局限性。因此，在实现教育现代化新阶段，需要创新教育管理体系，提升教育管理能力，改革教育体制机制，实现教育治理现代化，为我国教育转型提供与之相适应的教育制度。

（六）更加重视"互联网+"和"智能+"运用的新阶段

随着智能时代的到来，教育领域更加重视"互联网+"和"智能+"运用，教育创新正在加速。全世界的教育都在"换频道""换赛场"，这是一场可以看得到、真正决定民族命运的教育竞争。对新一轮的教育竞争，我们尚缺乏危机感、紧迫感，沉溺于应试竞争的现实难以自拔，是令人担忧的。智能时代的教学与教育管理体制改革，需要有新的突破、新的抓手，也要有可操作的路径和方法论。我国在经济领域改革开放的成功经验——建立经济特区，允许打破常规、先行先试，这一方法同样可以移植应用在教育领域。在北京、上海、深圳等大城市，经济社会发展已经达到世界发达国家水平，可以制订适合自身特点的新的教育目标、教育管理体制，为中国教育改革创新探路，带动整体教育的转型和提升。

随着"00后"一代数字化时代"原住民"的成长，教育对象也发生了整体改变，教育面临新的问题。一方面，教育信息化发展过程中，计算机、智能手机、电子游戏、虚拟现实/增强现实、3D打印、机器人、编程技术等成为学校素质教育的重要手段。但一些未经科学验证的所谓"高技术"也被运用于学校教育教学活动，如用于实时监测学生学习状况的电子头环，用人脸识别和大数据技术装备的"智能教学环境"等。甚至有培训机构组织儿童进行完全没有科学依据的"伪科学"的"量子波动速读"活动。另一方面，在应试教育大背景下，提高升学率和考试成绩仍然是学校和家长的主要目标。他们对学生使用电子产品、智能技术和互联网严防死守，对学生使用手机、平板和电脑采取更多的限制。由手机和网络游戏导致的冲突并不鲜见，已成为青少年自杀的原因之一。对孩子"网瘾"、手机控之类的问题如何解决，家长和教育者并无良策。21世纪已经过去20年了，我们实际上并未真正做好准备迎接新技术时代的到来。

第五章　践行路径

新时代坚持以人民为中心发展教育是一个系统工程。其中，发展公平而有质量的教育是前提基础，提升教育发展共享水平、促进学生全面发展是核心要义，提高教育治理现代化水平则是有力保障。首先，我们要以人民为中心促进有质量的教育公平。对新时代教育公平的新内涵、新重点与新策略，做到在正确把握的基础上加以重点关注并给予准确实施。其次，通过普及有质量的学前教育，提升义务教育优质均衡水平，实现高中阶段教育的全面普及，提升民族教育与困难群体教育水平，全面提升教育发展共享水平。再次，通过更加注重以德为先、坚持能力为重、树立"健康第一"理念、提高审美和人文素养、弘扬劳动精神，促进学生全面发展，培养担当民族复兴大任的时代新人。最后，以满足人民群众的教育需求为教育治理现代化的出发点，以提升教育民主化水平作为教育治理现代化的着力点，不断推进教育治理现代化。

第一节　促进有质量的教育公平

教育公平是人类社会的共同追求，是社会公平的基础，也是衡量一个国家文明水平的重要标志。改革开放 40 多年来，特别是党的十八大以来，我国教育公平取得重大进展。进入新时代，我国社会主要矛盾发生转换，"有质量的教育公平"成为新时代教育公平的新内涵。这一时期，我们的教育公平应重点关注结果公平、差异性公平以及区域、城乡与校际公平。为促进有质量的教育公平，要加强系统思考、差别化研究、综合施策，解决教育公平政策的碎片化、针对性和单一性问题。

一　以人民为中心把握新时代教育公平新内涵

教育公平对社会发展和人的发展起着重要作用。提升教育公平水平可以促进经济增长，提高个人收入，缩小收入差距。不同的社会发展阶段，社会发展的要求、未来目标以及面对的现实问题不同，赋予教育公平的内涵和作用也就不同。

（一）新时代教育公平的新内涵

党的十八大以来，我国教育实现了从量的增长到质的提升，基本满足了人民群众"有学上"的需求。随着社会发展和社会矛盾转化，人民群众对更好的教育，即"上好学"等多样化的教育需求日益增长。"我们的人民热爱生活，期盼有更好的教育、更稳定的工作、更满意的收入、更可靠的社会保障……"[1] 好的教育是人民美好生活的首要内容，它是稳定的工作、满意的收入、可靠的社会保障等的前提和基础。更好的教育是更加公平与更高质量教育的统一。

公平是有质量的公平，质量是充分体现公平的质量，教育公平与教育质量是有机统一的整体。在人民群众对更好的教育需求日益增长，更加注重教育质量的新时代，谈教育公平就必须建立在高质量的教育基础上，离开教育质量谈教育公平毫无实质意义。从这个意义上说，新时代的教育公平就是"有质量的教育公平"，这是新时代教育公平的新内涵。首先，有质量的教育公平强调教育结果的质量。人的能力发展和潜能开发是有质量的教育公平追求的教育结果。通过实施有质量的教育公平，充分发展人的能力和潜能，促进人的全面发展和个性发展，最终过上美好生活。其次，有质量的教育公平强调教育过程的质量。提高学习者在受教育过程中的获得感和幸福感，是有质量的教育公平追求教育过程质量的体现。在教育过程中，通过实施面向全体学生的素质教育，为学习者提供高质量和个性化的课程，采取以人为本、因材施教、学用相长、知行合一的教育教学方式，给予学习者更多的情感关爱，让学习者感受教育过程的美好。

（二）新时代教育公平的新作用

进入新时代，我国开启了建设社会主义现代化强国征程，但我国仍处于社会主义初级阶段，经济社会建设仍然面临诸多问题。"发展质量和效益还不

---

[1]　习近平：《习近平谈治国理政》（第一卷），外文出版社，2018，第4页。

高，创新能力不够强，实体经济水平有待提高，生态环境保护任重道远；民生领域还有不少短板，脱贫攻坚任务艰巨，城乡区域发展和收入分配差距依然较大，群众在就业、教育、医疗、居住、养老等方面面临不少难题；社会文明水平尚需提高；社会矛盾和问题交织叠加，全面依法治国任务依然繁重，国家治理体系和治理能力有待加强。"[①] 要在不断解决这些人民群众强烈反映的重点、难点问题的过程中逐步实现建设社会主义现代化强国发展目标，就需要教育公平在促进社会稳定和经济发展中更好地发挥作用。

更加公平的教育可以更好地促进社会稳定，具体表现在以下三个方面。首先，更加公平的教育可以满足人民群众"入好园""上好学"的需要，解决人民群众对高质量教育的供需矛盾，缓解因择校热等行为带来的社会压力和矛盾。其次，更加公平的教育可以使大多数人，尤其是困难群体通过教育提升知识和技能，极大地改善人力资源质量，提高人力资本投资回报，提高经济收入，跻身中等收入阶层，实现社会流动，避免阶层固化，促进社会稳定。最后，更加公平的教育可以提升个体的内在精神素养和健康水平，增强社会凝聚力，促进社会稳定。

教育公平对经济增长具有显著的积极作用。首先，通过越来越公平的教育使越来越多的人接受越来越好的教育，掌握越来越高的知识和技能，"极大地改善人力质量"。通过人力质量改善，提高生产能力，更有效地促进国民经济水平提高。据一项针对 50 个国家的研究估计，人均受教育程度每提高 1 年就可能促进国内生产总值增长 0.37%。其次，通过教育公平，推动经济长期可持续发展。来自 65 个低收入和中等收入国家以及转型国家的数据表明，在高中阶段解决性别不平等问题可能会使国内生产总值每年增长 920 亿美元[②]。随着教育资源向弱势群体倾斜，教育公平状况逐步改善，弱势社会阶层对社会的满意度不断提高，劳动积极性也随之提高，最终推动经济长期可持续发展。

二　以人民为中心关注新时代教育公平新重点

教育公平是一个系统整体，其构成是多样的，可以从不同维度对教育

① 中共中央文献研究室编《十九大以来重要文献选编》（上），中央文献出版社，2019，第7页。

② 〔美〕保罗·阿特瓦尔、凯瑟琳·S. 组曼：《日趋加大的差距：世界各地的教育不平等》，张兵译，华东师范大学出版社，2018，第9页。

公平进行分类。首先，从时间维度上，教育公平分为起点公平、过程公平和结果公平；其次，从资源分配维度上，教育公平分为平等性、补偿性和差异性公平；最后，从空间维度上，教育公平分为区域、城乡、校际公平。进入新时代，新发展阶段引起的社会变迁要求我们结合以人民为中心发展教育的时代要求，针对教育公平发展的短板确定新重点，关注结果公平、差异性公平以及区域、城乡与校际公平。

（一）关注结果公平

教育公平是对教育资源分配合理与否的价值判断，其本质是合理性。它与教育平等对教育资源数量均等分配状态的客观描述不同。众所周知，通常情况下，资源分配的合理性（教育公平）与资源分配的均等性（教育平等）大体一致，但也存在不一致性。例如：针对困难群体或贫困地区，要实现教育公平，就必须在教育资源配置上给予倾斜，但这意味着教育不平等。在起点公平、过程公平和结果公平中，我们强调起点平等和过程平等，强化自致因素在个人发展中的作用，以调动弱势群体的积极性和主动性。在这里，起点公平与过程公平基本等同于起点平等和过程平等。但是，由于学生的自身素质与努力程度千差万别，教育起点平等与过程平等有时候并不一定就意味着学生能力与素质发展（即教育结果）的平等。因此，在公共政策层面追求教育结果平等是几乎不可能的，人们更多的只是追求教育结果公平。

教育结果公平是指，"让所有学生在发展水平上都达到基本标准"。在知识经济时代，这个"基本标准"必须足以保证劳动者在劳动力市场和社会生活等方面"最低限度"的机会均等，这是教育结果公平的最低标准。"提高基准，缩小差距"则是教育结果公平的高标准。胡特马赫等（Hutmacher et al.）曾借用统计学术语这样表述高质量的教育结果公平："提高学生发展水平的'平均值'；减少学生发展水平的'方差'或者'差异'；消除学生发展与他们的社会背景的'相关性'。"[1] 可见，从这个意义

---

[1] Hutmacher, W. Introduction [A]. Hutmacher, W., et al. Pursuit of Equity in Education: Using International Indicators to Compare Equity Policies [C]. Dordrecht, Boston, London: Kluwer Academic Publishers, 2001. 14.。

上来说，只有提升教育质量才能减少教育结果的不平等。

"教育结果公平是教育公平的最后归宿和集中体现"①，教育结果公平质量的高低意味着教育质量和学生素质的高低。因此，在起点公平、过程公平与结果公平中，我们要特别关注结果公平。在全球化、信息化和知识经济时代，只有让所有学生在发展水平上"提高基准，缩小差距"，实现高质量的教育结果公平，才能使所有劳动者适应社会发展需要，达成美好生活期盼。另外，教育结果公平会倒逼起点公平与过程公平。因为，要实现高质量的教育结果公平，教育的起点与过程首先要公平。

（二）关注差异性公平

平等性、补偿性和差异性是教育资源分配必须遵循的三大原则。从这个意义上，教育公平可以分为平等性、补偿性与差异性公平。所谓教育的平等性公平是指："教育权利和机会的平等。"② 所谓教育的补偿性平等是指："在机会平等基础上，对社会经济地位处境不利的受教育者予以补偿，给予更多的教育资源。"③ 虽然这样配置教育资源是不平等的，却是公平的。所谓教育的差异性公平是指："根据受教育者的自身条件（残疾儿童、普通儿童还是英才儿童），进行有差别的资源分配。"④ 例如，对于普通儿童和残疾儿童进行不同的资源分配，这样配置教育资源是不平等的，却是公平的。

我国的教育公平政策大多集中于平等性与补偿性公平两个方面，推进教育公平所取得的成就自然也主要体现在这两个方面。例如：通过发展普惠性学前教育，化解"入园难""入园贵"难题；通过政府购买服务和财政补贴等方式，扩大公共教育资源覆盖面，确保弱势群体接受均等的公共教育服务；通过一体化办学、集团化办学、新优质学校办学等模式改革，助推义务教育均衡发展；通过建立"奖、助、勤、贷、免"学生资助政策体

---

① 褚宏启：《新时代需要什么样的教育公平：研究问题域与政策工具箱》，《教育研究》2020年第 2 期，第 4~16 页。

② 褚宏启：《新时代需要什么样的教育公平：研究问题域与政策工具箱》，《教育研究》2020年第 2 期，第 4~16 页。

③ 褚宏启：《新时代需要什么样的教育公平：研究问题域与政策工具箱》，《教育研究》2020年第 2 期，第 4~16 页。

④ 褚宏启：《新时代需要什么样的教育公平：研究问题域与政策工具箱》，《教育研究》2020年第 2 期，第 4~16 页。

系，不让一个学生因家庭经济困难而失学；通过"两为主"① 政策，保障进城务工人员子女教育等。

因群体或个体存在差异，产生教育需求差异。要满足差异性教育需求，提供精准的差异性教育服务，就必须对教育资源进行差别分配，最终体现教育公平，这就是我们所说的教育的差异性公平。教育的差异性公平一直是我国教育公平政策的薄弱环节。我国注重对残疾儿童的特殊教育，同样属于差异性群体的英才儿童的教育需求却没有引起教育界乃至国家的高度重视。我国是联合国《残疾人权利公约》的最早发起国和首批缔约国之一。为保障残疾儿童少年平等受教育机会，我们将残疾儿童的特殊教育纳入国民教育体系，与普通儿童一样同步实施义务教育，使特殊教育覆盖95%以上的残疾儿童。同时，为满足特殊儿童的多样化教育需求，教育部等七部门从2014年开始，在6年时间内，连续实施两期特殊教育提升计划，投入数十亿支持特殊教育。对残疾儿童教育资源的倾斜，很好地体现了教育公平的差异性原则。但是，英才儿童与残疾儿童一样，有着与普通儿童不同的特殊教育需求，同样需要给予差异性教育。这种针对英才儿童的差异性教育，我们叫英才教育。英才教育符合因材施教原则，具有科学性和可行性。进入新时代，随着创新型人才需求与日俱增，发展英才教育对国家发展具有非常重要的战略意义，其必要性明显提升。

总之，差异性公平要求我们给予不同类型的儿童提供精准的教育服务，通过采取分类施教的方法，将因材施教进行到底，更加关注教育过程和学生的心理感受，这是教育公平的最高阶段。我们必须在做好平等性与补偿性公平基础上，重点关注差异性公平，提供适合儿童差异的教育。

（三）关注区域、城乡与校际公平

在我国，区域、城乡、校际的教育不公平现象同时存在。首先，由于区域社会经济发展不平衡，发达地区与落后地区教育资源与教育发展水平存在一定差距，区域之间存在教育不公平现象。其次，城乡二元管理体制造成城市和乡村的发展存在较大差距，城乡教育发展差距明显，农村教育发展严重滞后。最后，我国在相当长一段时间里，为集中力量快速发展教

---

① "两为主"，即以流入地政府管理为主，以全日制公立学校接收为主。

育，以适应经济发展需要，将学校分为重点学校和非重点学校，并给予重点学校各种政策和资源倾斜，造成不同学校教育资源配置不均衡，校际差距越来越大。

进入 21 世纪以来，我国教育事业发展迅速，但是区域、城乡和校际教育发展不平衡现象依旧没有太大的改变。我们应持续关注区域、城乡和校际教育公平，重点从以下 4 个方面进行统筹。首先，通过制定区域发展战略，重点加快西部地区"两基"攻坚步伐，落实教育支持西部大开发各项政策和教育扶贫计划，促进中部崛起。其次，结束双轨制，逐步推行城乡一体化建设。通过实施乡村振兴战略，缩小城镇化进程所带来的城乡教育差距，切实保障进城务工人员子女的受教育权，关注留守儿童的发展。通过实施乡村教师支持计划、农村义务教育薄弱学校改造计划等举措，提高农村教育质量。再次，在基本实现县域义务教育均衡的基础上，不断扩大义务教育均衡的区域范围，全面推进义务教育均衡发展。在教育经费安排、基建立项、设备添置、编制调整等方面优先考虑薄弱学校。通过实施一体化、集团化、新优质学校等办学模式改革，缩小校际差距。最后，通过实施"双减"（减轻义务教育阶段学生作业负担和校外培训分担）战略，大力提升教育教学质量，建立高质量学校教育体系，确保学生在校内学足学好，降低家庭教育支出，促进教育公平。

三　以人民为中心实施新时代教育公平新策略

政府作为教育公平的主要承担者、主导推动者和最终保障者，在促进和实施教育公平中负有首要责任。进入新时代，公平正义成为党和政府的治国理念，教育公平也由具体政策上升为国家基本教育政策。国家运用多种力量和资源，强制性实施与推进教育公平。但是，目前我国教育公平政策的系统性、针对性和综合性不强。为促进新时代教育公平，发展以人民为中心的教育，就必须系统思考、差别化研究、综合施策。

（一）系统思考教育公平，解决政策碎片化问题

教育公平问题涉及的教育领域和利益主体错综复杂，如果仅从单一领域和单一主体思考，就难以形成全局性、战略性的宏观认识。政策的制定与实践推进也就难免存在碎片化现象。为解决我国教育公平政策存在的这

些问题，应从整体视角对各级各类教育公平问题进行系统思考。

经过长期努力，我国已经形成了涵盖各级各类教育的较为完整的国家教育体系。它包括普通教育、特殊教育、职业教育和继续教育四种类型。其中普通教育又分为基础教育、高中阶段教育和高等教育三个不同层次，职业教育分为中等职业教育和高等职业教育两个层次。目前这些类型和层次教育的相关公平政策主要存在以下三个问题。一是不同类型和层次的教育公平政策彼此孤立。目前我国不同类型和层次的教育公平政策分别由不同的教育主管部门制定并实施，相互之间没有联通。二是不同类型和层次的教育公平政策比例失衡。目前我国义务教育和高等教育的本科阶段是教育公平政策的重点，而继续教育方面尚未出台任何涉及教育公平的政策。三是缺乏有效规范和限制校外培训机构影响公立教育体系教育公平的政策。

为解决教育公平政策中存在的问题，我们要从以下三个方面对教育公平政策的顶层设计进行系统思考和综合研判。第一，打通各级各类教育，使教育公平政策在各级各类教育中上下贯通、左右联通。为增强教育体系的公平性，应重点做好普职融通，尤其是要做好中等职业教育与高等职业教育、普通高等教育的衔接。第二，解决教育公平政策在不同类别和层次教育上存在的不均衡问题。在教育类别政策上，实现职业教育、继续教育与普通教育的均衡；在教育功能政策上，实现全面发展、面向就业与学历提升的均衡；在教育评价和学历证明政策上，实现职业资格证书与学历（文凭）的均衡。同时，应通过发展面向人人的职业教育，扩大人民群众受教育的机会，提高劳动者就业能力和就业质量。通过继续教育和终身教育，开展学历补偿教育和非学历培训项目，为群众提供最后的教育公平机会。第三，规范校外培训机构行为，降低其对公立教育体系教育公平的不利影响。建立校外培训内容备案与监督制度，校外培训机构培训材料要在内容、资质和审核上严格把关。严禁面向义务教育阶段学生的学科类校外培训。引导鼓励校外培训机构帮助中低收入家庭和农村家庭的孩子。提升公立教育体系的教育质量。

（二）差别化研究教育公平，解决政策针对性问题

找到变量间的因果关系能极大地增强解决问题的针对性，提高研究的差别性。因果关系是客观事物之间引起与被引起的关系。它表明任何客观

事物的产生都有其原因，同时也一定会带来一定的后果。教育公平的因果关系包括影响教育公平的因素（前因）和教育公平对个人、社会产生的结果（结果）两个部分。

要找到影响教育公平的因素，就必须弄明白"是什么因素导致教育机会与教育结果差异"以及"哪些因素导致的差异是不公平的"这两个因果关系。众所周知，影响教育机会与教育结果差异的因素有天赋性因素、制度性因素与自致性因素。其中，天赋性因素是指个体无法改变、与生俱来的因素，如性别、出生地、民族、家庭地位等；制度性因素是指基于一定社会制度而形成的社会体制存在，如户籍制度、重点学校制度等；自致性因素是指本人可控制或改变的因素，如个人的能力、努力程度等。在这三种影响因素中，对教育机会与教育结果影响最显著的当属天赋性因素。因为，众所周知，出生在农村、贫困家庭、贫困地区以及少数民族地区的儿童获得良好教育的机会更少，教育结果也更差。即便同样出生于城市，家庭资本不同，教育机会与教育结果也存在显著差异。制度性因素的作用就是通过对弱势群体的补偿性政策，降低天赋性因素导致的教育差异，强化自致性因素的作用。我们应对天赋性因素进行深入细致的差别化研究，精准解决教育不公平问题，增强教育公平政策的针对性。

教育公平对个体或社会产生的结果可以分为内部结果（学生的教育获得）和外部结果（未来的社会地位）。教育公平的有效性最终体现在外部结果（学生未来的社会地位）上，因此，我们要弄明白"什么样的学生素质最能影响学生未来社会地位的获得"这一因果关系。众所周知，最能影响学生社会地位获得的素质是学生的综合素质，也就是我们现在经常提到的核心素养，即21世纪核心素养，而学生在教育中获得的知识点和考试分数不是学生社会地位获得的最终因素。明白了这一因果关系后，我们在制定教育公平政策时就不仅要考虑中考、高考这些教育结果公平，更要考虑提高教育质量，实现有质量的教育公平，以便让学生能更好地胜任工作，过上美好生活，获得相应社会地位。

（三）综合施策教育公平，解决政策单一性问题

政府是推进教育公平的主要责任方。政府为解决教育实际问题所采取的具体手段和方式，称之为政策工具，它包括行政性工具、经济性工具与社会性工具。行政性工具是政府在推进教育公平过程中最常使用的政策工具，包括行政命令、行政检查、行政督导与评估、行政指导与能力建设等。例如，对县域义务教育均衡发展进行行政督导，发现问题用行政命令方式令其改正，效果立竿见影。要推进有质量的教育公平，政府财力有限，在一定范围内可引入市场机制，也就是使用经济性工具。它包括"民营化"（举办民办学校）、"用者付费"（非义务教育阶段收取学费）、"合同外包"（政府购买义务教育学位）、"凭单制"（使用教育券）等市场化工具。在民主社会，为更好地协调和整合各方利益，发挥社会成员参与教育管理的积极性和主动性，更好地体现教育公平，社会性工具的使用成为必然。例如，多元主体参与教育决策、推进校本管理、鼓励社会组织参与教育扶贫等。

每种政策工具的使用都有其局限性和优势，应根据解决问题的类型加以选择。有时单一的政策工具不能解决复杂的教育公平问题，需要综合施策。例如，随迁子女异地高考问题，不仅要通过行政性工具强行推进流入地接收随迁子女参加高考，还要通过社会性工具化解外来人口与本地户籍人口之间的利益冲突。再如，推进学前教育公平需要综合运用三类政策工具。首先，通过行政性工具强力推进规范办园行为，发挥政府的主导作用；其次，运用经济性工具引导社会力量兴办更多的民办幼儿园，解决政府财力不足的问题；最后，运用社会性工具鼓励众多的利益相关主体民主参与幼儿园的管理，提高幼儿园办园质量。

第二节　提升教育发展共享水平

促进优质义务教育均衡发展、普及有质量的学前教育、全面普及高中阶段教育、提升民族教育发展水平、提升困难群体教育水平，是提升教育发展共享水平的重点和难点。为提升教育发展共享水平，我们要从以下5个方面着手。第一，通过加强义务教育财政制度改革，提升村—镇义务教育水平，创新义务教育管理体制机制，促进优质义务教育均衡发展。第二，通过扩大资源、着力普惠、提升水平，破解"入园难""入园贵""入好园难"等问题，普及有质量的学前教育。第三，通过促进高中阶段教育公平水平的全面提升和教育质量的整体提升，全面普及高中阶段教育。第四，通过优质均衡配置民族教育资源，在民族学校教育中构建纵向衔接、横向贯通的现代学校教育体系，建设高素质专业化有情怀的民族教育师资，以信息技术为核心推动民族教育现代化跨越式发展，提升民族教育发展水平。第五，通过保障进城务工人员随迁子女在流入地平等接受教育，保障留守儿童接受公平的教育，提高残疾学生的受教育水平，确保不让一个孩子因为家庭经济困难而失学，提升困难群体教育水平。

一　促进优质义务教育均衡发展

党的十八大以来，我国义务教育均衡发展取得较显著成绩，截至 2019 年，全国超过 95% 的县（市、区）实现了义务教育基本均衡，全国累计有 2767 个县（占比 95.32%）通过了国家基本均衡认定，23 个省份整体实现县域义务教育基本均衡发展（尚余 9 个省份未实现）。为促进义务教育由基本均衡向优质均衡迈进，满足人民群众由"有学上"向"上好学"的需求转变，促进学生全面发展、健康成长，提升教育发展共享水平，努力办好人民满意的义务教育，必须加强义务教育财政制度改革、城乡义务教育一体化建设以及义务教育管理体制机制创新。

（一）加强义务教育财政制度改革

按我国现行的教育财政制度，义务教育办学经费采取地方负责，以县为主，省级统筹的办法。县（市、区）地方政府是提供义务教育的主要责任部门。在地方分权的财政体制背景下，地方财政实力决定了义务教育的办学水平。地方经济发展的不平衡不协调必然会带来义务教育区域不均衡的问题，这是毋庸置疑的。为平衡地区财政能力和维持大体相当的公共教育服务水平，国家大多采取教育财政转移支付办法对薄弱地区给予支持。这其中还包括省级政府之间互助和对口帮扶的省际横向转移支付。这些教育财政转移支付制度是保障义务教育经费、缩小区域教育差距的基础。为促进义务教育优质均衡发展，提升教育发展共享水平，满足人民群众对高质量义务教育的需求，新时代教育财政制度改革的主要任务是实现教育经费投入充足、教育资源配置公平、教育资源分配有效等目标。

首先，保证教育经费投入的充足性。当前，改善办学条件是义务教育优质均衡发展的首要任务。针对部分地方存在教育经费投入下滑的现状，为改善义务教育办学条件，应继续坚持教育财政投入的指标挂钩制度，稳定教育投入，优化投入结构，从过去的规模化投入转变成内涵式投入，重点加大对教师队伍建设、课程建设、教育评价体系建设等方面的投入。同时，将生均公用经费标准调整为全国统一的基准定额，有利于保证各地义务教育经费的足额投入。

其次，注重教育资源配置的公平性。通过教育投入着力引导教育难点、热点问题的解决，尤其是人民群众对高质量教育的供需矛盾，大城市择校需求持续高热等问题。同时，还应关注新型城镇化进程加快所带来的受教育人口分布、结构变化，以及三孩政策落地后未来每年新增的受教育人口。

最后，提高教育资源分配的有效性。为提高教育资源使用效率，在"中央和地方分项目、按比例分担"的义务教育经费分担总原则下，建立财权与支出责任对等的政府间教育财政关系。一是明确中央与地方财政分档负担比例，并以法律形式予以固化。中央财政分担比例共分为五档，所分担比例依次为80%（第一档）、60%（第二档）、50%（第三、四、五档）。二是按照具体事项细化中央与地方财政事权，明晰经费事权和支出责任。为把义务教育的"国家性"真正落到实处，建议适度加强中央财政事权和支出责任。三是涉及阶段性任务和专项性工作的事项，所需经费由地方财政统筹安排，中央财政通过转移支付统筹支持。四是财政负担能力较低的偏远贫困地区区县，建议由政府兜底，保证持续投入。

（二）加强城乡义务教育一体化建设

城乡义务教育一体化建设是缩小城乡义务教育差距、实现义务教育优质均衡发展的有效途径，它主要包括学校布局一体化和教师队伍建设一体化两个方面。

加强义务教育学校布局城乡一体化建设。进入21世纪，为适应城镇化进程和学龄人口变动，各地都开展了大规模的城乡义务教育学校布局调整。调整中，部分存在简单地撤并乡村学校、扩大城镇学校的做法。这种做法不仅没有缩小城乡义务教育差距，还加剧了乡村学生上学远、上学难的问题；不仅加重了农村家庭的经济与生活负担，更造成了部分乡村社会乡土文化的衰落。为在城乡学校布局中体现以人民为中心的发展思想，通过学校布局调整缩小城乡教育差距，应着重做好以下几方面的工作。首先，应深入研判当地城乡人口变化、教育资源现状与需求趋势，进行城乡学校布局与规划。其次，应加强乡镇寄宿制学校、乡村小规模学校和县城学校建设，尤其应高度重视乡村小规模学校建设。加强乡村小规模学校建设不仅能稳定乡村学校生源，还能起到间接控制城市义务教育大班额的效果。为此，我们应在国家层面尽快研究制订乡村小规模学校建设与发展标准；探索有利于乡村小规模学校发展的公用经费拨款方式，如"基数+补助"办法等；建立健全乡村小规模学校建设和内涵发展的长效机制；通过加强"三个课堂"（转递课堂、名师课堂、名校网络课堂）应用和各种形式的合作教研，推动城乡优质教育资源流动互通。

加强义务教育教师队伍城乡一体化建设。教师队伍建设是教育优质均衡发展的重中之重。在城乡教师队伍建设一体化方面，应在财政投入、教师编制、教师待遇等方面向乡村教师倾斜。首先，随着小规模学校数量增加，尽管学生总数下降，但课程数量、学生年级和班级分布并未减少，按传统的、城乡一致的"师生比"教师编制标准测算出来的师资数量不能满足现实乡村学校教学需要，建议破除事业编制"只减不增"基本原则的限制，以学校课程设置、学生数量的年级和班级分布为基本参数构建科学的教师编制测算标准，将乡村教师编制从事业编制系统中剥离出来，实行教师编制单列管理。其次，通过采取改革师范院校人才培养机制，精准培养本土化乡村全科教师，同时通过增加农村教师培训机会，按乡村教师实际需要改进培训内容和方式，提高乡村教师培训实效等举措，解决乡村学校存在的音、体、美、英等学科教师短缺、教师能力素质有待提升的问题。最后，通过实施乡村优秀青年教师培养奖励计划，出台乡村教师岗位特殊津补贴①，专设乡村学校教师高级职称比例等制度，提高乡村教师待遇，增强乡村教师职业吸引力，解决乡村学校年轻教师数量少、教师老龄化现象严重，偏远乡村教师"招不到、留不住"等问题。此外，还可通过政府购买服务等渠道，逐步解决乡村寄宿制学校各类工勤人员——校医、心理辅导员、宿管员、保安、清洁员、食堂工作人员等结构性短缺问题。

（三）创新义务教育管理体制机制

为促进义务教育优质均衡发展，优化学校与教师资源配置，在义务教

---

① 乡村教师岗位特殊津补贴包括乡村教师乡镇工作补贴、集中连片特困地区生活补助、艰苦边远地区津贴、交通补助等。

育管理体制机制方面，可建立学校标准化建设长效机制、创新学校办学机制与教师资源配置机制。

建立学校标准化建设长效机制。针对目前部分学校存在占地面积、运动场面积、建筑面积不足，校额、班额偏大，教师编制不足，生活设施不完善，有的学校管理水平不高、安全管理有漏洞等问题，通过办学基本条件标准化、教育投入标准化、教育信息标准化，加强中小学标准化建设，保障学校建设标准，实现班级规模、教师编制及教师工资水平等义务教育优质均衡关键指标达标。为建立学校标准化建设长效机制，建议国家明确规定义务教育办学条件的"标准区间"，所有地区的义务教育办学条件均须达到"最低标准"，且均不应超过"最高标准"。

创新学校办学机制。通过采用集团化办学，充分发挥优质学校资源优势和示范辐射作用，以优质校带新校，实现捆绑式发展；通过在新建住宅区周边依托名校兴建新学校的办法，促进新优质学校成长，大力改造薄弱学校；通过购买服务，借力优质教育资源改造薄弱学校；此外，还可以通过学校发展共同体机制、学区化管理、委托管理、小片区管理、城乡对口支援等方式，推进优质校与薄弱校、新校合作办学，实现优质教育资源共创共享，促进教育优质均衡发展。

优化教师资源配置机制。建立校长教师交流轮岗机制，加大县域内城镇与乡村、优质校与薄弱校、新校教师交流、定期轮岗力度，均衡校长及教师配置。建立学区（乡镇）内教师走教制度，实施农村教师"特岗计划""银铃讲学计划"，优化教师资源配置。

二　普及有质量的学前教育

学前教育是终身学习的开端，也是国民教育体系的重要组成部分。但由于学前教育属于非义务教育阶段，无法用法律进行强制性约束和规范，加之国家财力有限，我国学前教育在相当长一段时间里，无论是数量还是质量均无法满足人民群众的需求，存在"入园难""入园贵"的问题，阻碍了普及水平的提高。2018年11月，中共中央、国务院颁布的《关于学前教育深化改革规范发展的若干意见》明确规定，幼儿园要朝着公益普惠方向发展。经过2年时间的努力，截至2020年12月，全国普惠性幼儿园覆盖率达到80%，公办幼儿园占比达50%，实现了"基本普及学前教育"的发展目标。在扩大普惠性资源的过程中，园所规模得到扩增，但教育质量没有得到全面提升，人民群众面临的"入好园难"问题依旧存在。新时代要坚持以人民为中心发展学前教育，提高教育发展共享水平，就要普及有质量的学前教育。

（一）扩大资源，破解"入园难"

当前，随着"三孩"政策的稳步推进，适龄幼儿数量激增，学前教育学位资源短缺，学前教育资源阶段性短缺问题显著，增加学前教育资源供给势在必行。

以公办园为主体，拓展学前教育资源。目前，我国公办园所占比例与民办园大体相当，且城乡、区域分布不均衡。这就需要区（县）乡两级加大以公办园为主体的学前教育资源供给，支持乡镇中心校、村小学、教学点附设幼儿园（班），以提高公办幼儿园比例，优化学区资源布局，进而破解"入园难""入园贵"等问题。同时，区县应鼓励并支持有资质的社会力量举办"半公益性"幼儿园。

规范小区配套园建设，破解城镇幼儿"入园难"。加强小区配套园建设是扩大学前教育资源、破解城镇幼儿"入园难"、满足城镇幼儿就近入园需求的重要举措。幼儿园作为城镇小区配套公共服务设施的重要组成部分，必须按照相关标准予以配建，为3~6岁适龄儿童提供保育教育服务。2010年国务院印发的《关于当前发展学前教育的若干意见》（简称"国十条"）就明确规定，新建小区的配套幼儿园应由政府统筹安排，办成公办园或委托办成普惠性民办园。经过近10年的发展和努力，小区配套园建设和管理尽管取得了很大成绩，但还是存在许多问题和困难。2019年，国务院办公厅印发《关于开展城镇小区配套幼儿园治理工作的通知》，对城镇小区配套幼儿园建设进行清理整治。2020年12月完成了对2.1万所小区配套园的整改和所有配建项目的竣工验收。下一阶段主要是加强对新建小区配套园的规划、建设与管理。

扩充农村学前教育资源，让农村幼儿"有园上"。农村学前教育发展起步晚，存在教育资源不足、"大班额现象"严重、教育质量偏低等问题。为促进教育公平，共享教育发展成果，2010年国家颁布的教育规划纲要指出，要"重点发展农村学前教育"。为扩大农村学前教育资源，让农村幼儿"有园上""上好园"，应着重做好以下两项工作。一则，构建并逐步完善县、乡、村学前教育网络布局。根据农村人口分布和流动趋势，合理布局"县、乡、村"三级学前教育网络。鼓励中心园在乡、村两级设分园，建议在人口流动区举办流动幼儿园、季节班等。二则，健全学前教育资助制度，实施贫困农村的免费幼教。对于家庭经济困难儿童、孤儿以及特殊儿童的学期教育费用问题，政府要分级予以资助和兜底，以确保适龄儿童上得起学。同时，对于贫困农村，有条件的县市要积极实施免费幼教。

（二）着力普惠，破解"入园贵"

通过加大政府投入，健全成本分担机制，减轻幼儿家长负担，并着力构建以普惠性资源为主体的办园体系，使学前教育朝着公益普惠方向发展，破解"入园贵"。

加大政府投入，健全成本分担机制。在我国，虽然政府逐年都在提高学前教育的财政预算占比，但仍需家庭承担相对较大的幼教成本。为此，合理的成本分担机制，既能够减轻幼儿家长负担，还能够破解"入园贵"等难题。这就意味着，政府要加大对公办园的财政支持力度，合理确定并动态调整生均公用经费标准。同时，幼儿园收费标准应综合办园成本、经济发展水平和群众承受能力，以普惠性为原则，进行合理的收费。此外，对社会办园要纳入政府财税减免范围，给予财政补助，并做到因地施策。

构建以普惠性资源为主体的办园体系。首先，发展普惠性学前教育，鼓励民办幼儿园也要向普惠性方向发展。民办园作为学前教育的重要补充，但其办学成本、收费标准相对于公办园较高，也就造成其普惠性程度不高。为此，要构建以普惠性幼儿园为主体的办学体系，必须完善普惠性民办园认定标准，并制定相应的普惠性民办园帮扶制度。比如，对于普惠性民办园可以派驻公办教师、增加财税补贴、进行免费师资培训等。尤其要营造良好的办园环境，鼓励社会力量办园，以推动学前教育健康发展。同时，统筹公办园与民办园的派位工作。其次，建立普惠性幼儿园投入保障机制。只要是普惠性幼儿园，无论是民办园还是公办园，只要能达到普惠性幼儿园质量标准，让家长放心，都应享有与公办园同等的资源投入。特别是要逐步统一普惠性幼儿园收费、补助、生均拨款、教师待遇以及办园质量等方面的标准。

（三）提升水平，破解"入好园难"

教师资质、师幼比、班级人数与师幼互动质量是衡量学前教育质量的核心指标[①]。当前，我国学前教育核心指标质量有待提升。一是随着"三孩"政策的稳步推进，适龄幼儿数量激增，学前教育教师供给严重不足，目前缺口 65 万；持相关合格资格证上岗的学前教师比例偏低，超 1/4 的教师无职称，教龄结构偏年轻化（超过六成教师的教龄为 10 年及以下），存在阶段性和结构性短缺。二是 1/3 的班级师幼比尚未达标，存在大班额现象。三是师幼互动质量总体处于中等偏下水平，教学支持尤为薄弱。为提升学前教育质量，破解"入好园难"的问题，应着重从以下三个方面下功夫。

优化投入效益，改善办园条件。对于学前教育的财政投入，应树立"花钱必问效、无效必问责"的理念，始终围绕"是否实现了学前教育质量的提升、是否促进了学前教育的公平"等问题，不断促进普惠性学前教育资源扩容和优质发展。同时，政府要细化学前教育办学动态评价体系，将其作为完善政策制定、优化资源投入、改进办学管理的依据。对于办园质量高、社会评价好的，政府要大力支持其办学。这是因为其投入与产出效益呈正相关。而在偏远、贫困地区办园的效益也许与投入不成正比，需要政府精准投入，以不断优化办学布局，进而实现人民效益最大化。对于办园条件的改善，应通过配齐幼儿基本玩教具，完善室内外活动场地建，配齐幼儿保健医生，对不达标的幼儿园进行改造、扩容、提升等。

加强幼儿园教师培养培训，提高教师队伍素质。首先，提高学前师资的培养质量。这就要求学校不断完善学前教育专业人才培养方案，推进幼师教育本科化。同时，要将师幼互动尤其是教学支持能力纳入学前师资培养体系。其次，配齐幼儿园教师。不论公办园还是民办园，只要是标准化的幼儿园，就必须配齐相应师资与人员，严禁挤占、挪用幼师编制。再次，构建幼师培训体系，实行每一周期（5 年）全员培训制度，促进一线幼师再学习再实践。同时，公共财政应为各类幼儿园教师提供在职培训经费保障。

[①] 张其龙：《新西兰幼儿园质量评价之评价》，《早期教育》（教师版）2015 年第 12 期，第 14~15 页。

复次，加大对民办园教师派驻力度，以帮助其开展教师培训、教研指导等方式，支持民办园教师专业发展。最后，提高幼儿教师待遇。特别是对在偏远、贫困地区的基层幼师，要实行工资倾斜和奖补，并完善交流机制。

完善学前教育管理体制机制。首先，推进学前教育依法执教水平提升，完善可持续发展机制体制。一是要推进学前教育立法。学前教育立法不仅有助于规范幼儿园办学，还有助于在法律层面对学前教育的性质、政府职责、投入体制、管理体制、办园体制、师资队伍建设、资源配置等方面作出明确规定。二是要完善"省级统筹、以县为主"学前教育管理体制。在学前教育投入上，实行省级政府统筹，有条件的县市可以加大投入；在学前教育行政管理上，则要发挥县级政府的主体作用。三是要理顺公办园体制。适应国家经济社会改革的新形势，在适当的时间将教育部门以外的其他部门办园、事业单位办园、部队办园等公办学前教育资源，按照"移交资产无偿划转"的方式整体移交所在地（市）或县级人民政府，实行成建制移交，统一纳入教育行政部门管理范围，防止国有资产流失，实现国有资产保值增值。其次，加强办园质量监管和业务指导，提升幼儿园保教质量。一方面，要设置幼教专员，加强区域学前教育的行政管理和幼儿园质量监管。另一方面，各地要配备专职教研员，定期对幼儿园进行业务指导。此外，教研员要根据幼儿园数量和布局，帮助教育行政部门完善区域教研制度，划分学前教育教研指导责任区，进而充分发挥县城中心园和乡镇中心园的示范引领和辐射带动作用。最后，建立学前教育督导评估机制，实现规范化、内涵式发展。一是要健全幼儿园评估监测体系。制定学前教育督导评估标准，开发督导评估工具，改进督导评估方法，形成科学完善的学校评估体系。运用监测成果，对教育质量进行动态、科学分析，深入研究人才成长规律、教育管理规律和教育评价规律，为改进教育教学、完善政策措施提供依据。二是要建立和完善各级学前教育督导机构。根据督导工作需要，增加编制，配足人员。根据教育事业发展规模，按照德才兼备的原则配备督学，努力建设一支责任心强、业务精湛、结构合理的专业化督学队伍，全面提升教育督导水平。三是要完善问责机制，增强教育督导效果。各地要建立行之有效的问责机制，将教育督导结果作为考核、问责和实施奖惩的重要依据。强化限期整改。督导活动结后，要求被督导单位对存在的问题进行限期整改，对整改情况要进行复查，必要时可约谈被督导单位主要负责人，确保每次督导都行之有效。做到定期发布督导评估报告，让全社会了解被督导单位进展情况、存在的主要问题以及改进措施，进行社会监督。

三 全面普及高中阶段教育

高中阶段教育是衔接义务教育和高等教育的重要环节，在整个国民教育体系中起到承上启下的作用。十九大报告明确提出："普及高中教育，努力让每个孩子都能享有公平而有质量的教育。"[①] 截至 2020 年，全国及各省份均实现 90% 的高中普及目标。为促进高中阶段教育普及水平的全方位提升，提高教育共享水平，更好地践行以人民为中心发展教育的价值追求，《中国教育现代化 2035》明确提出，到 2035 年实现"全面普及高中阶段教育"的发展目标，确立"提升高中阶段教育普及水平，推进中等职业教育和普通高中教育协调发展，鼓励高中多样化有特色发展"[②] 的战略任务。

"全面普及高中阶段教育"是"指向高中阶段教育在质量、公平和结构等维度的整体性改善，它包括：高中阶段教育质量的整体提升，区域、城乡、校际、群体之间教育公平水平的全面提升，普职结构以及普职各自内部结构更加合理"[③]。它是高中阶段教育内涵与外延的全方位提升，需要解决数量、质量和结构三个方面的矛盾。

（一）促进高中阶段教育公平水平全面提升

精准配置高中阶段教育资源，扩充教育资源是促进高中阶段教育公平水平全面提升的基础。实现区域内公平是促进高中阶段教育公平水平全面提升的基本要求。实现不同区域、不同群体公平是促进高中阶段教育公平水平全面提升的重点和难点。

精准配置高中阶段教育资源，扩充教育资源。一是精准配置教育资源，实现快速普及。建议各省份设置地方高中阶段教育发展水平指数，并据此

---

① 中共中央党史和文献研究院：《十九大以来重要文献选编（上）》，2019，第 32 页。
② 《中共中央 国务院印发〈中国教育现代化 2035〉》，中国政府网，http：//www.gov.cn/zhengce/2019-02/23/content_ 5367987. htm。
③ 李建民：《"全面普及高中阶段教育"的内涵释要与路径选择》，《教育研究》2019 年第 7 期，第 73~82 页。

判断高中阶段教育普及难易程度，分梯度测算普及高中阶段教育的投入需求、资源标准，做好高中阶段教育发展规划和学校建设规划。由省级财政统筹高中教育经费，根据各自的财力制订省、县（市）二级政府经费承担比例，保障高中阶段教育公用经费，有重点地快速推进高中阶段教育普及。二是鼓励以共建共管模式或投资兴办模式举办民办高中，扩充教育资源。在保障民办高中办学自主权基础上，通过税收减免或财政补贴鼓励它们特色化、多样化发展。政府也可以通过购买服务的方式购买民办高中学位，扩充高中阶段教育资源。

实现区域内高中教育公平。随着高中教育普及水平的提升，高中阶段教育均衡发展的呼声越发高涨。可通过推行高中阶段教育标准化建设，培育区域良好教育生态，实现区域内高中教育公平。一是推行标准化建设，推进区域内高中教育公平。建议各省份出台高中阶段学校基本办学条件标准、管理标准、生均经费标准和教育质量标准，提高师资配置标准和专业标准，不断完善高中教育标准体系，推进高中学校标准化建设，保证省域内高中学校基本办学条件相对均衡，弥补"以县为主"财政投入体制的缺陷。同时，加大省级财政统筹力度，对于省内相对贫困县市的高中学校，可直接拨款到校，并加大投入，缩小省域内高中教育投入差距。二是培育区域良好教育生态，推进区域内高中教育公平。"县中塌陷"、"超级中学"、民办高中跨区域掐尖招生等现象和行为严重破坏了区域内高中阶段教育生态。培育区域良好教育生态，推进区域内高中教育公平，首先，应加大对县域高中的扶持力度，重振县域高中教育。通过建立专项资金，帮助提高办学标准；通过提高学校校长和教师队伍综合素质，推进课堂教学改革，提高办学质量；通过高校招生倾斜政策，留住县域优质生源。其次，遏制"超级中学"扩张势头。通过教育生态治理问责机制，杜绝地方政府在资源分配上为"超级中学"的不良发展创造政策优势的行为；通过规范招生政策，限制少数"重点""超级"高中利用名牌效应优先选择生源的特权，取消民办普通高中跨地市和跨县招生特权。

实现不同区域、不同群体间高中教育公平。我国中西部地区、贫困地区高中阶段教育仍较为薄弱，同时，弱势群体在接受高中教育尤其是优质高中教育方面存在短板，这是普及高中阶段教育的重点与难点。要实现不同区域、不同群体间高中教育公平，就必须填平中西部地区、贫困地区高中教育"普及洼地"，填补弱势群体"普及短板"。一是填平高中教育"普及洼地"。建议中央政府以转移支付、专项经费、特殊项目、对口支援等方式，加大对中西部地区、贫困地区的转移支付力度，大力保障高中教育投入水平。二是填补弱势群体"普及短板"。鼓励优质高中扩大招收不同社会阶层学生的比例，这是弱势群体获得更多优质高中教育资源现实而有效的措施。在高中录取名额指标到校政策中留出部分优质高中招生名额到校指标，优先分配给成绩优异的家庭经济困难学生、进城务工人员随迁子女和农村留守儿童。落实和完善随迁子女在流入地参加中高考招生的政策措施，保障弱势群体接受教育的机会。在建档立卡家庭贫困学生免学费政策基础上，探索普通高中阶段教育"免学费全覆盖"政策。

（二）促进高中阶段教育质量整体提升

"全面普及高中阶段教育"是一种有质量的普及，它强调高中阶段育人功能和质量。在高中阶段教育规模快速扩张阶段，由于社会需求、教育经费、办学能力有限，出现了普通高中同质化、中职教育缺乏吸引力等质量问题。为促进高中阶段教育质量的整体提升，不仅要通过普通高中多样化、特色化发展，提升普通高中教育质量，还要通过提升中等职业教育的质量和地位，提高中职教育吸引力。

促进普通高中多样化有特色发展，提升普通高中教育质量。一是学校发展分类、多样化。推进普通高中学校通过不断挖掘和丰富内涵实现多样化发展，打破以分层为主导的高中教育格局，逐步走向分类为主的发展态势。建设有特色的普通高中，要加强分类发展趋势，并弱化分层发展模式。教育部门要下放普通高中更多的办学自主权，让学校自行选择最适宜自身的发展特色，保证"特色"来源于学校教育教学实践，防止演变成任务性指标。建立科学合理的特色学校晋升机制，激发特色高中的可持续发展动力。促进高中的多样化发展，以学生为本，改革培养模式，进一步增加培养方式的弹性，刚性、弹性相结合，给学生更多的学习自主权；通过提供层次多样、类型丰富的教育，满足区域内初中毕业生多样化高中教育需求，实现更高层次的均衡。二是创新育人方式。建设兼具完整性与个性的多样化课程体系，提供丰富多样的教育教学内容，为具备不同特长的学生提供更多选择机会，搭建学生全面发展的育人平台；明确高中基本教学要求，优化教学方式，强化教学组织管理，加强教学研究和指导，深化课堂教学改革，创新人才培养方式；政府、学校、社会、家庭之间搭建互动交流平台，协同育人；建立以发展素质教育为导向的高中教学质量综合评价体系，健全分类考试模式，实行多元录取，以评促改，强化综合评价结果对促进各类学生全面发展的导向作用。

提升中等职业教育的质量和地位，增强中职教育吸引力。提升中等职业教育的质量和地位是全面普及高中阶段教育的重点和难点。中等职业教育是普及高中阶段教育的增长点，只有提升了中等职业教育的质量和地位，那些因考不上普高而选择中职的学生才不至于放弃或中途放弃中职教育，稳住高中阶段教育普及率。但是，当前我国中等职业教育发展相对滞后，缺乏"吸引力"，存在招生难、管理难、办学能力提高难等问题，教育质量低，社会、家长认同度也较低。一是优化专业设置，改革教育模式，提高教育质量。围绕地方经济发展、产业结构需求，优化中职学校专业设置和布局；给中职校办学自主权，灵活开设适合的专业，为中职学生提供高质、优化的应用型技能教育，培养高素质技工；通过产教融合、校企合作、工学结合、知行合一，改革职业教育模式，提高教育质量。二是正视现实，畅通学历提升渠道，消除职业教育歧视，提升中等职业教育的地位。在充分考虑中国经济转型对中等职业教育毕业生的需求和要求基础上，正视中等职业教育在全面普及高中阶段教育过程中应有的地位和作用，调整中等职业教育规模、质量管控和发展方式。完善职业教育招生考试制度，畅通从中等职业教育到高等职业教育、应用型本科和研究生教育的学历提升渠道。清理对职业教育带有歧视性的教育管理制度和人才评价制度，如取消高考录取中的批次设置；用人单位尤其是公务员招考、国有企业招聘应崇尚技能，淡化学历。

（三）推进普职融合

在我国，普通高中教育与中等职业教育属于不同教育类型，办学模式相互分离，在某种意义上两者是相互排斥的关系。为普及高中阶段教育，必须改变普通高中教育与中等职业教育的这种关系，推进普职融通。

首先，协同普通高中教育和中等职业教育的招生渠道，在初级中学开展生涯规划教育，引入职业性向、能力测试，帮助初中毕业生合理规划未来，选择适合自身的教育轨道。

其次，协同普通高中教育和中等职业教育的培养过程，合理设计普通高中与中等职业学校课程内容、毕业要求，搭建学生发展"立交桥"，让高中学生享有真正自主发展的可选通道和机会，使普职结构从基于数量规模的"人为规定"转变为基于个人选择的"自然结果"。有条件的地区举办综合高中，实现普通教育、职业教育的课程互选、学分互认、资源共享、教师互通，加强普通高中学生的职业能力训练和中等职业学校学生的通识教育。

最后，协同普通高中教育和中等职业教育的升学考试，普通高中学生毕业修完职业课程后可以获得职业技能证书，中等职业教育毕业后可以参加高考，做到高中阶段教育出口的多样化、选择化，允许学生选择不同的教育轨道之后能够根据新的情况重新选择。高中不再单设职业教育，将职业教育和普通教育完全融合，建设均衡发展的综合高中，是目前推进高中均衡发展最合适的办法。

四 提升民族教育发展水平

我国是统一的多民族国家，民族教育是我国教育事业的重要组成部分。70多年来，我国民族教育经历了一个从无到有，从"扩面"到"提质"的发展过程。我们通过设立民族教育专门工作机构，完善民族教育经费保障机制，支持边疆民族地区教育发展，实施人口较少民族教育优惠政策，增强教育对口支援实效等途径建立了少数民族人才培养长效机制。同时，为提高民族教育质量，我们聚焦重点难点问题，通过科学稳妥地推行双语教育、提升内地民族班办学水平、提高民族地区教师队伍整体质量、深入推进教育精准扶贫脱贫、加快推进民族教育现代化等举措，不断突破制约民族教育质量提升的瓶颈。但是，由于受自然条件、经济社会发展、民族历史文化等因素的制约，我国民族教育发展仍然相对滞后，发展不平衡、不充分的矛盾仍较为突出，还存在一些深层次问题。新时代坚持以人民为中心发展教育，提升教育共享水平，就必须优质均衡配置民族教育资源，构建纵向衔接、横向贯通的现代学校教育体系，建设一支高素质专业化的民族教育教师队伍，以信息技术为核心推动民族教育现代化跨越式发展，不断提升民族教育发展水平，打造"公平、优质、有效"的现代化民族教育。

（一）优质均衡配置民族教育资源

调整教育经费配置结构。由于民族地区经济社会发展相对滞后，县级政府经济能力有限，不足以支撑辖区内基础教育高质量发展所需经费。建议改变"以县为主"的教育财政管理体制，将财政主体上升到省级甚至中央，形成"中央—省—县"三级政府共同承担、"以省为主"的教育经费管理体制。

提高学前教育资源配置质量。学前教育是民族教育的短板，尤其是边疆民族地区和贫困民族地区的学前教育与全国平均水平相比差距更大。建议国家出台边疆民族地区和贫困民族地区学前教育试点政策，将边疆民族地区和贫困民族地区的学前教育纳入义务教育范围。同时，在边疆民族地区和贫困民族地区构建好县、乡、村三级学前教育网络，保证每一个民族乡镇或较大的行政村至少有一所公办幼儿园。

多渠道共享优质教育资源。共享国家政策——"教育经费向边疆省区倾斜，边疆教育经费向边境县倾斜"。充分利用发达地区的帮扶，实现民族地区城乡、学校和群体间共享优质教育资源。

（二）在民族学校教育中，构建纵向衔接、横向贯通的现代学校教育体系

构建纵向衔接的现代学校教育体系。当前，我国民族学校教育分布呈"橄榄形"（即两头小——学前教育和高等教育规模小、中间大——基础教育规模较大）。可通过采取"扩大两头，优化中间"的办法，切实保障民族地区学生拥有从幼儿园到高等教育全学段的平等的入学机会，接受适合的教育，共享高质量教育，促进全面发展。通过推行"每个乡镇或较大行政村至少有一所公办幼儿园""一村一幼"工程以及边疆、贫困民族地区学前教育免费政策，发展幼儿"双语教学"等办法扩大学前教育规模。通过标准化学校建设，开设民族特色地方课程和校本课程，改善薄弱学校办学条件，提高义务教育质量，推进义务教育均衡发展。通过提高少数民族学生高中阶段入学率，辅之以补偿教育，增加民族学生的职高或中专学历教育。通过办好民族地区高等教育，多渠道丰富民族学生接受高等教育的途径，增加民族学生研究生、本专科学历。

搭建横向贯通的现代学校教育体系。发挥民族优势创建民族艺术、民

族体育等特色学校，与非学校教育有机互动。中职校和高校开设服务区域经济社会发展和民族文化传承的专业，如民间技艺特色专业等，政府设立民族技艺类职业资格证书认证制度，实现职业资格证书、工作经历与学历教育的互通，不同学校课程和教育经历的互认转化。

（三）建设高素质专业化有情怀的民族教育师资

高素质专业化有情怀的民族教育师资是发展民族教育、提高民族教育质量的关键。借助"国培计划"等项目，完善民族教师培养和专业化发展体系。以"四有教师"标准激发民族教师素养和专业发展活力。以对教育的纯真热爱和对民族的淳朴感情，培育民族教育情怀，促使民族教师热情投身民族教育事业。提升在岗民族教师的专业水平和民族教育情怀。

除此之外，还应提高民族教师教育质量，培养具有民族情怀、愿意回乡从教的师范生。民族地区应利用"公费师范生"和"定向师范生"等政策培养热爱教育事业的学生毕业后回乡从事教师职业，同时也要通过各种途径吸引本地大学生回乡任教，让他们担当起弘扬民族文化的使命。

（四）以信息技术为核心推动民族教育现代化跨越式发展

首先，应实现民族教育软硬件环境信息化。教育领域信息化硬件设备在保证持续投入的基础上提高使用质量，实现"保量增质"。民族政策红利使民族地区教育信息化设备几乎"野蛮生长"，但存在"买得多、用得少"、设备运转效率低下的情况，民族地区应提高使用信息化设备的能力。在用好国家教育资源公共服务平台基础上，根据区域特征量身定制适合民族地区教育需求的平台系统，使教育软件跟上硬件发展速度，增强信息技术服务现代化教育的能力。

其次，应实现民族教育资源信息化。搭载信息化快车，充分利用国家、省区市教育资源平台，获得优质教育资源，将"外来资源"结合民族特性进行具有民族特色的设计和制作。自建民族教育资源库，收集民族教育资源，保护传承民族文化。同时，还应促进民族教育资源库共享。积极参与MOOCs等教育共享平台的教育资源共建，展示民族教师才华。

五 提升困难群体教育水平

教育中的困难群体指的是在教育发展中处于相对弱势的群体。当前，我国教育发展中的弱势群体主要包括进城务工人员随迁子女、留守儿童、残疾学生、家庭经济困难学生等。要让每一个公民都能平等地享有公共教育资源，共享教育发展成果，就需要建立弱势群体教育补偿制度，对困难群体和个人给予一定的倾斜保护，提升困难群体教育水平。

（一）保障进城务工人员随迁子女在流入地平等接受教育

进城务工是改革开放的伴生物，进城务工人员是城市建设的生力军，也是推进城乡一体化建设的重要力量。他们为改革开放作出了杰出贡献。他们的子女跟随父母进入城市，却面临平等接受教育的问题。为保障随迁子女在流入地接受义务教育，国家出台"两为主"和"两纳入"政策。这两项政策的出台，为随迁子女在流入地公办学校平等接受义务教育提供了保障。但是，随迁子女在流入地接受义务教育后在当地参加升学考试，即"上高中"和"考大学"的问题又摆在了进城务工人员面前。目前，随着国家对流动人口子女异地升学考试制度的进一步完善，随迁子女在流入地可以按居住证和学籍参加当地中考，但是参加高考仍然有严格的限制。国家出台的相关政策也因故（如户籍制度等）难以真正落到实处。

为打通随迁子女入学待遇同城化的"最后一公里"，切实保障进城务工人员子女教育公平，提升随迁子女受教育水平，应着重抓好以下四个方面的工作。首先，全社会应树立全纳理念和全纳教育理念，正确对待进城务工人员及其子女，消灭对他们"边缘身份"的歧视，帮助他们融入城市生活。其次，改革现有的户籍制度，建立健全现代户籍制度，打破城乡二元结构，逐渐消除附着在传统户籍制度上的不公平现象。例如，平等保障住房、教育、医疗、社会保障等与户籍制度直接挂钩的利益，解除阻碍进城务工人员平等接受教育的制度排斥与制度障碍，实现随迁子女入学待遇同城化。再次，在学校内部教育教学行为和管理理念上下功夫，通过开展融合教育或多元文化教育，给随迁子女提供平等的求学环境、平等的发展空间，并创造多元选择机会，提高城市学生对进城务工人员子女的认同度，消除进城务工人员子女在班级管理、课堂教学、课外活动等教育过程中受到的不公平待遇，使进城务工人员子女与城市学生在学习与活动中实现"一视同仁"，提高"抗逆学生"（家庭社会经济地位位于后 1/4，却能克服相对不利的成长环境，在学业成绩上进入前 1/4 的学生，即学业优良的寒门学子）占比。最后，利用大数据提供数据支撑，建立、完善全国中小学电子学籍平台，全面掌握进城务工人员子女的分布、规模、受教育信息，对进城务工人员子女的教育需求和教育发展变化进行科学预测，科学规划教育经费投入与各阶段教育规模，全面满足进城务工人员子女教育需求。

（二）保障留守儿童接受公平的教育

随着新型城镇化的开展，在出现随迁子女教育问题的同时还催生了留守儿童教育问题。根据 2016 年印发的《国务院关于加强农村留守儿童关爱保护工作的意见》，留守儿童是指父母一方外出务工另一方无监护能力或者双方外出务工、不满 16 周岁的儿童。不少地方的留守儿童由于缺乏必要的家庭教育和有效的学校教育，出现辍学问题、心理健康和安全等问题，影响教育公平与教育成果共享水平。政府重视解决留守儿童的困难，十九大报告就明确指出，要健全农村留守儿童关爱服务体系。

为保障留守儿童接受公平教育的权利，可以从以下几方面努力。首先，对未入学、中途辍学、未登记户籍、处于困境和无人监护等不同类型的留守儿童进行精准识别，根据他们的不同需求进行精准的教育帮扶。其次，通过加强学前教育、全面开展心理教育、夯实安全教育、增设社会适应性教育等途径，强化以身心发展为本的学校教育。再次，构建由政府、学校、社会力量协同配合的农村留守儿童关爱保护工作体系，做好农村留守儿童的心理辅导和教育关爱。最后，改革"控辍保学"机制，在县级教育行政部门建立动态监测机制，加强对留守儿童的监控，坚决防止因学习困难而辍学。

（三）提高残疾学生受教育水平

保障残疾学生的受教育权利，提高他们的受教育水平，是坚持以人民为中心发展教育，提升教育共享水平的必然要求。十八大以来，针对我国特殊教育整体水平不高、城市和农村特殊教育发展不平衡、难以保障残疾学生接受有质量的教育等现实问题，党和政府提出加强特殊教育内涵式发展的要求，推进以全面融合教育为方向，以标准化建设为突破口，以教育实验成果（随班就读、医教结合、送教上门）为依据，以完善支持保障体系为着力点的特殊教育改革。通过改革，建立了以普通学校随班就读和特教班为主体，特殊教育学校为骨干，以送教上门和远程教育为补充的特殊教育体系。该体系结构完整、学段衔接、普职融通、普特结合。改革极大地提高了特殊教育的整体教育教学水平，基本普及了残疾学生九年义务教育，还将特殊教育逐渐向学前教育、高中阶段教育和高等教育两头延伸。

面对新形势和新任务，为进一步提高残疾学生受教育水平，党的十九届五中全会明确提出，要完善特殊教育保障机制。该机制包括政策制度体系、行政管理体系、财政经费支持体系、师资保障体系以及专业支持体系等五个方面。第一，在政策制度体系建设方面，推动设立"特殊教育法"，将政策实践上升为国家意志。在修订或制定各级各类有关普通教育的法律法规以及相关政策时考虑残疾学生的需求，在各类督导评估中加大对特殊教育实践情况的检查力度，制定具体政策落实《残疾人教育条例》的各项规章制度。第二，在行政管理体系建设方面，在省、市、县级教育行政部门，设立专人专职或兼职管理特殊教育事务，这是当前一项要重点关注的工作。第三，在财政经费支持体系建设方面，拟开展的工作主要包括：有条件的地区适度提高学校生均经费标准，对招收重度、多重残疾学生的学校可以增加年度预算；要求参与送教上门、随班就读、特教班的学生和当地特教学校学生享有相同的生均经费。中央地方设立专项补助经费，改善教育条件，加大学生资助力度，率先实行困难家庭残疾学生接受从义务教育到高中阶段教育的 12 年免费教育。第四，在师资保障体系建设方面，推动普通师范院校和综合性院校师范专业开设特教专业与融合教育课程，要求特教专任教师"持证（教师资格证）上岗"，规定特教教师实行 5 年一周期不少于 360 学时的全员培训，提高特教教师的融合教育素养与实践能力。加强康复教师及其他专业技术人员配备，促进医教结合，通过职称评聘体系对特教教师设立分类标准。第五，在专业支持体系建设方面，以普通学校资源教室为基层单位，构建一个分层式工作指导系统，切实为学校随班就读工作提供帮助。重视发挥普通学校在融合教育过程中的主体地位，推动特教学校拓展功能，使之成为当地"特殊教育资源中心"，为普通学校提供支持服务。

（四）不让一个孩子因为家庭经济困难而失学

坚持以人民为中心发展教育，就是要确保不让一个孩子因为家庭经济困难而失学。经过努力，当前我国基本实现了家庭经济困难学生资助政策体系的"三个全覆盖"①，形成了以财政投入为主、以学校和社会资金为重要补充的资助格局。随着资助覆盖面的扩大，许多家庭的经济负担减轻了，老百姓的获得感增强了。站在新的历史起点上，面对新的形势和任务，为更好地提升教育共享水平，必须进一步完善学生资助政策体系。

首先，在规范资助管理上下功夫。随着学生资助覆盖面的不断扩大，学生资助工作面临政策多元、学段多元、对象多元等复杂局面，迫切需要加强资助管理的规范化和法治化。要不断健全资助管理制度和监管责任，规范资金和信息管理、资助程序和队伍建设，提高学生资助管理水平。

其次，在精准资助上下功夫。要把好事办好、实事办实，精准资助必不可少。精准资助涵盖资助对象、资助标准与资金发放时间等。可以通过运用大数据和量化评估对受助对象进行科学评估和准确认定，精准资助对象；根据不同对象的受助需求和不同地区经济社会发展水平确定资助标准，精准资助标准；改进和完善资助资金发放机制和发放办法，精准资金发放时间。

最后，在资助育人上下功夫。资助的过程也是育人的过程。为使资助育人工作常态化、制度化和规范化，不仅要搭建多样化、个性化的资助育人平台，健全资助育人机制，而且要在资助工作中重点强化"两项能力"（即创新精神和实践能力），加强"三项教育"（即励志教育、诚信教育和社会责任感教育），不断促进家庭经济困难学生更好地成长成才，帮助他们享有人生出彩的机会，享有梦想成真的机会。

第三节　促进学生全面发展

新时代的今天，我们实现了全面小康，正在步入基本实现现代化阶段，经济社会发展为人的全面发展积累了丰厚的物质基础，为教育培养人的全

---

① "三个全覆盖"，即从学前教育到研究生教育所有学段全覆盖、公办民办学校全覆盖、家庭经济困难学生全覆盖。

面素质提升提供了物质保障。同时，进入新时代，人民群众对实现自身全面发展与社会对全面发展人才的需求也与日俱增。在这个时代背景下，只有坚持以人民为中心发展教育，通过实施全面发展的教育，使人的素质得到全方位提高，潜能得到充分开发，人民群众与社会的需求才能得以实现。

中国共产党历来就以满足人民群众的需求为己任，在教育发展中，根据马克思主义教育原理确立了以育人为本、促进人的全面发展的教育方针。进入新时代，为推进教育现代化，以习近平同志为核心的党中央明确提出，要树立"更加注重全面发展"的基本理念。同时，将"建设高质量教育体系"① 列为"十四五"规划的一项重要任务。新时代的中国教育，已经迎来高质量发展的新阶段。教育的高质量，必定是"育人的高质量"。构建德智体美劳全面培养的教育体系，是这一阶段教育发展的核心内涵。新时代要促进学生全面发展，就必须更加注重以德为先，坚持能力为重，树立"健康第一"理念，提高审美和人文素养，弘扬劳动精神。

一　更加注重以德为先

（一）以德为先与德育为先

形成德性，成就德业，实现以德立世，是做人的最高境界。德智体美劳全面发展这一教育方针中，"德"摆在第一位。"人无德不立，育人的根本在于立德。"进入新时代，我们要推进教育现代化，就必须树立"更加注重以德为先"的基本理念。将以德为先的理念落实到教育工作中就是德育为先，即"育人必须首先重视培养人的思想政治素质，在兼顾各育的同时优先保证德育需要，将德育贯穿于教育的全过程"②。"德育为先"的核心就是使学生学会做人，具有良好的道德品质。它是以德为先在教育工作中的具体践行，也是实现以德为先的基础。

"明大德、守公德、严私德"是新时代德育最核心的内容。坚持德育为先的关键，就是要在我国国民教育全过程中融入社会主义核心价值观，对学生进行政治、思想、道德、法治和心理健康教育，强化学生政治思想素

---

① 《中共中央关于国民经济和社会发展"十四五"规划和二〇三五年远景目标的建议》，人民出版社，2020，第18页。
② 袁振国：《从反正到立新——教育理念创新之路》，华东师范大学出版社，2018，第90页。

质，增强学生文明素养和社会责任意识，培根铸魂。

（二）新时代坚持德育为先的践行方略

德育的实施是一个复杂的、开放的系统。根据系统论关于系统的目的性、层次性和整体性原理，首先，学校、家庭、政府和社会共同组成德育大系统，德育的实施就必须从学校、家庭、政府和社会协同育人开始。其次，学校、家庭、政府和社会本身又是一个子系统，各自对德育产生积极影响。因此，应将德育重点放在学校教育系统中，建立大中小幼一体化德育体系。最后，具体到学校系统中的各要素，如课程、师资、管理、活动、文化等，对德育均产生影响，学校应整合校内各育人要素，在"全员育人、全程育人、全方位育人"上形成体系。

1. 构建学校、家庭、政府和社会协同育人机制

德育工作需要协同各方力量形成合力。但现实中存在学校、家庭、社会在学生德育工作中各自为政、协同程度不高、"共育"机制不完善等问题。德育作为系统工程，首先，应将其有效落实到家庭、学校和社会教育中，使它们各负其责，各司其职。我们要发挥学校在德育中的专门作用，使学校的一切工作都围绕立德树人的目标进行；也要发挥家庭在德育中的基础作用，以良好的家风、家训和家教，涵育孩子道德品行，教会孩子如何做人，"扣好人生的第一粒扣子"；同时还要发挥党在德育中的政治引领作用和政府的保障作用；更要发挥社会在德育中的支持作用，在良好的社会文化环境中营造积极向上的社会道德风尚。其次，还需建立以学校为主导，家庭、社会与学校有机衔接的协同育人机制。通过健全家校合作机制，加强学校对家庭教育的指导。当然，社会各部门也应积极与学校配合，为学校提供社会资源和教育力量。

2. 构建大中小幼一体化德育体系

当前，我国学校教育中，各阶段德育目标的划分还不够清晰，德育内容仍存在教学内容与年龄不相匹配和适应的情况。构建大中小幼一体化的德育体系，应重点做好以下三方面工作。第一，制定学校德育大纲。确定学校德育总目标和实施原则，并在此指导下，根据大中小幼学生的身心发展特点和规律，渐进性地安排各阶段德育目标、内容和活动。第二，合理规划德育教材体系。合理规范系统的德育教材是德育一体化最直接的抓手。

应编写一套内容相互衔接的大中小幼德育教材，增强各级各类学校德育课程实施的规范性和系统性，支撑大中小幼一体化德育体系构建。第三，立足学生的社会"生活半径"科学设计德育活动。在设计德育活动时，应根据大中小幼不同学段学生活动特点，从学生的社会"生活半径"出发，由小及大，由近及远，逐步扩展①。

3. 构建学校"三全"育人机制

构建学校"三全"育人机制，一是要实现课程育人。一方面，选好教师、加强研训、确保实效，提高思想政治理论课或德育课质量。通过课程化帮助学生形成正确系统的政治、道德认知。同时，在课程教学中注重行为的指导、演练和纠偏，帮助学生德性形成和德行实践。另一方面则需要对其他课程的德育元素进行充分挖掘，在各科教学中有机渗入思想政治道德教育。二是要实现管理育人。在教学管理、班级管理、制度管理、行政管理等各个方面深入贯彻为学生发展服务理念，并渗透进学校管理的每一细节，使学生的思想行为得到有效引导。三是要实现活动育人。一方面，有目的、有计划地组织开展学校主题教育活动，力争内容丰富、主题明确、形式多样、吸引力强。另一方面，广泛开展社会实践活动，引导学生勇敢地走出学校，走进社会，教会学生充分利用社会资源，帮助他们加强对社会的了解，对生活的感悟，使学生的社会责任感得到不断增强，通过实践活动，将政治、道德认知内化于心、外化于行。四是要实现文化育人。一方面，打造校园精神文化，确立学校的核心价值追求，将其外化为校风、校训、愿景和规章制度等。另一方面，构建校园物化文化，设计包括校徽、校园环境等在内的学校物化文化符号系统。让学生浸润其中，潜移默化地影响行为和品德发展，实现以文化人、以文育人的目的。五是要实现全员育人。塑造一个全校师生员工共同成长的德育机制，需要发挥教师、管理人员、后勤服务人员甚至学生及其同伴群体的作用。

二 坚持能力为重

（一）坚持能力为重与新时代智育

党的教育方针提出德智体美劳全面发展，其中"智"是摆在第二位的。

---

① 李臣之、纪海吉：《德育课程目标一体化刍议》，《中小学德育》2018 年第 6 期，第 10~13 页。

智，指的是智能，包括知识和能力。它是每个人素质系统中的关键性素质，决定着本领与人才功能的发挥。智育是智能形成的最主要方式，智育的本职工作是使学生掌握系统的知识技能，发展能力。

长期以来，我国智育偏重系统的知识传授，具体表现在：我国学生知识掌握的深度和广度一直处于世界教育的领先位置，而实践能力尤其是创新能力则明显不足。新时代，我们提出坚持能力为重，就是要"重点发展学生能力，使其符合国家未来发展要求，能够主动适应社会，应对各种挑战与要求"①。正如2018年全国教育大会上习近平总书记强调的，"既要重视知识的宽度，也要重视学习的深度，在学习中增长见识，丰富学识，通晓天下道理，掌握事物发展规律"②。发展新时代智育，就是要增长学生的知识见识，增强学生的实践操作本领，发展学生的智能，培养学生的实践能力和创新精神。

（二）新时代坚持以能力为重的践行方略

坚持以能力为重，加强新时代智育，"围绕教师、教材、教法推进改革，探索形式多样、行之有效的教学方式方法，切实在素质教育上取得真正的突破"③。这是习近平在2018年全国教育大会上的明确要求。

1. 改革智育目标与内容，构建大中小幼一体化的智育体系

第一，着眼于培养目标，明确定位各学段智育功能，理顺各学段育人目标，研究制定各学段学生循序渐进、有序过渡的学业质量标准和核心素养体系。第二，合理安排不同学段的学科内容和课程内容。根据不同学段学生的接受能力，以"最近发展区"为原则，合理安排不同学段的学科和课程内容，开足开齐开好国家规定课程，完善丰富地方和校本课程。同时，注重各学段学科教材的衔接与配合，实现大中小幼课程教材一体化目标。第三，发挥课程标准在教材编写、教学实施、评价方式、考试命题等方面的统领作用，使各环节改革有效配合，相互促进。

---

① 袁振国：《从反正到立新——教育理念创新之路》，华东师范大学出版社，2018，第96页。
② 习近平：《坚持中国特色社会主义教育发展道路 培养德智体美劳全面发展的社会主义建设者和接班人》，《人民日报》2018年9月11日，第1版。
③ 习近平：《坚持中国特色社会主义教育发展道路 培养德智体美劳全面发展的社会主义建设者和接班人》，《人民日报》2018年9月11日，第1版。

2. 改革智育方式，提高学生创新实践能力

21 世纪的竞争是人才的竞争，而人才的竞争归根结底是创新实践能力的竞争。为培养学生的创新实践能力，必须实施创新教育，对现有的智育理念和智育方式方法进行根本性的变革。首先，树立"创新型"智育理念。实现教育理念从"承传型""标准件型"向"创新型"转变，注重调动学生运用知识、能力、资源解决复杂问题的综合能力。其次，改革智育方式方法。通过教学改革，采取启发式、互动式、探究式等教学模式，培养学生发现问题、解决问题的能力。通过教学改革，实施差异化教学和个性化指导，关注不同类型学生的学习需求。再次，推进信息技术与教育教学深度融合。培养学生的信息素养和能力，针对各学段学生的特点，大力开发各种学习资源，拓宽线上、线下教学渠道，提高教学实效。最后，应加强社会实践。引导学生从课堂和校园中走出来，通过丰富的社会实践锻炼，完善知识结构，提升实践能力。

3. 改革智育评价，引领学生全面发展

智育评价与教育评价一样是教育发展的指挥棒。"五唯"① 是当前我国教育评价中存在的顽瘴痼疾，也是智育评价中存在的主要问题。要在智育过程中做到以能力为重，就必须从根本上解决评价指挥棒问题。首先，在学生学业评价考核中，合理设置学业挑战水平，对中学生适度"减负"，对大学生适当"增负"。其次，学生学业考核不仅要关注考查各个学科的学习情况，还要关注考查学生德、体、美、劳等方面的发展情况。再次，注重过程性评价和终结性评价的有机结合，积极推进多元评价。最后，深化改革基础教育考试招生制度。要不断提高考试命题质量，切实控制好考试命题的难易度，增强命题的区分度。在基础教育考试招生制度中，既强调共同基础的搭建，又关注个性特长的发展。

三 树立"健康第一"理念

（一）"健康第一"与新时代体育

健康是生命的基础，它包括身体和心理两个方面。拥有健康的体魄和

---

① "五唯"，即唯分数、唯升学、唯文凭、唯论文、唯帽子。

健全的人格是每个人工作、生活的前提和保障。当前，在我国青少年学生素质中，体质与心理健康水平短板明显。习近平在 2018 年全国教育大会上指出："青少年体质健康水平仍是学生素质的短板，'小胖墩''小眼镜'越来越多。这个问题严重影响孩子们的身心健康，学校和全社会要行动起来。"①

体育锻炼是增强青少年体质与提高心理健康水平的重要途径，而通过学校体育进行系统的、有组织的体育锻炼则是增强青少年体质与提高心理健康水平的最重要途径。习近平在 2018 年全国教育大会上强调："要树立健康第一的教育理念，开齐开足体育课，帮助学生在体育锻炼中享受乐趣、增强体质、健全人格、锤炼意志。"②

（二）新时代树立"健康第一"理念的践行方略

践行"健康第一"理念，必须着眼于提高全民族素质，不再将学校体育教育置于可有可无的角落，努力培养学生的体育兴趣和运动习惯，切实加强学生体育锻炼，强健学生的体魄，培养学生的拼搏精神和坚强意志。

1. 构建大中小幼一体化的体育教学体系，使学校体育回归育人功能

首先，制订学校体育总目标，即体育大纲，再将它落实到各个学段。其次，结合不同学段学生的身心发展特点，制定大中小幼体育核心素养的培养路径。将体能训练、健康教育、运动技能培养和体育文化涵养等融会贯通于各学段的体育教学中。最后，根据不同学段学生身体发展特点和运动规律，科学合理安排体育运动项目，在循序渐进地提高学生体育运动技能的同时，促进学生身体机能健康有序发展。

2. 改革创新学校体育教学模式与评价标准

首先，创新体育课教学，丰富体育课内涵，增强体育课吸引力。鼓励支持各地各校因地制宜探索形式多样的体育锻炼模式。其次，改革体育评价标准，探索将学生身体健康素质与升学挂钩，而不仅局限于将体育成绩纳入中考、高考，引导督促学校和家长不随意挤占体育课时间。

① 习近平：《坚持中国特色社会主义教育发展道路　培养德智体美劳全面发展的社会主义建设者和接班人》，《人民日报》2018 年 9 月 11 日，第 1 版。
② 习近平：《坚持中国特色社会主义教育发展道路　培养德智体美劳全面发展的社会主义建设者和接班人》，《人民日报》2018 年 9 月 11 日，第 1 版。

3. 为学校体育的开展提供条件与制度保障

一是提供经费保障。提高学校体育经费投入，改善体育锻炼场地和设备设施，尤其是地处城中心区和贫困地区的学校。二是提供师资保障。积极创造条件，大力培养培训体育课师资，通过开展转岗培训，调配教师资源或发挥教师体育专长兼课、引进社会专业教师兼课等方式，解决体育专业教师不足的问题。三是提供时间保障。提高课堂教学质量，治理校内、校外超标超前教育培训，减轻学生课业负担，保证体育课开足课时，保证学生体育锻炼时间和充足的睡眠时间。四是提供制度保障。建立学生意外伤害险、校方责任险等相关制度，使学校不再顾虑因体育锻炼承担无限责任。

四　提高审美和人文素养

（一）审美与新时代美育

"美是纯洁道德、丰富精神的重要源泉。"[①] 美育有广义和狭义之分。广义上的美育是指人自发的一切审美活动，如欣赏自然美景。狭义上的美育，则是指教师有目的地培养学生认识美、爱好美和创造美的活动。人的全面发展离不开美育，教育离不开美育。作为一种精神化育，学校美育是广义与狭义、自发与自觉的统一[②]，其根本目的是帮助学生陶冶情操、提升精神境界、追求人性完美。习近平一直以来都高度重视美育工作。他曾在 2018年 8 月 30 日给中央美院老教授写下一封回信，信中强调，做好美育工作，要坚持立德树人。在全国教育工作会议上，他再次强调，"坚持以美育人、以文化人，提高学生审美和人文素养"[③]。

（二）新时代提高学生审美能力的践行方略

美育作为教育全面发展的一部分，在人的全面发展中必须发挥它应有的功能。

---

① 中共中央办公厅　国务院办公厅印发《关于全面加强和改进新时代学校美育工作的意见》，中国政府网，http://www.gov.cn/xinwen/2020-10/15/content_ 5551609. htm。
② 朱志荣：《美育对促进人的全面发展的价值》，《光明日报》2018 年 12 月 3 日，第 15 版。
③ 习近平：《坚持中国特色社会主义教育发展道路　培养德智体美劳全面发展的社会主义建设者和接班人》，《人民日报》2018 年 9 月 11 日，第 1 版。

1. 构建大中小幼一体化的美育体系

首先，制订学校美育总目标，即美育大纲，再落实到各个学段。其次，遵循美育规律和不同学段学生身心发展特点，制订大中小幼美育核心素养的培养路径。将生活美、艺术美、自然美融会贯通于各学段的美育教学中。最后，科学合理安排不同年龄层次学生的课外艺术活动和审美体验活动，让学生获得美的熏陶和精神陶冶，提升审美和创造美的能力。

2. 改革创新美育教育教学与评价体系

首先，开展面向人人的美育。学校应开足开齐开好美育课程，并在此基础上组建各种美育社团，使每个学生通过社团有机会专门接触、学习至少1项艺术技能，以此培养学生理解美、欣赏美、感悟美、体验美、创造美的能力。其次，拓展美育途径和形式。美育途径和形式包括课堂教学、校园艺术活动以及艺术社会实践等。为拓展美育形式，可以结合地方文化特色设立选修课，如地方戏、非物质文化遗产传承等。同时，为丰富学生的艺术体验，还可以开展各种校园艺术活动，如音乐节、戏剧节、画展等。此外，发挥学生艺术特长，开展校外艺术实践也是一种不错的美育路径。当然，在美育课程中，美术教育和书法是最基础的课程，必须给予特别重视和切实保障。最后，建立健全美育推进机制和评价体系。

3. 为学校美育的开展提供条件与制度保障

提供足够的开展美育所需的设施配备，如音乐及美术器材等；加强美育师资队伍培养，提高美育教师素质；监督学校安排足够的美育课程；禁止占用美育课时间，为学校美育创造必要条件。

五 弘扬劳动精神

（一）劳动精神与新时代劳动教育

习近平总书记多次指出，"劳动是推动人类社会进步的根本力量"，"劳动是人类的本质活动"，"劳动是财富的源泉，也是幸福的源泉"，"劳动是富国强民的大事"[1]。正是因为人类劳动具有这些独特价值，我们要弘扬劳动精神。

---

[1] 《"平语"近人——习近平的"劳动观"》，新华网，http://www.xinhuanet.com//politics/2017-05/01/c_1120892090.htm，2017-05-01。

"劳动教育是向学生传授现代生产劳动知识和生产劳动技能，培养学生正确劳动观念，养成良好劳动习惯的教育。"① 劳动精神的培育是一个知、情、意、行的过程。在培养学生的劳动知识、技能、观念、习惯、情感与态度等劳动素养的基础上，培育学生劳动精神，发挥劳动教育的综合育人价值，是新时代劳动教育的鲜明特点。

（二）新时代弘扬劳动精神的践行方略

1. 构建学校、家庭、政府和社会协同实施机制

社会性是劳动教育最鲜明的特点。面对真实的生活世界，以实践行动代替纸上谈兵，学会改造世界，并且在实践改造的同时塑造自己，使自身素养得到提高。仅靠学校单方面的力量显然不能完成这样的劳动教育任务，应当积极推动构建家庭、学校、社会协同实施的机制。首先，家庭应发挥基础作用。通过树立崇尚劳动的良好家风，引导孩子养成从小热爱劳动的好习惯；同时，通过引导孩子自觉参与日常生活中的劳动实践，让他们熟练掌握日常家务劳动和生活技能。其次，学校要起主导作用。学校应加强有关劳动教育的课程建设，通过集中与分散相结合的方式，使学生掌握必要的劳动技能。最后，社会应起支持作用。针对社会上存在轻视劳动，特别是看不起普通劳动者的不良倾向，营造良好舆论，创造浓厚的劳动文化氛围。政府、企业和社会团体应充分利用自有资源为学生提供劳动教育保障，如增加劳动体验开放实践场所等。

2. 构建大中小幼一体化的劳动教育体系

横向上，劳动课程、创新创业课程、社会实践、专业实践、职业活动、家务劳动等各环节应当融入劳动教育，与技术教育、创客教育、STEM 教育、职业启蒙教育等相贯通，立足德育、智育、体育、美育全局，统筹谋划、系统实施。纵向上，大中小幼学段的劳动课程与教育体系应当目标明确，且能够有机衔接；针对不同类型的学生在不同学段的特点，规定不同的劳动教育任务和内容、劳动强度要求、劳动保障手段等，构建大中小幼劳动教育的系列内容和序列活动。

---

① 冯建军：《构建立德树人的系统化落实机制》，《国家教育行政学院学报》2019 年第 4 期，第 8~18 页。

3. 结合时代要求进行劳动教育教学改革

首先，发挥劳动教育的综合育人价值。不仅要在劳动教育中发挥劳动教育本体价值，让学生参加劳动、学会劳动。同时，还要在劳动教育中发挥劳动教育的综合育人价值，让学生在劳动中磨砺品德、锻炼意志。其次，改进劳动教育方式，丰富劳动教育的内容和载体。劳动教育必须与新时代的经济社会发展相适应，体现时代特征。人类科技革命正以万物互联大数据、云计算、人工智能为代表进入智能时代，智能产品正在深刻改变原有的生活、生产方式。社会上出现越来越多非生产性及非物质性劳动，以及新型服务性劳动。相较以往，生产性劳动者也逐渐具有脑力劳动者的特征。因而，新时代劳动教育应改进劳动教育方式，丰富劳动教育的内容和载体，兼顾传统劳动和新型劳动。最后，改革劳动教育评价。建立以质性和描述性评价为主，分数、等级认定为辅的劳动教育评价方式。

综上所述，新时代要促进学生全面发展，必须构建德智体美劳全面培养的教育体系。它不仅要求我们更加注重以德为先，坚持能力为重，树立"健康第一"理念，提高审美和人文素养，弘扬劳动精神，而且还要特别注意做到"五育并举，融合育人"，避免将各育进行简单叠加。在内容上，强调"五育"的相互包容、交汇。使"五育"在一个紧密联系的辩证统一体中，以德育为核心，共同服务于学生的全面发展。在实施途径和形式上，强调"五育"的相互渗透、补充。任何一育的实施都得到其他各育的补充，任何一育的功能都能在其他各育中发挥作用。在机制上，强调"五育"的"全面融合"。通过"家校融合""线上、线下融合"等途径，实现社会、学校、家庭等不同教育主体和教育力量以及不同教育空间、场域和媒介的全面融合。只有这样，才能更高效地促进学生全面发展。

第四节　推进教育治理体系和治理能力现代化

中国化的马克思主义理论是中国教育治理现代化的根本方法论。在这样的方法论指导下，中国教育治理的立场和价值宗旨必将是最广大人民的利益和需求。将中国化的马克思主义理论方法论运用于教育治理过程，解决包括治理主体、对象、内容、方法过程以及效能评价等在内的基本问题，必须坚持以人民为中心的原则。将问题域聚焦人民，在治理什么、如何治理、治理为了什么等问题上，将满足人民群众的教育需求作为教育治理现代化的出发点，将提高教育治理的民主化水平作为教育治理现代化的着力点。

一 以满足人民群众的教育需求为教育治理现代化的出发点

"人民对美好生活的向往，就是我们的奋斗目标。"① "民有所呼，我有所应"，新时期推进教育治理体系和治理能力现代化，必须坚持以人民为中心的发展理念，将人民群众的"满意度""获得感"作为判断教育改革成效的重要指标。

（一）满足人民群众的教育需求是新时代教育治理现代化的根本目标和动力来源

教育治理现代化是国家治理现代化在教育领域的具体体现。"教育行动权力逻辑的合理性，教育系统与其他系统、教育系统内部的利益问题、权力问题和关系问题"是教育治理现代化的核心内容②。其根本目标在于，保障教育教学实践的开展，为人的自由全面发展服务。实现教育公平与教育民主、保障教育权力与受教育权力、提高教育质量、促进人的自由全面发展、增强教育为国家发展培养建设者的能力，是新时代教育治理价值的集中体现。这些教育治理价值与人民群众的教育需求高度吻合。满足人民群众的教育需求是教育治理价值的逻辑起点，而新时代教育价值体系现代化建构的最鲜明特点也就是这些新时代教育治理价值的逻辑创新。

"一切划时代的体系的真正的内容都是由于产生这些体系的那个时期的需要而形成起来的。"③ 新时代我国教育治理现代化正是人民大众在"新时代"这个时期的需要。它虽然内在地包含着传统治理文明惯性和历史治理实践运动，但其根本动力还是新时代"当下"的治理实践和"当下"人民的需求与力量。

---

① 习近平：《习近平谈治国理政》，外文出版社，2014，第3页。
② 孙杰远：《教育治理现代化的本质、逻辑与基本问题》，《复旦教育论坛》2020年第18期，第5~11页。
③ 韩庆祥、张健：《习近平治国理政思想的体系性》，《马克思主义与现实》2017年第1期，第1~5页。

（二）满足人民群众的教育需求是新时代教育治理现代化的主要内容

教育治理现代化，指的是国家教育制度体系、制度运作方式和行政管理能力的现代化，它涵盖教育的治理体系与治理能力两个方面。

1. 满足人民群众的教育需求，实现教育治理体系现代化

教育治理体系现代化首先必须解决教育发展各组织架构之间的矛盾关系。为和谐优化教育发展各组织架构之间的关系，实现教育治理体系现代化，必须构建完善适用的教育法律法规体系和完整的现代中国教育治理制度体系，实现教育领域"善治"，满足人民群众的教育需求。

构建完善而适用的教育法律法规体系是教育治理体系现代化的核心。为构建科学严密的教育法律法规体系，应注意以下三个方面。首先，构建理念应由传统的"服务于教育管理"转变为"旨在合理归置教育权力、保障受教育者的受教育权，进而实现人的全面发展"。其次，构建目的必须是通过有效保护学生与教师的合法权益和正当诉求，保障学校的发展活力，实现教育领域"善治"。最后，构建必须遵循教育规律与特点，在教育系统及其实践环节的细微处着力。

构建完整的现代教育治理制度体系是教育治理体系现代化的基础。现代化的教育治理是一种基于已有制度优势，通过改革和完善现有教育体制机制，实现现代化制度设计与创新的过程[①]。以中国特色社会主义教育制度为核心的制度体系现代化构建，包括国家、区域教育治理制度体系，国家、地方、学校制度的有效衔接。其中，学校内部制度体系和各级各类教育系统制度体系是其基础。

2. 满足人民群众的教育需求，实现教育治理能力现代化

提升现有教育治理能力的过程就是教育治理现代化的过程，它包括：教育体制机制的优化以及各种权力、利益关系的处理。在新时代国家治理现代化背景下，治理主体（政府、组织、机构）以及人的现代化或人的能力的现代化，尤其是中国共产党和政府工作者的能力现代化，是教育治理能力现代化的核心。新时代中国教育发展在应对面临的机遇和挑战时，治

[①]　孙杰远：《教育治理现代化的本质、逻辑与基本问题》，《复旦教育论坛》2020 年第 18 期，第 5～11 页。

理主体所能展现出来的领导力、理解力、判断力、执行力和创新力的提升，就是教育治理能力的提升。提升教育治理主体的能力，使其有能力为教育实践服务，高效、高质量解决教育实际问题、寻求教育发展契机、推动教育发展，更好、更充分地满足人民群众的教育需求，这是实现教育治理现代化的前提和基础。

（三）满足人民群众不断提高的教育需求是新时代教育治理现代化的发展方向

进入新时代，人民群众对教育的优质性、公平性、多样性以及便捷性需求不断提高并呈现新的特征。但我国公共教育服务体系建设中存在基本公共教育服务供给不充分、供给过程存在不均、供给方式比较单一，优质公共教育服务资源不充足，公共教育服务体系支撑服务经济社会发展的能力不强等实际问题①。基于此，新时代教育治理现代化应坚持问题导向、实践思维，加强新问题研究，制定新规划导向，满足人民群众不断提高的教育需求。

2019 年底开始发生的新型冠状病毒性肺炎疫情对教育治理模式提出了新的挑战。因为社会流动相对静止，线上教育需求增长速度超乎以往，传统线下教育模式处于前所未有的境地，教学管理方式、课程设计、信息技术在教学中的运用等遭遇了巨大挑战。在教育治理中如何以信息化促进教学发展，提升老师和学生在线教学适应能力，也是新时代教育治理现代化发展过程中应重点关注的问题。

此外，当前为贯彻新发展理念、构建新发展格局、推进教育高质量发展、促进学生健康成长，根本解决中小学生负担太重以及义务教育短视化、功利性问题，中共中央办公厅、国务院办公厅印发了《关于进一步减轻义务教育阶段学生作业负担和校外培训负担的意见》（以下简称"双减"）。"双减"改革不仅是教育格局的大调整，更是一场利益格局的大调整。它对新时代教育治理现代化提出了新的要求。如何在推进"双减"改革中防止侵害群众利益行为，满足人民群众对优质均衡教育的需求，尊重学校的办

---

① 桑锦龙、汤术峰：《公共教育服务体系建设概论》，社会科学文献出版社，2019，第 67~85 页。

学自主权,尊重学生的受教育权,尊重家长家庭教育的自主权以及校外培训机构的合法权利,这些都是新时代教育治理现代化必须重点解决的问题。

二 以提升教育民主化水平作为教育治理现代化的着力点

从教育管理到教育治理,从"管"到"治"仅一字之差,却实现了教育制度的升级。与教育管理相比,教育治理带有明显的民主化特征,其制度优越性体现在它以"善治"为目标、以"善教"为归宿。

(一)转变政府治理方式,提高教育服务能力

在政府对学校的治理中,政府从原先的控制者,逐渐转变成监督者,大幅减少强制性行政命令,以柔性的行政指导来代替,政府治理方式更加民主和充满人文关怀。

当前,提高政府教育服务能力应着重提高地方政府统筹教育改革能力,改善地方教育部门应对紧急情况的治理能力。首先,我国不同省份、不同县域的教育发展差异较大,地方政府要协调相关行政部门,着力解决本地域关系教师和科研人员切身利益的事项,实施负面清单、服务清单和资格清单制度,提高政府服务水平。其次,针对特殊情况对教育治理模式提出的挑战(如2020年发生的新型冠状病毒性肺炎疫情),着重提升地方教育部门应对紧急情况的管理能力。最后,2021年7月,党中央下决心实施"双减"改革。为提高政府治理效能,走出政府减负教育治理失灵的困境,就要下大力气转变政府治理方式,提高政府在"双减"改革中的协同治理、专门执法、专业治理以及依法治教的能力。此外,提高教育决策民主化水平、全面推进教育领域信息公开,也是提高政府教育服务能力的重要途径。

(二)健全科学决策和民主管理机制,完善学校治理结构

坚持"以教师为本位,以学生为主体"的办学理念,在体制和制度上落实和体现师生主体地位。在制度设计及实施上,体现依法治校与人文关怀的统一。以尊重和保护学生权利为切入点,以保障教师专业权利为中心,全面保障和落实师生的主体地位和在校的各种权利。

首先,健全科学民主决策机制。要依据不同决策事项的属性和特征,基于任务导向,明确界定学校事务决策权,完善重大事项集体决策规则,

提高学校决策的科学化与民主化水平。其次，推进民主管理和监督。要充分发挥教代会、学代会在学校民主管理、自主管理和监督中的主渠道作用。制定涉及学生利益的管理规定，要充分征求学生及其家长的意见。要扩大有序参与，加强议事协商，积极探索师生代表参与学校决策机构的机制。建立包括学生申诉制度与教师申诉制度在内的纠纷救济机制，实现对师生权利的更好保障，有效化解矛盾纠纷，为师生寻求权利救济提供更为规范的制度保障。最后，完善学校治理结构。不断完善学校与政府、社会的外部治理结构和学校内部权力（权利）组群的内部结构。要积极探索扩大社会参与学校办学与管理的渠道与方式，促进学校治理的外部监督、社会参与与公众问责。加强与所在地社区的合作，积极开展社区服务，参与社区建设，完善社区合作共建机制。各级各类学校还应健全学校信息公开制度，使权力真正在阳光下运行，切实保障各利益相关者的知情权与监督权。要克服学校治理"泛行政化"倾向，主动对接人民对美好生活的新期待，创新育人方式、健全教育质量标准、深化课程体系改革、加强教师队伍建设、优化教育评价体系。

（三）社会组织广泛参与教育治理

当前，我国公众参与教育治理已经取得了一定成绩，但是参与程度和保障形式与理想目标仍有相当大的距离，集中表现在参与意识淡薄、参与组织化程度低、参与渠道不畅等方面。公众参与教育治理作为制定和执行教育政策的重要程序，是教育民主化的重要特征、必然要求和集中体现，并已逐步体现在国家教育政策中。当前，重点要推进社会各方力量参与学校管理决策以及社会中介组织主导教育治理评价两个方面的工作。

一方面，应鼓励社会各方力量参与学校管理决策。在科学民主的文化潮流推动下，学校管理在参与管理决策的过程中需要吸收大量的社会力量，听取他们对教学管理的意见。许多国家都设立了宏观教育决策咨询机构，并且成立了教育决策咨询委员会。目前，多样化的教育中间机构并存已经在高等教育领域初步形成，而与政府关系密切的中间机构处于体系的核心位置。这类中间机构在第三方教育咨询领域发挥着主要作用和影响，承担政府委托的研究咨询项目。中间机构独立自主开展调查评估等多种工作，通过相关途径发布报告，其内容主要是提供依据和建议，为政府、高校有效决策服务。中间机构可以帮助高校更好地开展国际交流合作，创造更好的发展条件。

另一方面，应鼓励社会中介组织主导教育治理评价。社会中介组织主导评价，实现管办评分离，是当前我国教育治理的重点内容之一。为强化社会参与教育治理与监督，提高教育民主化水平，要激活广大社团、企业、社区等组织参与教育治理评价，建构第三方评价主体，发挥第三方评价的积极效能，在实现教育治理评价主体现代化基础上，实现价值甄别与权力分配的辩证统一。

（四）推进政府、学校、社会、家庭合作治理

当前，我们进入了全域教育时代，这是一个学校、家庭、社会边界被打破的时代，人人都有发言权和监督权。教育治理要依靠各级各类学校的努力，但也离不开政府及其管理部门、家长、社会的共同支持和参与。改进政府、学校、社会、家庭的合作关系和协同能力，推进利益相关方共同治理、合作治理。

一方面，治理主体间形成平等互动机制。"治理并不是一种正式的制度，而是持续的互动。"① 教育治理，其实就是一种合作式管理，它要求政府机关、教育机构、社会组织等各方主体能以一种互帮互助、互联互信、互融互通的形式形成协同管理关系。"以共同利益诉求和相互尊重信任为基础的协同管理关系，应该是教育发展改革需要的主要形式。"② 通过有效的机制进行协商对话，采用多样化管理方式，使多个主体能够自我理解并互相尊重，从而促进教育更好更快速地可持续发展。

另一方面，治理过程加强协调合作。治理过程的协调合作是合作治理的核心。以构建覆盖城乡的家庭教育指导服务体系为例，在中国，家庭教育是最缺乏强制力和专业性的教育。当前，我国家庭教育指导服务存在指导能力不强，专业化程度较低，覆盖面窄等问题。为增进人民福祉、促进人的全面发展，2019 年教育部将家庭教育列入年度工作要点，启动家校协同育人攻坚行动。首先，从制度层面推进解决家庭教育面临的突出问题，通过家庭教育立法、家长"持证上岗"，提升家长素质，使家庭教育系统化、专业化。其

---

① 俞可平：《治理与善治》，社会科学文献出版社，2000，第 5 页。
② 朱清时、吴敏：《21 世纪高等教育改革与发展》，高等教育出版社，2002，第 17 页。

次，为增加家庭教育投入，破解制约家庭教育发展的瓶颈，建立政府投入为主、社会力量支持的家庭教育经费投入机制，设立家庭教育专项扶持基金。最后，在家庭教育中强化政府的主导作用、发挥学校的指导作用和社会的支持作用。政府应对家庭教育工作进行顶层设计和统筹规划，建立健全家庭教育工作机制。学校可通过设立家长委员会、家长学校、家长会等家校沟通渠道，加强对家长的指导。从事家庭教育指导服务的专业社会工作者和社会组织为儿童和家庭提供常态化、规范化的家庭教育指导服务。

（五）完善教育督导

教育督导是现代教育治理体系的重要组成部分。它包括对政府教育履职情况、学校办学情况以及教育专项工作情况等的督导。在新时代新形势下，教育督导要主动适应教育现代化需要，从制度化走向现代化，深入推进体制机制改革，不断提高督导的独立性和权威性，让教育督导"长牙齿"，为办好人民满意的教育保驾护航[①]。

一方面，应加强和改进教育督导，促进教育治理现代化各项政策全面落实。首先，加强对各级政府履行教育职责情况的督导。为确保国家教育方针政策的贯彻落实，应依法加强对各级政府在统筹规划、政策引导、监督管理和提供教育公共服务等方面履职的评价。其次，加强对学校规范办学的督导。为促进学校科学管理与内涵式发展，应建立贯通大中小幼的教育质量监测评估制度，对学校办学质量进行督导。最后，加强对教育专项工作的督导。国家和各级政府通过设立教育重大决策项目或专项工作，解决群众关心、社会关注的热点难点问题。应建立和完善专项督导与教育追责问责机制，确保这些专项工作落到实处、取得实效[②]。

另一方面，重视督导结果运用，强化监督问责，使督导有为有效。教育督导的生命力和权威性很大程度上取决于督导评价结果的运用。目前，我国教育督导结果运用大多在教育行政部门内循环，还未形成政府、教育部门、社会多方联动机制，造成问题整改力度不够、权威性不高。为确保

---

① 张彩云、方晨晨：《教育督导 70 年回顾与展望：从制度化走向现代化》，《行政管理改革》2019 年第 6 期，第 13~19 页。
② 吴俊清：《推进教育治理现代化的三个导向》，《学习时报》2019 年 12 月 4 日，第 4 版。

督导有为有效，建议将教育督导结果作为学校教育质量评价的主要标准，直接影响学校拨款和评定，同时，构建良好的结果运用和问责机制，尤其要切实发挥各级督导委员会的作用，形成协调各个职能部门共商共谋教育的联动机制。

结束语

坚持以人民为中心发展教育具有深厚的理论渊源和坚实的实践基础，是一个内涵丰富的理论。新时代坚持以人民为中心发展教育面临艰巨任务和严峻挑战，我们应紧紧围绕以人民为中心的发展理念，促进有质量的教育公平，提升教育发展共享水平，促进学生全面发展，推进教育治理体系和治理能力现代化，建设教育强国，实现中国教育现代化。

为实现承载着中华儿女的共同向往，寄托着国家富强、民族振兴、人民幸福美好愿景的中华民族伟大复兴的中国梦，我们应发挥以人民为中心的教育功能，培养担当民族复兴大任的时代新人，为民族振兴厚植人才优势、培育创新动力。我们应围绕立德树人，帮助青少年扣好人生的第一粒扣子，让中华民族一代接着一代追求美好崇高的精神境界，为中华民族伟大复兴凝聚起强大的精神力量和有力的道德支撑。我们应围绕建设教育强国，运用"互联网+""智能+"教育，在更大范围和更高水平上实现优质教育资源共享，不仅保证基础教育世界领先地位，而且实现建成高等教育强国的目标。通过建设中国特色现代职业教育体系，实现技能传承与培养、技能人才培养的强国目标，使中国成为全球技术和技能发展的依靠力量。通过建成正规教育与非正规教育相互衔接、转换的终身学习"立交桥"，实现学习者学习时间、学习内容和学习方式的灵活性与自主性，进而建设以学生为中心，学生、家庭、教师和社会共同参与的学习共同体。

我们有理由相信，随着以人民为中心发展教育在新时代的深入实践，我国必将实现教育现代化，并逐渐成为一个具有综合实力、竞争能力和国际影响力的教育现代化强国。我国的教育体系和教育制度将更加完善、更加先进、更具竞争能力，我国也将拥有世界最为强大、领先的教育体系、教育制度和教育发展模式。新增劳动力受教育年限将进入世界第一梯队，人力资源开发将进入更高层次。随着高中阶段教育普及率的持续提高，我国新增劳动力受教育年限将获得更大提升，进入世界第一梯队。在人力资源总量持续保持世界第一的基础上，随着高等教育普及化水平的不断提升，我国也必将拥有世界第一的高等教育文化程度受教育者规模。主要劳动人口中，高等教育文化程度的比例也将逐步提高。我国教育将更加开放，全面走向世界，实现几代人长期追寻的"中国教育梦"。

当然，未来必然会出现新的情况，我们要以永远在路上的执着，把以人民为中心的发展思想贯穿教育事业始终，将坚持以人民为中心发展教育引向深入，不断开创教育新局面。

参考文献

一 经典著作

《关于深化新时代学校思想政治理论课改革创新的若干意见》，人民出版社，2019。

《习近平总书记教育重要论述讲义》编写组：《习近平总书记教育重要论述讲义》，高等教育出版社，2020。

《中共中央　国务院关于全面加强新时代大中小学劳动教育的意见》，人民出版社，2020。

《中共中央　国务院关于全面深化新时代教师队伍建设改革的意见》，人民出版社，2018。

《中共中央　国务院关于深化教育教学改革　全面提高义务教育质量的意见》，人民出版社，2019。

《中华人民共和国国民经济和社会发展第十四个五年规划和2035年远景目标纲要》，人民出版社，2021。

邓小平：《邓小平文选》（第三卷），人民出版社，1993。

邓小平：《邓小平文选》（第一、二卷），人民出版社，1994。

国家中长期教育改革和发展规划纲要领导小组办公室：《国家中长期教育改革和发展规划纲要（2010~2020年）》，人民教育出版社，2010。

胡锦涛：《胡锦涛文选》（第一、二、三卷），人民出版社，2016。

胡锦涛：《在全国教育工作会议上的讲话》，人民出版社，2010。

江泽民：《江泽民文选》（第一、二、三卷），人民出版社，2006。

教育部课题组：《深入学习习近平关于教育的重要论述》，人民出版社，2019。

毛泽东：《毛泽东选集》（第一、二、三、四卷），人民出版社，1991。

人民出版社编《关于深化新时代教育督导体制机制改革的意见》，人民出版社，2020。

人民出版社编《深化新时代教育评价改革总体方案》，人民出版社，2020。

人民日报评论部：《习近平用典》，人民日报出版社，2018。

习近平：《摆脱贫困》，福建人民出版社，1992。

习近平：《关于制定福建省国民经济和社会发展第十个五年计划建议的说明》，《福建日报》2000 年 11 月 7 日。

习近平：《闽东南开放开发大思路》，《人民论坛》1996 年第 3 期。

习近平：《努力办出特色再创辉煌业绩：贺闽江大学十年校庆》，《闽江大学学报》1994 年第 2 期。

习近平：《使人民群众不断获得切实的经济、政治、文化利益》，《求是》2001 年第 19 期。

习近平：《我是黄土地的儿子》，《西部大开发》2012 年第 9 期。

习近平：《习近平谈"摆脱贫困"》，《理论与当代》2014 年第 10 期。

习近平：《习近平谈治国理政》（第二卷），外文出版社，2017。

习近平：《习近平谈治国理政》（第三卷），外文出版社，2020。

习近平：《习近平谈治国理政》（第一卷），外文出版社，2018。

习近平：《以马克思主义理论为指导念好新时期的"人才经"》，《马克思主义与现实》1991 年第 4 期。

习近平：《因地制宜发挥优势走自己发展的路子》，《领导科学》1992 年 3 期。

习近平：《正确处理闽东经济发展的六个关系》，《福建论坛》（经济社会版）1989 年第 5 期。

习近平：《之江新语》，浙江人民出版社，2007。

中共中央党史和文献研究院编《十九大以来重要文献选编（上）》，中央文献出版社，2019。

中共中央党史研究室：《中国共产党的九十年》（第一、二、三册），中共党史出版社，2016。

中共中央党史研究室编《中国共产党历史》（第一、二卷），中共党史出版社，2011。

中共中央马克思恩格斯列宁斯大林著作编译局：《列宁选集》（第3版修订版）（第1~4卷），人民出版社，2012。

中共中央马克思恩格斯列宁斯大林著作编译局：《列宁专题文集》（第一、二、三、四、五卷），人民出版社，2009。

中共中央马克思恩格斯列宁斯大林著作编译局：《马克思恩格斯文集》（1~10卷），人民出版社，2009。

中共中央文献编辑委员会：《刘少奇选集》（上卷），人民出版社，1981。

中共中央文献编辑委员会：《周恩来选集》（上下卷），人民出版社，1980、1984。

中共中央文献研究室编《邓小平传（1904~1974）》（上、下），中央文献出版社，2014。

中共中央文献研究室编《邓小平论教育》，人民教育出版社，2004。

中共中央文献研究室编《邓小平年谱》，中央文献出版社，2004。

中共中央文献研究室编《毛泽东传》，中央文献出版社，2013。

中共中央文献研究室编《毛泽东思想年编：1921~1975》，中央文献出版社，2011。

中共中央文献研究室编《习近平关于青少年和共青团工作论述摘编》，中央文献出版社，2017。

中共中央文献研究室编《改革开放三十年重要文献选编》（上、下），中央文献出版社，2008。

中共中央文献研究室编《建国以来重要文献选编》（1949.9~1965.12），中央文献出版社，2011。

中共中央文献研究室编《三中全会以来重要文献选编》（上、下册），中央文献出版社，2011。

中共中央文献研究室编《十八大以来重要文献选编（上、中、下册）》，中央文献出版社，2014、2016、2018。

中共中央文献研究室编《十二大以来重要文献选编》（上、中、下册），中央文献出版社，2011。

中共中央文献研究室编《十六大以来重要文献选编》（上、下册），中央文献出版社，2011。

中共中央文献研究室编《十六大以来重要文献选编》（中册），中央文献出版社，2006。

中共中央文献研究室编《十七大以来重要文献选编》（上、中、下册），中共中央文献出版社，2009、2011、2013。

中共中央文献研究室编《十三大以来重要文献选编》（上、中、下册），人民出版社，1991、1993。

中共中央文献研究室编《十四大以来重要文献选编》（上、中册），人民出版社，1996、1997。

中共中央文献研究室编《十四大以来重要文献选编》（下册），中央文献出版社，2011。

中共中央文献研究室编《十五大以来重要文献选编》（上、中、下册），人民出版社，2000、2001、2003。

中共中央文献研究室编《中国特色社会主义理论体系形成与发展大事记》（一九七八～二〇〇八年），中央文献出版社，2008。

中共中央宣传部：《"三个代表"重要思想学习纲要》，学习出版社，2003。

中共中央宣传部编《科学发展观学习纲要》，学习出版社、人民出版社，2013。

中共中央宣传部编《习近平新时代中国特色社会主义思想三十讲》，学习出版社，2018。

中共中央宣传部编《习近平新时代中国特色社会主义思想学习纲要》，学习出版社、人民出版社，2019。

中国共产党第十九届中央委员会：《中共中央关于制定国民经济和社会发展第十四个五年规划和二〇三五年远景目标的建议》，人民出版社，2020。

中华人民共和国教育部、中共中央文献研究室：《毛泽东邓小平江泽民论教育》，中央文献出版社，2002。

中央党校采访实录编辑室：《习近平在福州》，中共中央党校出版社，2020。

中央党校采访实录编辑室：《习近平在宁德》，中共中央党校出版社，2020。

中央党校采访实录编辑室：《习近平在厦门》，中共中央党校出版社，2020。

中央党校采访实录编辑室：《习近平在正定》，中共中央党校出版社，2019。

中央档案馆编：《中共中央文件选集》1949年10月~1966年5月（1~50册），人民出版，2013。

二　学术研究著作

〔俄〕夸美纽斯：《大教学论》，教育科学出版社，1999。

〔英〕格林等著《教育、平等和社会凝聚力：一种基于比较的分析》，赵刚、庄国欧、姜志芳译，华东师范大学出版社，2018。

"马克思主义中国化的历史进程和基本经验"课题组：《马克思主义中国化研究——历史进程和基本经验》（上、下），人民出版社，2009。

〔美〕M.A.班尼等：《教育社会心理学》，云南教育出版社，1986。

〔美〕杜威：《人的问题》，上海人民出版社，2006。

〔美〕理查德·A.金（Richard A. King）：《教育财政——效率、公平与绩效》（第三版），中国人民大学出版社，2009。

〔美〕舒尔茨：《论人力资本投资》，北京经济学院出版社，1990。

〔美〕威廉·格拉瑟：《没有失败的学校》，首都师范大学出版社，2010。

〔美〕约瑟夫·E.奥恩（Joseph E. Aoun）：《教育的未来：人工智能时代的教育变革》，机械工业出版社，2018。

〔美〕约瑟夫·奈：《硬权力与软权力》，北京大学出版社，2005。

〔英〕戴维·麦克莱伦：《马克思传》，中国人民大学出版社，2010。

〔英〕涂尔干：《教育思想的演进——法国中等教育的形成与发展讲稿》，商务印书馆，2018。

卜宪群主编《习近平新时代治国理政的历史观》，中国社会科学出版社，2019。

蔡昉、张晓晶：《构建新时代中国特色社会主义政治经济》，中国社会科学出版社，2019。

蔡中宏：《教育与社会发展研究——基于文化和人的视角》，中国社会科学出版社，2013。

曹寄奴：《教育优先发展的理论与实践》，人民出版社，2014。

车树实：《马克思主义教育思想史初编》，广西教育出版社，1990。

陈桂生：《教育原理》（第3版），华东师范大学出版社，2012。

陈桂生：《人的全面发展理论与现时代》，上海教育出版社，2012。

陈锡文主编《走中国特色社会主义乡村振兴道路》，中国社会科学出版社，2019。

陈至立：《陈至立教育文集》，高等教育出版社，2015。

程恩富、胡乐明主编《马克思主义基本原理整体性研究》，广西师范大学出版社，2017。

程恩富、胡乐明主编《外国经济学说与中国研究报告（2015）》，社会科学文献出版社，2015。

程水栋：《人民满意教育的动力机制研究》，人民出版社，2014。

储朝晖：《以人为本的教育转型》，浙江大学出版社，2016。

单中惠：《西方教育思想史》，教育科学出版社，2007。

董圣足等：《从有益补充到共同发展——民办教育改革发展之路》，华东师范大学出版社，2018。

杜成宪、丁钢：《20世纪中国教育的现代化研究》，上海教育出版社，2004。

范国睿：《教育政策观察》，华东师范大学出版社，2013。

范国睿等：《从制度到赋能——教育制度变迁创新之路》，华东师范大学出版社，2018。

冯刚、张剑：《科学发展观教育理论研究》，教育科学出版社，2011。

冯惠敏：《中国共产党教育公平思想研究》，武汉大学出版社，2009。

改革开放30年中国教育改革与发展课题组：《教育大国的崛起（1978~2008）》，教育科学出版社，2008。

改革开放以来的教育发展历史性成就和基本经验研究课题组：《改革开放30年中国教育重大理论成果》，教育科学出版社，2008。

高齐：《新中国的教育历程》，河北教育出版社，1999。

高齐：《中国现代教育史》，北京师范大学出版社，1985。

高书国：《教育强国：中国教育发展战略选择》，广东高等教育出版社，2018。

高书国：《教育指标体系：大数据时代的战略工具》，北京师范大学出版社，2015。

顾明远、鲍东明：《推进共建"一带一路"教育专题研究》，教育科学出版社，2017。

顾明远：《20世纪初中国教育》，湖北教育出版社，2015。

顾明远：《当代中国教育》，中国人民大学出版社，2016。

顾明远：《教育大辞典·教育哲学卷》，上海教育出版社，1992。

顾明远：《教育改变中国》，中国文史出版社，2018。

顾明远主编《改革开放30年中国教育纪实》，人民出版社，2008。

顾小清：《从辅助教学到重塑生态——教育信息化发展之路》，华东师范大学出版社，2018。

郭齐家等：《简明中国教育史》，北京师范大学出版社，2008。

国家教育委员会计划规划司：《中国教育统计年鉴（1991~1992）》，人民教育出版社，1993。

何东昌主编《中华人民共和国重要教育文献（1976~1990年）》，海南出版社，1998。

何东昌主编《中华人民共和国重要教育文献（1991~1997年）》，海南出版社，1998。

何东昌主编《中华人民共和国重要教育文献（1998~2002年）》，海南出版社，2003。

何东昌主编《中华人民共和国重要教育文献（2003~2008年）》，新世界出版社，2010。

何东昌主编《中华人民共和国重要教育文献（2009~2013年）》，新世界出版社，2015。

侯惠勤：《马克思的意识形态批判与当代中国》，中国社会科学出版社，2010。

侯惠勤主编《马克思恩格斯列宁斯大林论意识形态》，人民出版社，2009。

侯惠勤主编《马克思主义基本原理研究》（第1~7辑），中国社会科学出版社，2011~2017。

胡松柏主编《中国教育改革与发展六十周年辉煌历程（卷一）》，人民教育出版社，2009。

黄林芳：《教育发展机制论》，上海财经大学出版社，2006。

姜英敏、高益民主编《博学与慎思——当代教育思想与理论》，山东教育出版社，2015。

教育部《中国共产党教育理论与实践》编写组编《中国共产党教育理论与实践》，北京师范大学出版社，2001。

金民卿：《马克思主义中国化思想史论》，社会科学文献出版社，2018。

金民卿：《马克思主义中国化研究文稿》，社会科学文献出版社，2017。

金民卿：《青年毛泽东的思想转变之路：毛泽东是怎样成为马克思主义者的？》，社会科学文献出版社，2015。

金一鸣主编《中国特色社会主义教育研究》，山东教育出版社，1998。

瞿葆奎：《教育基本理论之研究（1978～1995）》，福建教育出版社，1998。

柯政等：《从整齐划一到多样选择——课程改革发展之路》，华东师范大学出版社，2018。

李国钧、王炳照：《中国教育制度通史》，山东教育出版社，2000。

李建求主编《"一带一路"沿线国家职业教育概览》（上、下册），商务印书馆，2018。

李捷主编《毛泽东思想研究》（第3辑），中国社会科学出版社，2014。

李培林主编《坚持以人民为中心的新发展理念》，中国社会科学出版社，2019。

厉以贤、李明德：《马克思恩格斯教育学说探讨》，科学教育出版社，1984。

刘复兴：《教育政策的价值分析》，教育科学出版社，2003。

刘复兴、薛二勇：《中国教育发展指数》，北京师范大学出版社，2014。

马健生主编《创新与创业——21世纪教育的新常态》，山东教育出版社，2015。

毛礼锐、沈灌群：《中国教育通史》（第五卷），山东教育出版社，1988。

梅新林：《中国教师教育30年》，中国社会科学出版社，2008。

曲铁华：《新编中国教育史》，东北师范大学出版社，2011。

曲铁华：《中国教育史》，武汉大学出版社，2011。

人民教育出版社编《毛泽东论教育》（第三版），人民教育出社，2008。

容中逵：《传统与现代的交锋——百年中国乡村教育变迁的实践表达》，浙江大学出版社，2010。

申素平：《从法制到法治——教育法治建设之路》，华东师范大学出版社，2018。

石建勋：《新时代我国社会发展的主要矛盾研究》，人民出版社，2019。

舒志定：《马克思教育思想的当代阐释》，学习出版社，2013。

孙德玉：《中国教育思想简史》，安徽教育出版社，2011。

孙绵涛：《改革开放以来中国教育改革的规律问题研究》，人民出版社，2012。

孙绵涛：《教育效能论》，人民教育出版社，2007。

孙培青：《中国教育史》，华东师范大学出版社，1992。

孙霄冰：《推进教育优先发展政策与制度建设研究》，教育科学出版社，2010。

滕珺主编《流动与融合——教育国际化的世界图景》，山东教育出版社，2015。

童世骏：《建设社会主义教育强国研究》，人民出版社，2019。

王炳照、阎国华：《中国教育思想通史》（第六、七卷），湖南教育出版社，1996。

王红：《中国教育经费发展历程与未来展望》，上海科技教育出版社，2016。

王京清主编《深入推进新时代党的建设新的伟大工程》，中国社会科学出版社，2019。

王璐主编《均衡与优质——教育公平与质量》，山东教育出版社，2015。

王卫东：《现代化进程中的教育价值体系：西方之鉴于本土之路》，中国社会科学出版社，2002。

王伟光主编《开辟当代马克思主义哲学新境界》，中国社会科学出版社，2019。

王作冰著《人工智能时代的教育革命》，叶光森整理，北京联合出版社，2017。

文学国主编《马克思恩格斯列宁斯大林论教育》，中国社会科学出版社，2016。

吴德刚：《中国教育改革发展研究》，教育科学出版社，2011。

吴海江：《以人民为中心的发展思想研究》，人民出版社，2019。

吴康宁：《教育社会学》，人民教育出版社，1997。

肖甦主编《转型与提升——教师教育的改革与发展》，山东教育出版社，2015。

辛向阳：《科学发展观的基本问题研究》，中国社会出版社，2008。

辛向阳：《世纪展望——事关中华民族长远发展的重大问题追问与解答》，中国言实出版社，2012。

辛向阳：《治国理政新布局："四个全面"托起中国梦》，中国人民大学出版社，2016。

辛向阳主编《马克思主义及其中国化系列论坛文集·2014 全面深化改革与发展中国特色社会主义》，广西师范大学大学出版社，2016。

徐国庆：《从分等到分类——职业教育改革发展之路》，华东师范大学出版社，2018。

徐莉莉著《城乡教育一体化视域下农村新教师入职培养研究》，浙江大学出版社，2014。

徐瑞、刘慧珍：《教育社会学》，北京师范大学出版社，2010。

荀渊、刘信阳：《从高度集中到放管结合——高等教育变革之路》，华东师范大学出版社，2018。

杨东平：《2020：中国教育改革方略》，人民出版社，2010。

杨东平：《中国教育蓝皮书（2003 年）》，高等教育出版社，2004。

杨东平主编《2020：中国教育改革方略》，人民出版社，2010。

杨天平、黄宝春：《中国共产党教育方针 90 年发展研究》，重庆大学出版社，2015。

杨小微等：《从被动接受到主动学习——教学改革发展之路》，华东师范大学出版社，2018。

余秀兰：《中国教育的城乡差异：一种文化再生产现象的分析》，教育科学出版社，2004。

俞家庆主编《中国特色社会主义教育理论研究》，中国人民大学出版社，2008。

袁贵仁：《中国教育》，北京师范大学出版社，2013。

袁振国：《当代教育学》，教育科学出版社，2004。

袁振国：《教育政策学》，江苏教育出版社，2000。

袁振国：《跨入中等收入陷阱国家教育变革的重大启示》，教育科学出版社，2013。

袁振国等：《从反正到立新——教育理念创新之路》，华东师范大学出版社，2018。

袁振国等主编《共和国教育公平之路》，华东师范大学出版社，2019。

张健：《马克思主义教育思想研究》，科学教育出版社，1989。

张健主编《建设有中国特色的社会主义教育》，广东教育出版社，1996。

张江主编《建设新时代社会主义文化强国》，中国社会科学出版社，2019。

张江主编《实现新时代中国特色社会主义文艺的历史使命》，中国社会科学出版社，2019。

张宁娟等：《从追赶到跨越——教育跨越式发展之路》，华东师范大学出版社，2018。

张卓玉：《第二次教育革命是否可能：人本主义的回答》，商务印书馆，2015。

赵智奎：《理论自信：中国特色社会主义理论研究》，高等教育出版社，2019。

赵智奎：《马克思主义中国化的基本经验及规律性研究》，中国社会科学出版社，2015。

赵智奎主编《改革开放 30 年思想史》（上下卷），人民出版社，2008。

郑传芳：《中国特色社会主义理论体系若干问题研究》，人民出版社，2010。

中国教育科学研究院：《办人民满意的教育——全国教育满意度调查报告》，教育科学出版社，2019。

中华人民共和国教育部：《共和国教育 50 年（1949～1990）》，北京师范大学出版社，1999。

朱家存：《教育均衡发展政策研究》，中国社会科学出版社，2003。

朱小蔓：《教育的问题与挑战——思想的回应》，南京师范大学出版社，2000。

朱旭东：《中国教育改革 30 年（教师教育卷）》，北京师范大学出版社，2009。

三　学术研究期刊

闻闻：《倾心！倾囊！倾力！倾斜！——福建省民族教育对口帮扶工作纪实》，《中国民族》2002 年第 2 期。

《三个"坚持"，习近平把这个"坚持"放在首位》，《理论导报》2019 年第 10 期。

白华：《差异化绩效责任制：美国中小学均衡发展的新举措》，《比较教育研究》2010 年第 5 期。

白显良、崔建西：《新时代立德树人的价值定位、时代内涵与实践要旨》，《思想理论教育》2018 年第 11 期。

本刊编辑部：《构建普通高中多样化有特色发展新格局》，《人民教育》2020 年第 23 期。

赵朝峰：《习近平总书记对马克思主义教育思想的新发展》，《人民论坛》2019 年第 6 期。

陈宝生：《弘扬尊师重教好风尚　踏实强师筑梦新步伐——写在第 35 个教师节》，《人民教育》2019 年第 18 期。

陈宝生：《落实　落实　再落实——在 2019 年全国教育工作会议上的讲话》，《中国民族教育》2019 年第 3 期。

陈宝生：《落实立德树人根本任务　构建德智体美劳全面培养体系》，《时事报告（党委中心组学习）》2019 年第 3 期。

陈宝生：《全面推进依法治教　为加快教育现代化、建设教育强国提供坚实保障——在全国教育法治工作会议上的讲话》，《国家教育行政学院学报》2019 年第 1 期。

陈宝生：《认真学习贯彻习近平总书记高等教育重要论述　努力办好中国特色社会主义大学》，《中国高等教育》2017 年第 1 期。

陈宝生：《深入学习贯彻习近平总书记关于教育的重要论述》，《旗帜》2020 年第 2 期。

陈宝生：《推进教育治理体系和治理能力现代化》，《旗帜》2019 年第 11 期。

陈荟、鲁文文：《我国民族地区教育均衡发展研究 70 年》，《西南大学学报》（社会科学版）2019 年第 4 期。

陈金章：《习近平在福建时期的教育探索与实践研究》，《中共福建省委党校学报》2018 年第 8 期。

陈立鹏、仲丹丹：《新中国成立 70 年：对民族教育"深层次问题"的再思考》，《民族教育研究》2019 年第 5 期。

陈明义：《福建省扫盲工作的特点及进一步发展的构想》，《教育评论》1990 年第 2 期。

陈子季：《努力办好人民满意的更高质量、更加公平的社会主义现代化教育——论习近平总书记教育思想的三个维度》，《国家教育行政学院学报》2017 年第 2 期。

程艳霞、李永梅：《普及高中阶段教育的历史逻辑与供给侧改革路径》，《中国教育学刊》2019 年第 2 期。

褚宏启：《新时代需要什么样的教育公平：研究问题域与政策工具箱》，《教育研究》2020 年第 2 期。

崔保师：《深刻学习领会习近平总书记关于教育的重要论述的科学内涵》，《教育研究》2018 年第 9 期。

戴艳梅、储白珊、谢婷：《开放发展　风起帆张——习近平总书记在福建的探索与实践·开放篇》，《福建党史月刊》2017 年第 10 期。

杜彬恒：《坚持以人民为中心发展教育　着力提升全民就业创业能力》，《中国大学生就业》2019 年第 4 期。

段金柱、赵锦飞、林宇熙：《滴水穿石，功成不必在我——习近平总书记在福建的探索与实践·发展篇》，《福建党史月刊》2017 年第 12 期。

冯建军：《构建立德树人的系统化落实机制》，《国家教育行政学院学报》2019 年第 4 期。

冯建军：《立德树人的时代内涵与实施路径》，《人民教育》2019 年第 18 期。

高政、胡金木：《习近平新时代德育工作重要论述及实践要求》，《国家教育行政学院学报》2020 年第 1 期。

葛道凯：《坚持以人民为中心的发展理念，推动高等教育内涵发展》，《中国高等教育》2017 年第 20 期。

葛道凯：《习近平重要教育论述对教育改革发展的重大意义》，《中国职业技术教育》2016 年第 19 期。

顾明远：《深入学习研究习近平教育思想》，《中国高校社会科学》2018 年第 2 期。

顾明远：《新时代教育发展的指导思想——学习习近平总书记在全国教育大会上的讲话》，《北京师范大学学报》（社会科学版）2019 年第 1 期。

顾月华：《探寻基础教育高质量发展的治理之道》，《人民教育》2020 年第 1 期。

贺祖斌：《推进高等教育治理体系和治理能力现代化建设》，《中国高等教育》2020 年第 8 期。

胡昳昀、刘宝存：《从"依附"到"合作"：拉丁美洲高等教育发展路径研究》，《高教探索》2020 年第 4 期。

胡昳昀、刘宝存：《墨西哥义务教育阶段教师聘用制改革研究》，《比较教育研究》2016 年第 10 期。

姜尔林：《转型国家高等教育扩张的动力机制研究：地位竞争的视角——以俄罗斯为例》，《外国教育研究》2014 年第 8 期。

靳贵珍：《美国高等教育公平问题的历史透析》，《北京理工大学学报》（社会科学版）2004 年第 3 期。

景李虎：《新时代全面推进依法治校的思考与实践》，《国家教育行政学院学报》2019 年第 1 期。

瞿振元：《学习习近平总书记重要论述　建设中国特色世界水平的现代教育》，《中国高等教育》2014 年第 19 期。

乐先莲：《国家形态的演进与公民教育的变革——国家类型学视域下俄罗斯转型时期公民教育探微》，《外国教育研究》2016 年第 3 期。

李国娟：《习近平群众工作思想初探》，《毛泽东邓小平理论研究》2017 年第 12 期。

李环宇：《发达国家成人教育主体转型及启示》，《中国成人教育》2017

年第 21 期。

李辉：《坚持以人民为中心发展教育的基本向度》，《人民论坛》2019年第 S1 期。

李建民：《"全面普及高中阶段教育"的内涵释要与路径选择》，《教育研究》2019 年第 7 期。

李宪建：《习近平扶贫开发战略思想研究——以"宁德模式"为视角》，《中共云南省委党校学报》2017 年第 5 期。

李英渠：《县域教育如何实践"坚持以人民为中心"的思想》，《中国德育》2018 年第 23 期。

李政：《职业教育类型属性下的普职融通：特点、使命与行动》，《职教通讯》2020 年第 9 期。

李政涛：《"五育融合"推动基础教育高质量发展》，《人民教育》2020年第 20 期。

梁晨：《20 世纪 90 年代以来拉丁美洲教育现状》，《当代教育实践与教学研究》2019 年第 5 期。

廖志诚、张艳涛、龙柏林、张埔华：《习近平总书记参加福建代表团审议时的重要讲话笔谈》，《理论与评论》2019 年第 2 期。

刘复兴、邢海燕：《坚持以人民为中心发展教育》，《中国高等教育》2019 年第 6 期。

刘杰：《试论习近平的群众观》，《长江大学学报》（社会科学版）2018年第 4 期。

刘鹏照：《以法治推动区域教育治理现代化》，《国家教育行政学院学报》2019 年第 1 期。

刘书林：《坚持社会主义办学方向　办好人民满意的教育——学习习近平总书记在全国教育大会上的重要讲话》，《思想理论教育导刊》2018 年第11 期。

刘伟：《中国高等教育体制改革的民生逻辑与路向》，《内蒙古社会科学》（汉文版）2017 年第 3 期。

刘小强、王德清：《美国吸引高质量教师到薄弱学校的新举措》，《外国教育研究》2011 年第 3 期。

刘小强、王德清：《美国早期教育弱势资助政策研究》，《比较教育研究》2012 年第 11 期。

刘星亮：《习近平以人民为中心的发展思想研究》，广西大学博士学位论文，2019。

刘绪军、温贻芳：《以人民为中心的高等职业教育改革体系构建与推进策略》，《教育与职业》2018 年第 23 期。

刘原：《努力办好人民满意教育是高校落实以人民为中心的出发点和落脚点》，《课程教育研究》2018 年第 29 期。

马丁·特罗、徐丹、连进军：《从精英到大众再到普及高等教育的反思：二战后现代社会高等教育的形态与阶段》，《大学教育科学》2009 年第 3 期。

马嵘、程晋宽：《西方发达国家优势教育的兴盛与实践模式》，《现代教育管理》2019 年第 1 期。

马思腾：《整体推进普通高中教育公平发展的策略组合》，《人民教育》2020 年第 21 期。

孟庆云、娄海波：《习近平在正定时期的人才战略思想》，《中共石家庄市委党校学报》2016 年第 3 期。

闵永新：《坚持"以人民为中心"开启教育新征程》，《红旗文稿》2018 年第 24 期。

穆惠涛：《习近平教育扶贫思想研究》，东北师范大学博士学位论文，2019。

倪佳琪：《坚定"以人民为中心"的根本立场树立新时代的教育形象》，《北京教育（德育）》2018 年第 10 期。

潘懋元、罗丹：《多国高等教育大众化模式比较研究》，《高等教育研究》2007 年第 3 期。

彭寿清：《习近平新时代中国特色社会主义教育思想的哲学基础》，《西南大学学报》（社会科学版）2018 年第 1 期。

蒲蕊、王乐夫：《对西欧高等教育改革中"评估型政府"的思考》，《中山大学学报》（社会科学版）2006 年第 1 期。

秦红：《四省市党报"习近平往事"报道解析》，《青年记者》2017 年第 34 期。

庆兆坤：《推动教育优质均衡发展要以人民为中心》，《人民论坛》2019

年第 19 期。

荣黎霞：《发展中国家如何致力于更加公平的教育——以印度和南非为例》，《比较教育研究》2007 年第 2 期。

桑标：《全方位推进教育治理体系与治理能力现代化》，《教育发展研究》2020 年第 1 期。

桑锦龙：《关于深入推进教育治理体系和治理能力现代化的思考》，《教育发展研究》2020 年第 5 期。

石国亮：《论习近平总书记关于教育的重要论述——以新时代第一次全国教育大会为重点的分析》，《中国青年社会科学》2018 年第 6 期。

史秋衡：《以人民为中心促进教育公平》，《人民论坛》2019 年第 6 期。

苏国红、李卫华、吴超：《习近平"立德树人"教育思想的主要内涵及其实践要求》，《思想理论教育导刊》2018 年第 3 期。

孙芳仲、林若红：《深化改革办出特色》，《闽江大学学报》1994 年第 2 期。

孙杰远：《教育治理现代化的本质、逻辑与基本问题》，《复旦教育论坛》2020 年第 1 期。

孙伦轩、陈·巴特尔：《"金砖四国"的高等教育转型：内外冲击与国家回应》，《高教探索》2017 年第 10 期。

孙霄兵：《努力推进以人民为中心的教育现代化》，《中国高教研究》2018 年第 2 期。

孙岳兵：《习近平群众观对毛泽东群众路线思想的发展及其时代价值》，《湖南师范大学社会科学学报》2016 年第 2 期。

唐国华：《以习近平新时代中国特色社会主义思想引领教育改革发展》，《现代教育管理》2017 年第 11 期。

唐任伍、李楚翘：《习近平"以人民为中心"民生观的福建实践》，《经济与管理评论》2019 年第 5 期。

陶青：《西方发达国家小班化教育政策的演化与比较》，《现代教育管理》2010 年第 9 期。

陶日贵、田启波：《习近平人民主体思想研究：主体地位、主体作用、主体利益》，《贵州社会科学》2017 年第 7 期。

田启波：《习近平新时代人民主体思想的理论特征》，《贵州社会科学》

2018 年第 1 期。

万圆：《考察个人背景：英国大学促进招生公平的实践》，《复旦教育论坛》2017 年第 4 期。

汪丽华、罗珊：《坚持以人民为中心推进职业教育内涵发展》，《知识经济》2018 年第 4 期。

王晨：《美国基础教育优质均衡发展改革措施述评》，《学术界》2011 年第 8 期。

王洪才：《教育治理体系与治理能力现代化论略》，《复旦教育论坛》2020 年第 1 期。

王丽、罗洪铁：《习近平新时代大学生思想政治教育理论研究》，《学校党建与思想教育》2019 年第 3 期。

王昕：《贯彻扫盲工作方针初探》，《教育评论》1990 年第 6 期。

王瑜：《公平视域下美国义务教育改革研究》，西南大学博士学位论文，2013。

魏有兴、杨孝旭：《以人民为中心：近十年我国助学研究与实践》，《中国高等教育》2019 年第 10 期。

温立武：《论习近平人民利益观思想及其当代价值》，《山东理工大学学报》（社会科学版）2019 年第 6 期。

吴亮：《美国高等教育入学机会的阶层公平保障：缘起、发展与趋势》，《高教探索》2020 年第 5 期。

吴美章、郑璜、黄琳斌：《全面小康，一个都不能少——习近平总书记在福建的探索与实践·扶贫篇》，《福建党史月刊》2017 年第 11 期。

吴全华：《论以有质量和有公平为目标的普通高中教育改革》，《当代教师教育》2020 年第 4 期。

吴毓健、林侃、方炜杭：《改革争先　击水中流——习近平总书记在福建的探索与实践·改革篇》，《福建党史月刊》2017 年第 9 期。

伍艳：《OECD 支持墨西哥促进教育公平、提高教育质量》，《世界教育信息》2019 年第 9 期。

谢俭：《习近平教育思想论略》，《长沙理工大学学报》（社会科学版）2018 年第 3 期。

徐豪：《习近平的人民情怀》，《中国报道》2019 年第 10 期。

徐俊峰：《习近平教育思想体系及其理论品格》，《现代教育管理》2019年第1期。

沈淑云：《地方工作时期习近平改革思想研究》，闽南师范大学硕士学位论文，2017。

徐小洲、阚阅：《跨入新全球化——新时期我国教育对外开放的挑战与对策》，《教育研究》2021年第1期。

徐晓丽：《国家治理现代化视阈下习近平群众观研究》，江苏大学博士学位论文，2017。

许耀桐：《关于党的群众路线形成和发展的认识》，《理论探索》2013年第4期。

薛二勇、方展画：《美国教育公平发展中的补偿性政策——以〈初等与中等教育法〉颁布四十余年的政策实践为例》，《教育发展研究》2007年第19期。

薛二勇、傅王倩、李健：《我国普及高中教育的形势、问题与路径》，《中国教育学刊》2020年第10期。

杨春梅：《国外高等教育公平问题与改革趋势》，《外国教育研究》2006年第1期。

杨克瑞：《约翰逊与美国的教育平等化改革》，《山东师范大学学报》（人文社会科学版）2004年第4期。

杨乔乔：《马克思教育公平理论在新中国的运用与发展》，《思想政治教育研究》2020年第2期。

杨清溪、刘燕：《需为农村留守儿童教育实践准确定位》，《中国教育学刊》2019年第4期。

杨晓慧：《习近平关于教育重要论述的思想定位、逻辑体系、理论特质》，《思想理论教育导刊》2018年第12期。

叶燊：《十六大以来党的教育思想研究》，福建师范大学博士学位论文，2014。

于海青：《坚持以人民为中心发展教育——深入理解习近平总书记关于教育工作重要论述的人民性蕴涵》，《人民论坛》2019年第6期。

袁梅：《以新发展理念引领民族地区义务教育均衡发展》，《教育研究》2018年第3期。

袁振国、沈伟:《立德树人的落实机制:现状、挑战与对策》,《苏州大学学报》(教育科学版) 2021 年第 1 期。

曾永安、廉永杰:《论习近平的群众观及其逻辑体系》,《社会主义研究》2018 年第 2 期。

张力:《新时代教育系统提高治理现代化水平的重大部署》,《中国教育学刊》2020 年第 2 期。

张祺午、荣国丞:《以人民为中心办更公平而有质量的农村职业教育》,《职业技术教育》2018 年第 30 期。

张庆守:《论闽江职业大学的办学治校理念》,《闽江学院学报》2018 年第 1 期。

张伟:《西欧主要国家教师职前教育特色研究》,《教育导刊》2012 年第 4 期。

张文彪:《从〈摆脱贫困〉中学习和领会习近平"行动至上"思想》,《福建论坛》(人文社会科学版) 2015 年第 12 期。

张潇爽:《习近平地方执政故事》,《人民论坛》2013 年第 13 期。

张应强:《坚持以人民为中心的高等教育发展思想——新时代我国高等教育发展思想的重大转变》,《重庆高教研究》2020 年第 1 期。

张宇:《中国教育民生的历史演化及新时代发展进路》,吉林大学博士学位论文,2018。

赵聪:《以人民为中心发展教育 提升青年就业创业能力——评〈中国青年就业创业问题研究〉》,《中国高校科技》2019 年第 8 期。

赵振杰:《习近平关于教育的重要论述研究》,《教育评论》2019 年第 10 期。

钟启东:《习近平铸魂育人思想研究》,东北师范大学博士学位论文,2017。

钟贞山:《以人民为中心的教育现代化:理论、实践与内涵实现》,《国家教育行政学院学报》2018 年第 1 期。

周凤华:《以人民为中心:职业教育现代化的核心价值取向》,《江苏教育》2018 年第 36 期。

周楠:《20 世纪 80 年代以来拉美高等教育"自由化"改革评析》,《比较教育研究》2017 年第 4 期。

周士民、彭璐：《21世纪初西欧中等教育改革及启示》，《教学与管理》2014年第6期。

周自波、李秋萍：《内生发展：民族教育高质量发展的路径选择——以滇西片区基础教育为例》，《教育理论与实践》2020年第7期。

朱以财：《拉丁美洲高等教育发展窥探：历程回顾与启示》，《世界教育信息》2018年第1期。

朱益明：《新时代普通高中学校发展定位与导向》，《人民教育》2020年第23期。

朱之文：《全面落实立德树人 大力推进基础教育公平优质发展》，《中国教育学刊》2018年第11期。

庄惠明、曾靓、王斐兰：《习近平职业教育观的发展脉络及内涵特征》，《国家教育行政学院学报》2019年第8期。

宗苏秋、汤淑红：《精准扶贫视野下农村留守儿童教育问题研究》，《教学与管理》2019年第24期。

左崇良、潘懋元：《美国高等教育治理的核心要义与内外格局》，《江苏高》2016年第6期。

四 重要报纸文献

《习近平同志推动厦门经济特区建设发展的探索与实践》，《人民日报》2018年6月23日，第1版。

本报评论员：《坚持以人民为中心发展教育——六论学习贯彻习近平总书记全国教育大会重要讲话精神》，《中国教育报》2018年9月18日，第1版。

蔡卫国：《坚持以人民为中心 推进教育创新发展》，《江苏教育报》2018年12月7日，第1版。

赖德胜、李廷洲：《坚持以人民为中心发展教育》，《中国教育报》2020年1月3日，第4版。

李贽：《习近平在河北、福建工作期间的民族工作思想探析》，《中国民族报》2016年11月25日，第5版。

刘伟：《坚持以人民为中心发展教育》，《学习时报》2019年11月23日。

杨银付：《坚持以人民为中心的教育发展理念，进一步深层次推进教育公平》，《光明日报》2019 年 10 月 16 日，第 4 版。

中央农村工作领导小组办公室，福建省委农村工作领导小组办公室：《习近平总书记"三农"思想在福建的探索与实践》，《人民日报》2018 年 1 月 19 日，第 1 版。

朱峥：《牢记初心使命，坚持以人民为中心发展教育》，《江苏教育报》2020 年 1 月 3 日，第 4 版。

五　重要网络资源

《国务院办公厅关于全面加强乡村小规模学校和乡镇寄宿制学校建设的指导意见》（国办发〔2018〕27 号），国务院办公厅政府信息公开专栏，http：//www. gov. cn/zhengce/content/2018-05/02/content_ 5287465. htm。

《国务院办公厅关于新时代推进普通高中育人方式改革的指导意见》（国办发〔2019〕29 号），国务院办公厅政府信息公开专栏，http：//www. gov. cn/zhengce/content/2019-06/19/content_ 5401568. htm。

《教育部 国家发展改革委 财政部关于加快新时代研究生教育改革发展的意见》（教研〔2020〕9 号），教育部政府门户网站，http：//www. moe. gov. cn/srcsite/A22/s7065/202009/t20200921_ 489271. html。

《教育部 国家卫生健康委 国家体育总局联合印发全国综合防控儿童青少年近视工作评议考核办法》，教育部政府门户网站，http：//www. moe. gov. cn/jyb_ xwfb/gzdt_ gzdt/s5987/202008/t20200807_ 477173. html。

《教育部等八部门关于加快构建高校思想政治工作体系的意见》（教思政〔2020〕1 号），教育部政府门户网站，http：//www. moe. gov. cn/srcsite/A12/moe_ 1407/s253/202005/t20200511_ 452697. html。

《教育部等八部门关于进一步激发中小学办学活力的若干意见》（教基〔2020〕7 号），教育部政府门户网站，http：//www. moe. gov. cn/srcsite/A06/s3321/202009/t20200923_ 490107. html。

《教育部等九部门关于印发〈职业教育提质培优行动计划（2020～2023 年）〉的通知》（教职成〔2020〕7 号），教育部政府门户网站，http：//www. moe. gov. cn/srcsite/A07/zcs_ zhgg/202009/t20200929_ 492299. html？xxgkhide＝1。

《教育部等六部门关于加强新时代乡村教师队伍建设的意见》（教师〔2020〕5 号），教育部政府门户网站，http：//www. moe. gov. cn/srcsite/

A10/s3735/202009/t20200903_ 484941. html。

《教育部等七部门印发〈关于加强和改进新时代师德师风建设的意见〉的通知》（教师〔2019〕10 号），教育部政府门户网站，http：//www. moe. gov. cn/srcsite/A10/s7002/201912/t20191213_ 411946. html。

《教育部等十部门关于进一步加强控辍保学工作 健全义务教育有保障长效机制的若干意见》（教基〔2020〕5 号），教育部政府门户网站，http：//www. moe. gov. cn/srcsite/A06/s3321/202006/t20200628_ 468793. html。

《教育部关于加强"三个课堂"应用的指导意见》（教科技〔2020〕3 号），教育部政府门户网站，http：//www. moe. gov. cn/srcsite/A16/s3342/202003/t20200316_ 431659. html。

《教育部关于加强和改进新时代基础教育教研工作的意见》（教基〔2019〕14 号），教育部政府门户网站，http：//www. moe. gov. cn/srcsite/A06/s3321/201911/t20191128_ 409950. html。

《教育部关于切实加强新时代高等学校美育工作的意见》（教体艺〔2019〕2 号），教育部政府门户网站，http：//www. moe. gov. cn/srcsite/A17/moe_ 794/moe_ 624/201904/t20190411_ 377523. html。

《教育部关于印发〈大中小学劳动教育指导纲要（试行）〉的通知》（教材〔2020〕4 号），教育部政府门户网站，http：//www. moe. gov. cn/srcsite/A26/jcj_ kcjcgh/202007/t20200715_ 472808. html。

《中共中央 国务院印发〈中国教育现代化 2035〉》，中国政府网，http：//www. gov. cn/zhengce/2019-02/23/content_ 5367987. htm。

《中共中央办公厅 国务院办公厅印发〈关于全面加强和改进新时代学校体育工作的意见〉和〈关于全面加强和改进新时代学校美育工作的意见〉》，中国政府网，http：//www. gov. cn/xinwen/2020-10/15/content_ 5551609. htm。

六 外文文献

Ross Terrill. *Mao*：*A Biography*，The Easten Press. 1980.

McLellan David. *Karl Marx*，*the Legacy*，British Broadcasting Corp. 1983.

Pat Robertson. *The New World Order*，Word Publishing. 1991.

Paul Trowler. *Education Policy*，1998.

Barrett C R. K-12 Education Reform in the United States：Education，Energy，

Healthcare, Security and Resilience ［M］// Perspectives on Complex Global Challenges: Education, Energy, Healthcare, Security and Resilience. 2016.

Marland, S. P., Jr. "The Condition of Education in the Nation.", *American Education*, 1971, 29 (1): 2-19.

Guy Neave. "On the Cultivation of Quality, Efficiency and Enterprise: An Overview of Recent Trends in Higher Education in Western Europe, 1986 - 1988" ［J］ *European Journal of Education*. Vol. 23, Nos1/2, 1988.

Geetha B Nambissan and Poonam Batra. "Equity and Excellence: Issues in Indian Education" ［J］ *Social Scientist* Vol 17, No 9/10 (Sep. -Oct.) 1989.

Wright R T. "Technology Education: Essential for a Balanced Education", *NASSP Bulletin*, 1999, 83 (608): 16-22.

Lopez, S. J. "Strengths Development: Research and Resources", *Educational Horizons*, 2006, 83 (3): 157-160.

Bobbitt-Zeher, D.. "The Gender Income Gap and the Role of Education", *Sociology of Education*, 2007, 80 (1): 1-22.

Wiseman, A. W.. "A Culture of (In) Equality?: A Cross-National Study of Gender Parity and Gender Segregation in National School Systems", *Research in Comparative & International Education*, 2008, 3 (2): 179-201.

Martins, L. Veiga, P.. "Do Inequalities in Parents' Education Play an Important Role in PISA Students' Mathematics Achievement Test Score Disparities?", *Economics of Education Review*, 2010 (6): 1016-1033.

Jarrod, D. R.. "Revisiting Class-Based Affirmative Action in Government Contracting" ［J］ *Washington University Law Review*. 2011 (5): 1309-1352.

Rudolph, E. Börner, G.. "Family Background and School Effects on Student Achievement: A Multilevel Analysis of the Coleman Data", *Teachers College Record*, 2011 (11): 97-132.

Biemmi, I.. "Gender in Schools and Culture: Taking Stock of Education in Italy", *Gender & Education*, 2015, 27 (7): 1-16.

Borooah, V. K. Knox, C.. "Segregation, Inequality, and Educational Performance in Northern Ireland: Problems and Solutions", *International Journal of Educational Development*, 2015, 40: 196-206.

Christopher, A. J.. "Educational attainment in South Africa: A View from the Census 1865-2011", *History of Education*, 2015, 4 (4): 58-77.

Zimdars A. M., Moore J., Graham J.. "Is Contextualized Admission the Answer to the Access Challenge?", *Perspectives: Policy and Practice in Higher Education*, 2016 (4): 143-150.

UkyYudatama, RiyanartoSarno. Priority Determination for Higher Education Strategic Planning Using Balanced Scorecard, FAHP and TOPSIS (Case study: XYZ University), 2016.

Harry A. Ploski, Warren Marr, Ⅱ. (compiled and edited) *The Negro Almanac: A Reference Work on the Afro-American*, The Bellwether Company, NY, (first edition), 1967.

Harry Morgan, *Histori cal Perspectives on the Education of Black Children*, Praeger Publishers, Westport, CT, 1995.

附录　新中国成立以来教育相关政策文件摘编

摘编说明：

坚持教育的人民性是党的教育方针的基本价值遵循。新中国成立以来，我们党在发展社会主义教育事业中，以马克思主义教育思想为指导，坚持教育的人民立场，始终将人民群众视为我国教育事业发展的最重要主体、最关键因素，始终不渝地坚持人民群众在教育事业发展中的创造者、实践者和评判者地位。从毛泽东的教育为人民大众服务的人民教育思想，邓小平将教育目标定位为"三个面向"、培养"四有新人"，恢复和发展毛泽东人民教育思想，到江泽民实施教育"二为"服务方针、深入推进素质教育，胡锦涛"以人为本"的科学发展观教育理论，再到习近平的以人民为中心发展教育，中国共产党的教育人民性理论和实践不断充实、完善。为更好地理解、把握中国共产党教育人民性的理论与实践，本书将体现中国共产党教育人民性理论的最佳实践——教育政策与文件，作部分摘编。

《共同纲领》规定的文化教育政策①
（1949 年 9 月 29 日）

第四十一条　中华人民共和国的文化教育为新民主主义的，即民族的、科学的、大众的文化教育。人民政府的文化教育工作，应以提高人民文化水平，培养国家建设人才，肃清封建的、买办的、法西斯主义的思想，发展为人民服务的思想为主要任务。

第四十二条　提倡爱祖国、爱人民、爱劳动、爱科学、爱护公共财物

---

① 顾明远总主编《中国教育大系：马克思主义与中国教育》（下卷），湖北教育出版社，1994，第 1327 页。

为中华人民共和国全体国民的公德。

第四十三条　努力发展自然科学，以服务于工业、农业和国防建设，奖励科学的发现和发明，普及科学知识。

第四十四条　提倡用科学的历史观点，研究和解释历史、经济、政治、文化及国际事务，奖励优秀的社会科学著作。

第四十五条　提倡文学艺术为人民服务，启发人民的政治觉悟，鼓励人民的劳动热情。奖励优秀的文学艺术作品，发展人民的戏剧电影事业。

第四十六条　中华人民共和国的教育方法为理论与实际一致。人民政府应有计划有步骤地改革旧的教育制度、教育内容和教学法。

第四十七条　有计划有步骤地实行普及教育，加强中等教育和高等教育，注重技术教育，加强劳动者的业余教育和在职干部教育，给青年知识分子和旧知识分子以革命的政治教育，以适应革命工作和国家建设工作的广泛需要。

第四十八条　提倡国民体育。推广卫生医药事业，并注意保护母亲、婴儿和儿童的健康。

政务院关于举办工农速成中学和工农干部文化补习学校的指示① (1950 年 12 月 14 日)

一、工农干部是建设人民国家的重要骨干，但在过去长期战争环境中，他们很少有受系统的文化教育的机会。为了认真提高他们的文化水平以适应建设事业的需要，人民政府必须给予他们以专门受教育的机会，培养他们成为新的知识分子。为此，特决定在全国范围内有计划有步骤地举办工农速成中学和工农干部文化补习学校，吸收不同程度的工农干部给以适当时间的文化教育，尽可能地使全国工农干部的文化程度能在若干年内提高到相当于中学的水平。

二、工农速成中学修业年限暂定为三年，必要时得延长之，其课程相当于普通中学的基本课程。工农干部文化补习学校修业年限暂定二年，必要时得延长之，其课程相当于完全小学的基本课程。这两种学校的课程内

① 顾明远总主编《中国教育大系：马克思主义与中国教育》（下卷），湖北教育出版社，1994，第 1333 页。

容均须力求精简，使之切合国家建设的需要及工农干部的特点。

三、工农速成中学和工农干部文化补习学校的学生，应由各机关、工厂、学校有计划地抽调或选送。入工农速成中学的条件为：参加革命工作三年以上的工农干部，或有三年以上工龄的产业工人，具有相当于高级小学毕业的文化程度，年龄在十八至三十五岁，身体健康者。入工农干部文化补习学校的条件为：参加革命工作三年以上的工农干部，年龄在十八岁以上者。各单位于选调学员时，须认识工农干部对文化的迫切需要和国家建设的长远利益，按照规定选送，不得敷衍充数。

四、工农速成中学和工农干部文化补习学校，均须配备优良的教职员担任教学和校务，并供给必要的设备。

五、为了奖励优秀的工农干部及产业工人入学，凡对离职学习的学生，在学习期间，其原有的军龄、工龄应继续计算。供给制干部入学后，其政治和物质生活等待遇必须保持其原来标准。工资制干部按其相当等级享受供给制待遇。工人按一般供给制待遇，学生入学后其家属生活确有困难者，得酌情予以补助。工农速成中学及工农干部文化补习学校教员的工资，应稍高于当地普通中学及小学教员的待遇。

六、工农速成中学，暂由中央人民政府教育部及各大行政区教育部统筹举办。工农干部文化补习学校可由各高级机关及省、市、县人民政府分别举办。

七、中央人民政府教育部应根据上述各项原则，制定工农速成中学和工农干部文化补习学校的实施办法，公布实行，并有计划地训练师资，编订教材以适应两种学校的需要。全国工农速成中学和工农干部文化补习学校的学制、课程、教材和教学计划，均应遵照中央人民政府教育部的规定办理。

政务院关于整顿和改进小学教育的指示[①]
（1953 年 12 月 11 日）

四年多来，全国小学教育已经恢复并且大大超过了解放前的规模。目

---

① 顾明远总主编《中国教育大系：马克思主义与中国教育》（下卷），湖北教育出版社，1994，第 1339 页。

前小学生人数已达 5500 余万，较之旧中国历史上小学生数最高年份（1946 年）增加了 135%。在小学教育的内容与教学方法方面也进行了初步改革。广大的小学教师一般都参加过各种社会改革运动和政治学习，因而在政治觉悟上已提高了一步。他们为教育新后代作了很大的努力，其中有不少人已成为优秀的人民教师。这些都为今后进一步办好小学教育打下了初步基础。但必须指出，当前小学教育工作中还存在着很多很严重的问题。一方面是原有师资质量一般低，校舍设备简陋，加上近一两年来发展很快，又未能适当考虑解决师资校舍等问题，以致学校的混乱现象很严重，教学质量还很差；另一方面，由于人民群众政治觉悟提高，生活水平上升，对文化要求日益增长，现有的学校不能完全满足群众子女入学的要求，特别是在工矿区和大城市问题更严重。所有这些都是胜利发展中带来的困难，我们必须而且也是能够逐步加以解决的。但也应该认识到，这种情况需要在今后相当长的时期内作很大的努力，才能加以改变。现在特就当前小学教育中存在的一些主要问题，作如下指示。

（一）小学教育是整个教育建设的基础。它的任务是教育新后代，使之成为新中国的健全的公民。从当前教育建设的可能条件与人民群众文化要求的实际情况出发，今后几年内小学教育应在整顿巩固的基础上，有计划有重点地发展。

由于国家逐步工业化，城市人口增加较快，而过去几年内城市小学增加的比例一般地较乡村为小，因此，工矿区、城市特别是大城市，公立小学应作适当发展。目前，师资、校舍等条件一般缺乏，各地必须根据当地具体情况，积极采取各种办法，如调整班级，充实学额。采用二部制，开办夜校，协助工矿企业、机关和团体办学，允许群众和工商业家继续兴办学校，并用其他各种可行的办法，适当解决初小毕业生升学和学龄儿童入学的问题。

在农村，为适当解决农民子女入学的问题，应根据需要与自愿的原则，提倡民办小学（包括完全小学），充分发挥群众自己办学的积极性。各地人民政府对此必须有足够的重视，加强指导，帮助解决师资、教材等问题。对乡村公立小学，除在学校较少的少数民族地区和老革命根据地应作适当发展外，其他地区均应以整顿提高为主，一般不作发展。

（二）由于我国经济发展不平衡，小学教育的发展也不平衡。我们应根据不同的情况，采取多种形式，提出不同的要求来办小学教育；如果要求全国小学整齐划一，那是做不到的。今后应首先看重办好城市小学、工矿区小学、乡村完全小学和中心小学。在农村，则除办集中的正规的小学外，还可以办分散的不正规的小学，如半日班、早学、夜校之类。

（三）小学教育是人民的基础教育。今后在相当长的时期内，小学学生毕业后，主要是参加劳动生产，升学的只能是一部分。因此，在学校平时教育中不应片面强调学生毕业后如何升学，而应强调毕业后如何从事劳动生产，培养学生热爱劳动的思想感情和劳动习惯，克服目前有些学生轻视体力劳动的倾向。同时要把这个道理向人民群众解释清楚。从现在起，各级人民政府和全体小学教师即应在人民群众和小学生中进行此项宣传教育工作。

（四）教学是学校中压倒一切的中心任务。校长与教师的主要任务是教学，学生的主要任务是学习。为了纠正教师、学生过多参加社会活动和校内非教学活动的偏向，克服当前学校中的混乱现象，做好教学工作，提高教学效果，增强师生健康，特作如下规定。

1. 学校的工作和学习，应由教育行政部门统一领导布置，其他单位和团体，不得直接向学校布置工作，以免妨害学校工作按计划进行。

2. 教师在学期当中，参加校内外社团活动时间，每人每月不得超过12小时，寒暑假期间不得超过整个假期的六分之一（假期集中学习包括在内）；学生在学期当中，参加校内外社团活动时间，每人每周不得超过一小时半。

3. 对小学教师的工作，不得随便调动，使能安心工作，熟悉儿童情况，以提高教学效果。

4. 学校的教室与办公室，在学期当中，不得任意借用；万一必须借用，亦应在课余时间，以免妨碍教师备课与学生作业。

5. 适当精简学校内的非教学组织，减少会议，减少教师与校长的兼职。

6. 各地各学校应根据中央教育部规定的教学计划，结合当地具体情况，制订课程表及教学进度，并按照课程表与教学进度上课，建立出席检查、请假、成绩考核等制度。除政府规定的假日外，学校不得任意停课、放假，教师不得随意旷课。在农忙时节，农村小学得酌放农忙假或准许年龄较大的学生请假，使其能够回家帮助生产。

7. 改进教学方法。要求教师认真备课和认真教课，并尽可能地注意直观教学，提倡教师带领学生自己动手搜集、制作标本，并制作简单模型等。

8. 对小学生的教导管理，应该依靠耐心的说服教育，既要禁止采用体罚和斗争等粗暴方式，又要反对放任不管。应加强纪律教育，使学生养成自觉地遵守纪律的习惯。提倡教师爱护学生，学生尊敬教师，养成师生间和同学间友爱团结的优良风气。

9. 加强学校体育运动与课外文化娱乐活动，注意使师生在课余时间和星期日得到休息，以增强师生体质和保证学生身心健康的发展。

（五）提高小学教师质量，是办好小学教育的决定因素。今后必须有领导、有计划地组织在职教师进行学习，以提高他们的政治、文化与业务水平。凡具有初级师范学校（以下简称"初师"）毕业程度以上的教师，应着重学习政治与业务。凡不到初师毕业程度的教师，主要补习初师的课业，提高到初师毕业的水平。对于组织这类教师补习初师课业的主要方式有三：一是抽调有高小程度的教师到初师学习；二是办师资轮训班，吸收有初级中学一、二年级程度的教师予以一至二年的训练；三是设立教师业余进修学校及函授学校，组织教师进行在职学习。提高教师质量是一件长期的经常的工作，不能要求过高过急，并须注意结合实际情况，防止形式主义。

小学教师的队伍应作适当整顿。对那些文化水平过低，确实无力任教者，应积极帮助他们升学或转业，其中适于回家生产者，则应动员回家生产。对某些年老力衰、不能继续任教或有严重传染病影响儿童健康者，应根据具体情况，分别予以妥善安置。对升学或转业的教师，除酌发路费外，一律发给一个月工资作为生活补助费；对回家生产者，除酌发路费外，并一次发给两个月的工资，作为生活补助费；对需要安置和有特殊困难者，得酌情多发一至两个月的工资。整顿教师队伍，必须慎重从事，应切实注意防止因此而引起混乱现象。对编余教师，应本着积极负责的精神，作妥善安置；在未予安置前，仍应继续维持原薪，不得弃置不顾。

（六）目前农村小学有相当数量的超龄生，这是革命胜利后劳动人民要求学习文化的一种好现象，人民政府应予以照顾。因此，对已入学的超龄生，不仅应让他们继续留校学习，而且还应积极把他们教好，绝不能采取不负责任的轻率态度，把他们挤出校外。为了更好地组织超龄生学习，在超龄生多而又有适当师资条件的地方，可在小学内为他们办速成班，或为他们单独办速成小学。在有速成班、速成学校和办理较好的常年民校的地方，今后入学儿童年龄，初级小学最高以不超过12足岁、高级小学最高以不超过16足岁为原则，插班生依此类推。在没有速成班、速成学校和常年民校的地方，对于超龄生入学，仍应适当照顾。为了保证儿童身心发育健全，今后应严格限制不足学龄的儿童入学。

（七）关于小学五年一贯制，从执行情况看来。由于师资、教材等条件准备不足，不宜继续推行。因此已从本学年起，一律暂时停止推行。小学学制仍沿用四二制，分初、高两级。初级修业期限四年、高级修业期限二年。

（八）要切实关心小学教师的政治待遇与物质待遇。各级干部和人民群众，应认识小学教师是新后代的培育者，肩负着光荣而艰巨的任务，应尊重他们，以提高他们为人民服务的热忱，任何歧视和排斥小学教师的行为，都是错误的，必须予以纠正。对于小学教师的工资，目前一般暂时维持现状，但对依靠工资为生而没有其他收入的多子女的、有特殊困难的教师，必须酌予补助。在整顿小学工作告一段落后，可根据教师业务能力和教龄，有领导地进行评级工作，并照顾当地情况及明年度预算指标，对少数工资过低者酌予调整。

（九）小学教育经费自1954年1月1日起，各地小学的行政领导关系分别列入各级预算。城市公立小学校舍的修缮、修建费及设备费，都由各该市、县政府预算开支。乡村公立小学校舍的修缮、修建以及增添设备，由各该县人民政府统筹解决，如有不足，得在群众自愿的原则下筹款备料，或采取群众献工献料等办法加以解决。各县在土地改革中如留有机动土地，在可能条件下，应划出一部分作为学田，由县掌握，以弥补小学经费之不足。

（十）整顿和改进小学教育，是一项艰巨而细致的工作。各省市人民政府应予以十分重视，并加强对这一工作的领导。首先应进行调查研究，掌握情况，如对于小学的校数、班数、学生、教职员工等基本数字必须调查清楚。然后根据各地具体情况，重点试办，取得经验，订出计划，慎重地、有步骤地进行。此项工作应在1954年上半年基本上完成。

（十一）为了加强对小学教育的领导，各地必须注意加强县级及县以下的教育行政领导。在今后一两年内应有计划地大力配备政治上和业务上较强的干部，充实和健全县级教育行政机构。应积极地帮助教育部门建立系统的经常的业务工作，不要过多地分配他们做其他工作，督促他们勤于钻研本部门业务，由不熟悉到熟悉，由外行变成内行。对县区教育行政干部，不要轻易调动，以保证他们熟悉业务。把人民教育的领导工作做好。

国务院关于全日制学校的教学、劳动和生活安排的规定（节录）①
（1959 年 5 月 24 日）

（四）关于学生生活的安排。

（1）要使学生有足够的睡眠时间和一定文化娱乐时间。高等学校学生每天睡眠八小时，中学生每天睡眠八至九小时，小学生每天睡眠九至十小时。高等学校学生的课外活动的时间每周大约有十八小时，其中九小时可以安排必要的会议（如党团组织生活）和体育、军事训练等活动，其余时间由学生自由支配。

（2）要注意学生的生活，办好食堂。有条件的学校可以种菜、养猪、养羊、养鸡等，这样既可以使学生有机会参加农、副业劳动，又可以提高学生的伙食水平。各校的生产收入应该拨出一部分，适当解决学生生产劳动中的生活困难问题。此外还要注意逐步改善学生的居住条件。

（3）体育活动，可以增强体质，减少疾病，保证学习。除上体育课外，学生的体育活动要和军事训练、劳卫制锻炼结合起来在课外进行，不要占用上课时间。学校训练体育选手应在课余时间进行。学校的运动会不宜过多。

（4）学生的文娱活动应该充分执行自愿原则，以丰富多彩的内容、多种多样的形式吸引学生参加，不要强求一律，不要硬性规定任务。根据学生的爱好和特长，可以组织各种文艺社团，学校文娱会演的次数不能太多，以免影响学生的学习。

（5）要加强卫生教育，督促学生搞好环境卫生，养成良好的卫生习惯。除四害、讲卫生，是消灭疾病、保证身体健康的重要措施，学校的卫生工作要尽量做到经常化、制度化，在课余时间进行。

---

① 顾明远总主编《中国教育大系：马克思主义与中国教育》（下卷），湖北教育出版社，1994，第 1352 页。

学校党委和校务委员会可以参照以上规定，根据各校的具体情况，对学校的教学、劳动和生活作妥善的安排。

中共中央 国务院关于保证学生、教师身体健康和劳逸结合问题的指示①
（1960 年 5 月 15 日）

青少年学生正处在长身体、长知识的时期，党和国家不仅要关心他们的学习和工作，而且必须时刻关心他们的身体健康，使他们真正做到"身体好、学习好、工作好"。为此，中央曾经多次指示，对他们的学习、工作和休息必须坚持有张有弛、劳逸结合的原则，坚持既有大集体又有小自由的原则，妥善地全面地加以安排。但是现在仍然有很多学校对学生的劳逸结合注意不够、安排不好，没有把保证学生充分的睡眠和必要休息当作重要任务，没有给学生一定的自由阅读时间和必要的文化娱乐时间，比较普遍的现象是安排的临时突击任务过多，学生中活动分子兼职过多，各种会议过多过长，教学方法不善，不适当地增多作业和考试测验，加重了学生的学习负担，使学生的学习和生活过于紧张，身体过于疲劳，甚至严重地影响到学生的健康，因而也严重地影响了他们的学习。这是一个关系到我国教育事业健全发展的重大问题，是一个关系我国人民和国家长远利益的重大问题，必须引起各级党委和教育行政部门的严重注意。

各级党委和教育行政部门必须坚决贯彻执行党中央和毛泽东同志对青年学生提出的"身体好、学习好、工作好"的指示，既要鼓舞和保护学生的热情和干劲，使他们刻苦地学习，热情地劳动，又要使他们在学习和劳动之后能够得到必需的休息，以保证他们的身体健康。既要使他们在集体生活中得到教育和锻炼，又要给他们以必要的自由活动时间，发展他们正当的爱好和特长，只有这样，才能使青年学生的身心得到全面的发展。

为了解决学生、教师的劳逸结合问题和保证教学工作的顺利的发展，现在再作如下规定。

（1）学生每天的学习时间（包括自习和劳动时间在内），高等学校不得

---

① 顾明远总主编《中国教育大系：马克思主义与中国教育》（下卷），湖北教育出版社，1994，第 1353、1354 页。

超过九小时，中等学校不得超过八小时。学生每天的睡眠时间，高等学校学生必须保障八小时，中等学校学生必须保障八小时至九小时，小学生必须保障九小时至十小时。对学生的睡眠应当相对学习、工作一样当作任务来保证。如果因为必要的临时的突击任务影响睡眠，事后应当给以适当时间休息。大、中学校学生除学习、劳动和睡眠以外，每天应有七至八小时用于社会活动、吃饭、娱乐和处理自己的事情。两节课之间，应当有休息。星期六晚上和星期天全天时间，应由学生自由支配。

寒暑假仍然按照国务院过去的规定，大、中学校每年一个半月，小学每年两个月。在假期内，应当让学生、教师休假。

（2）必须控制各种社会活动和会议。学生参加各项集体的社会活动时间（包括会议、课外体育、军训等活动时间在内），高等学校每周不得超过九小时，中等学校每周不得超过六小时。学生参加党、团和班系的会议活动，每周以两次为限。要改进开会方法，高等学校每次会议时间不得超过两个小时，中等学校每次会议时间不得超过一小时。

（3）教学质量的提高，主要应该依靠改进教学的内容和方法。要是仅仅依靠增加学生和教师的工作强度和时间，实际上不仅达不到提高教学质量的目的，甚至会起相反的效果。

学校党组织和学校行政领导应当深入研究教学工作，有领导地帮助教师做好革新课程内容和教学方法的工作。作业的分量应留得适当，测验考试应当适当减少。

（4）必须认真注意改善伙食管理工作，保证学生吃饱吃好。灯光照明对学生视力和健康关系甚大，必须保证足够光线。教育部门和卫生部门应当根据过去的规定，在最近期间对学生的伙食和照明问题专门进行一次检查，并且提出新的改进措施和办法。

（5）目前绝大多数教师的工作，不但是比较繁重的，而且多半比学生负担更重，工作更紧张。这对于保证教师的健康和进修，对于保证和提高教学质量，都是很不利的。对于他们，同样必须贯彻执行劳逸结合和大集体小自由的原则，通盘安排工作、学习和休息等时间。首先，必须切实保证他们每日有八小时的睡眠和适当的运动、娱乐等时间。星期六晚上和星期天的时间，应当由他们自由支配。

（6）各级教育行政部门应当有一个负责人（中央教育部副部长，各省、市、自治区教育厅、局正副厅、局长等）、各级学校应有一个校长或副校长负责管理学生、教师的劳逸安排、伙食、健康和其他有关生活等方面的问题。各级党组织应有一个书记负责领导这方面的工作。共青团组织应当协助党和学校行政做好此项工作。

所有上述规定由学生、教师自由支配的时间，除去因为确有必要，并且经过学校党委决定，偶尔安排学习、工作和其他任务、集体活动的以外，学校和党、团和行政必须切实负责保证一律由学生、教师自行支配。

本指示发给全国所有学校，各学校接到后，应当向全体师生宣读，并且一律遵守。

请各省市区党委，在接到本指示后，立即对学生、教师的劳逸结合等问题，加以检查和安排，并将检查结果和意见报告中央。

中华人民共和国教育部直属高等学校暂行工作条例（草案节录）①
（中共中央 1961 年 9 月印发）

第一章 总则

一、高等学校的基本任务，是贯彻执行教育为无产阶级的政治服务、教育与生产劳动相结合的方针，培养社会主义建设所需要的各种专门人才。

根据毛泽东同志提出的"我们的教育方针，应该使受教育者在德育、智育、体育几方面都得到发展，成为有社会主义觉悟的有文化的劳动者"，高等学校学生的培养目标是：具有爱国主义和国际主义精神，具有共产主义道德品质，拥护共产党的领导，拥护社会主义，愿为社会主义事业服务、为人民服务；通过马克思列宁主义、毛泽东著作的学习，和一定的生产劳动、实际工作的锻炼，逐步树立无产阶级的阶级观点、劳动观点、群众观点、辩证唯物主义观点；掌握本专业所需要的基础理论、专业知识和实际技能，尽可能了解本专业范围内科学的新发展；具有健全的体魄。

第三章 生产劳动

十五、学生参加生产劳动的主要目的，是养成劳动习惯，向工农群众学习，同工农群众密切结合，克服轻视体力劳动和体力劳动者的观点，同

---

① 顾明远总主编《中国教育大系：马克思主义与中国教育》（下卷），湖北教育出版社，1994，第 1355~1363 页。

时，通过生产劳动，更好地贯彻理论联系实际的原则。

学生参加生产劳动，主要是参加校内外的工农业生产和其他体力劳动。各专业的学生，一般都要参加这类劳动。

生产实习属于教学范围，其中的体力劳动不计入所规定的每年一个月到一个半月的生产劳动时间之内。

十六、必须根据各专业的特点，分别确定师生参加生产劳动的内容、方式和时间。

有一些专业，如工科的大部分专业，生产实习中的体力劳动较多，一般生产劳动可以少参加一些。

个别特殊专业的师生，根据实际情况，可以只参加少量轻微的生产劳动，或者不参加生产劳动。

根据需要，劳动时间可以分散，也可以集中。各种生产劳动要有适当的安排，以便学生得到多方面的锻炼。

教师参加生产劳动，一般平均每年半个月到一个月。男教师年龄在四十五岁以上，女教师年龄在四十岁以上的，不参加体力劳动。

十七、生产劳动应该有计划地进行，学校每学年应该根据教学计划同校内外有关方面协商，定出全校师生参加生产劳动的计划，报请省、市、自治区教育厅局批准执行。计划经过批准以后，不再变更。校外任何机关，都不得向学校自行布置劳动任务，随意调用劳动力。学校有权拒绝计划以外的劳动任务或者调用劳动力，如果有特殊情况，需要在计划之外增加劳动任务，必须报请教育部批准，并且计算在师生参加体力劳动的时间之内。

十八、学校可以根据专业的需要和可能条件，举办小型的工厂，或者同校外的工厂、农场建立固定的联系，学校的工厂有两类。主要的一类是实习和实验性工厂，这一类工厂，主要为教学和科学研究服务，不以经济收益为目的，但是要努力提高管理水平，厉行节约，杜绝浪费。另一类是少数有条件的学校，结合专业所举办的生产性的工厂，举办这类工厂，必须经过教育部和国家计划委员会批准，这类工厂可以生产经国家鉴定合格的定型产品，生产任务应该列入国家或者地方的计划，并且实行独立的经济核算，自负盈亏。

实习和实验性工厂所需要的劳动力，除了本校师生以外，可以配备一定数量的专职职工，指导学生学习生产技能，并且试制某些产品。生产性的工厂，要根据生产任务，配备必要的专职职工，以便维持正常生产，保证产品质量。

学校同校外的工厂、农场建立固定的联系，应该订立合同，双方互相承担一定的义务。

十九、注意劳动保护。体弱和有病的师生可以不参加生产劳动，女教师和女学生不参加重体力劳动；在月经期间，应该停止体力劳动，师生参加工农业劳动，应该根据他们的体质、年龄和性别的特点，适当规定劳动定额，或者不规定劳动定额，师生不参加劳动竞赛。在校外劳动时必须注意妥善安排师生的伙食、住宿和医疗。

二十、在生产劳动中，必须加强组织领导，做好思想教育工作，建立必要的考核制度。

师生参加生产劳动有一部分是社会公益性质的，不取报酬。除此以外，受益单位应该付给适当的劳动报酬。劳动收入由学校支配，主要用于师生公共福利事业和补贴学生参加劳动的衣物消耗。

师生因病、因事少参加了生产劳动的，不必再补。

严禁把生产劳动作为惩罚手段。

第六章　教师和学生

二十九、高等学校教师的根本任务，就是认真教好学生，完成教学任务，为此，教师应该努力学习马克思列宁主义、毛泽东著作，自觉地进行思想的自我改造，认真钻研业务，不断提高自己的思想政治水平和业务水平。

必须充分发挥老教师的作用。要团结他们，热情地帮助他们进步，发挥他们的专长，鼓励他们在学术上做出成绩。

必须有计划地培养和提高青年教师。对那些有特殊才能的、做出较大成绩的讲师和助教，采取重点培养的办法，为他们创造各种条件，帮助他们迅速成长。

新老教师应该紧密团结。青年教师要尊敬老教师，虚心地向老教师学习，老教师要把自己的学术专长和教学经验，传授给青年教师。彼此取长补短，共同提高。

三十、切实保证教师的业务工作时间。严格执行中央关于保证知识分子至少有六分之五的工作日用在业务工作上的决定，教师的政治理论学习，应该根据自愿原则，学习时间不作硬性规定。党团工会的会议和社会活动，在通常情况下，应该控制在六分之一的工作日以内。必须大力精简会议，改进工作方法，提高工作效率，尽量减少教师的兼职，兼任行政职务的教师也必须保证必要的业务工作时间。

教学以外的业务工作时间和业余时间，除学校统一规定的重大政治活动以外，由教师自己支配，不实行上下班制度。

建立教授、副教授和讲师的轮流休假制度，使他们能够有一段集中的时间从事进修、科学研究或者其他工作。

三十一、教师所从事的专业和所任课程，不得轻易变动。不得随便抽调教师或者给教师布置各种额外的任务，妨碍教学工作。

教师的队伍要力求稳定，教育部直属高等学校教师的调动必须经过教育部批准。

学校应该定期对教师进行考核，教师的教学职别（教授、副教授、讲师、助教）的确定和提升，要根据他们担任的教学任务、教学质量和学术水平。对其中优秀的，应该不受资历、学历的限制。

三十二、高等学校学生要努力学习，刻苦钻研，学好功课。

学生要努力提高思想政治觉悟和道德品质，积极参加生产劳动锻炼。自觉地培养劳动人民的思想感情。

学生要严格地遵守国家法令、校规和学习纪律。

学生要尊敬师长。

学生要注意锻炼身体，增强体质。

三十三、学生应该积极参加必要的集体活动。同时要保证学生在学习和生活中应有的个人自由。

学生的课余时间，除学校统一规定的重大政治活动以外，一律由学生自己支配。学生必须参加的集体活动，非有特殊情况，不得安排在星期六晚上和星期日。学生的课外学习和文娱、体育等活动，都必须认真贯彻自愿参加的原则，允许自由结合，不要强求一律、事事集体。个人的习惯和爱好，只要不妨害集体利益，不得限制和干涉。

民兵训练的时间不宜过多。

学生的社会活动时间，包括党团员的组织生活，在通常情况下每周不得超过六小时，注意减轻学生的社会工作和事务工作，必要的工作可以多几个人分担，不要集中在少数人身上，不要使学生中的党团干部工作负担过重，以免影响他们的学习和健康。

三十四、班是学生学习的基本单位。班成立班委会，由学生选举产生，班委会也是学生会的基层组织。班委会的主要任务是：向教师和行政反映有关学习的情况和意见。督促同学守学习纪律；按照自愿原则，适当组织某些课外活动。

班的组织和活动必须力求简化，以免造成活动过多，负担过重。

三十五、学校对于在道德品质、学习、生产劳动等方面有优秀表现的学生，应该予以奖励和表扬。对于破坏学校纪律的学生，应该分情况给予批评教育，或者给予警告、记过、留校察看直至开除学籍的处分。

对于学习成绩低劣，不宜继续在校学习的学生，应该令其退学。

三十六、必须健全对学生学籍的管理制度。非经教育部和国家计划委员会的批准，学校及校外任何部门不得抽调未毕业的学生。

第八章　思想政治工作

四十四、高等学校的思想政治工作在学校党委会的领导下进行，思想政治工作的任务是：在全校师生员工中宣传马克思列宁主义、毛泽东思想，宣传党的总路线和各项方针政策，不断提高他们的思想政治觉悟和道德品质；团结全校师生员工，充分调动他们的积极性，贯彻执行党的教育方针，保证学校的教学工作和其他各项工作任务的完成。

四十五、一切思想政治工作，都必须有利于形成又有集中又有民主、又有纪律又有自由、又有统一意志又有个人心情舒畅，生动活泼的政治局面。

思想政治工作必须遵循毛泽东同志关于正确处理人民内部矛盾的理论，严格区分敌我矛盾和人民内部矛盾。对于人民内部矛盾，又必须区别各种不同性质的问题。凡属人民内部的问题，都必须根据"团结——批评——团结"的原则，采取民主的方法、和风细雨的方法、自我教育的方法来解决。不能采取简单粗暴的、强制压服的方法。在人民内部，不容许用对敌斗争的方法。

四十六、在思想政治工作中，必须正确处理红与专的关系。

红首先是指的政治立场。对于高等学校的师生，红的初步要求，就是拥护共产党的领导，拥护社会主义，愿意为社会主义事业服务，在这个基础上，还应该积极地对他们进行无产阶级的、共产主义的世界观的教育。但是，世界观的改造，是一个长期的、逐步实现的自我改造过程，应该耐心地做工作，不能操之过急，对于不同的人，不能一律要求。

思想政治工作不但要管红，而且要管专。红与专应该是统一的，只专不红，只红不专，都是不对的，高等学校师生的红，不但应该表现在政治思想方面，而且应该表现在他们教学和学习的实际行动中。

只有坚持反对共产党的领导，坚持反对社会主义，才叫做白，把在业务上比较努力，但是在政治上进步较慢，或者政治上处于中间状态的人，指为走"白专道路"，是不对的。

四十七、必须加强对青年进行艰苦奋斗建设社会主义的教育。应该反复宣传毛泽东同志所说的："要使全体青年们懂得，我们的国家现在还是一个很穷的国家，并且不可能在短时间内根本改变这种状态，全体青年和全体人民在几十年时间内，团结奋斗，用自己的双手创造出一个富强的国家，社会主义制度的建立给我们开辟了一个达到理想境界的道路，而理想境界的实现还要靠我们的辛勤劳动，有些青年人以为到了社会主义社会就应当什么都好了，就可以不费气力享受现成的幸福生活了，这是一种不实际的想法。"

四十八、思想政治工作要经常地进行，细水长流，深入细致，讲求实效，反对形式主义，要在教学、生产劳动和群众生活的各个方面，结合各类人员的实际情况和特点进行工作。

在学校中开展群众性的政治运动，必须根据中央的指示，在省、市、自治区党委领导下进行。

在学校中开展群众性的政治运动，要作妥善的安排，不得妨碍教学计划的完成。

四十九、毕业生应该进行毕业鉴定，鉴定的目的，是肯定学生在校期间的进步，指出他们现存的缺点，明确今后的努力方向，鉴定的内容应该包括政治思想、学习、劳动和健康情况等方面，政治思想方面的鉴定，要着重于根本的政治态度和思想状况，不必涉及生活细节。鉴定必须实事求是，允许本人申述或者保留不同意见，并且记录本人的不同意见。

五十、为了加强思想政治工作，在一、二年级设政治辅导员或者班主任，从专职的党政干部、政治理论课教师和其他青年教师中挑选有一定政治工作经验的人担任。同时，要逐步培养和配备一批专职的政治辅导员。

全日制小学暂行工作条例（草案节录）①
（中共中央 1963 年 3 月印发）

第一章　总则

一、全日制小学应该贯彻执行教育为无产阶级的政治服务、教育与生产劳动相结合的方针。

根据毛泽东同志提出的"我们的教育方针，应该使受教育者在德育、智育、体育几方面都得到发展，成为有社会主义觉悟的有文化的劳动者"，小学教育的任务，是为社会主义建设事业培养劳动后备力量，和为高一级学校培养合格的新生。

全日制小学学生的培养目标是：

使学生具有爱祖国、爱人民、爱劳动、爱科学、爱护公共财物等品德，拥护社会主义，拥护共产党。

使学生具有初步的阅读、写作和计算的能力，具有初步的自然常识和社会常识，培养良好的学习习惯。

使学生的身心得到正常的发展，具有健康的体质，培养良好的生活习惯和劳动习惯。

第二章　教学工作

十、必须根据儿童少年的年龄特点和接受能力进行教学。不要不适当地放慢教学进度，降低教学要求，也不要使学生的学习负担过重。

各科的作业要统一安排。课内外作业的分量要适当，不要偏多或者偏少。对作业要认真检查和批改。

在学校中不得搞突击教学和学习竞赛运动。

课外活动必须适量，不宜过多，以免影响学生的正课学习和身心健康。

十二、对学生的学习应该有统一的要求，又要承认差别。对成绩优秀的学生要加强培养，对成绩较差的学生要耐心辅导。

---

① 顾明远总主编《中国教育大系：马克思主义与中国教育》（下卷），湖北教育出版社，1994，第 1364~1368 页。

第三章　思想品德教育

十五、必须对学生进行共产主义思想品德教育。

要教育学生热爱祖国，热爱社会主义，热爱共产党，学习和继承革命传统，好好学习，天天向上，为准备建设社会主义祖国而努力。

要教育学生尊敬劳动人民，使他们懂得社会财富，包括自己的衣食住行，都是来自劳动人民的劳动成果；要教育学生学习劳动人民的勤劳、勇敢、诚实、俭朴等优良品质。要教育学生尊重兄弟民族的风俗习惯，加强民族团结。

要教育学生热爱劳动，以正确的态度对待升学和参加劳动，使他们懂得小学毕业以后，升学或者参加劳动同样是国家需要的，同样是光荣的。

要教育学生热爱科学。

要教育学生爱护公共财物，遵守公共秩序。要教育学生爱护集体、遵守纪律，对别人的错误敢于提出意见，对自己的错误勇于承认和改正。

要教育学生尊敬教师和长辈，对同学、兄弟姊妹要互助友爱，对人要有礼貌。要教育学生不懒惰，不说谎，不自私自利，不奢侈浪费。要经常注意防止剥削阶级思想意识和旧社会遗留下来的习惯势力对学生的影响。

十六、对小学生进行思想品德教育要着重正面启发，积极诱导。

要善于用革命领袖和英雄模范的事迹鼓舞学生，为他们树立榜样。要恰当地选择富有教育意义的生动事例，对学生进行教育。

要注意学生年龄、性格的差别，针对不同的对象，提出适当的教育要求，采取不同的教育方法。要采取耐心的、细致的、反复的教育方法，不要用对待成人的办法来对待儿童少年。

十七、学生做了好事，应该肯定和表扬，鼓励他们不断上进。

对学生的缺点和错误，教师应该深入了解情况，具体分析原因，耐心说服教育；必要时可以进行适当的批评，但是不要急躁，不得采用粗暴、压服的办法，不得开展群众性的批判，严禁体罚或者变相体罚。

严格防止流氓意识和流氓行为对学生的影响。

十八、好动、好问是儿童少年的特点之一，要引导他们向正确的方向发展。学生个人的正当爱好，凡是不影响自己的学习和健康的，不妨碍别人的学习、工作和休息的，不要加以限制和干涉。

第四章 生产劳动

二十二、小学生参加适当的生产劳动，主要目的是从小养成劳动习惯，培养爱劳动、爱劳动人民、爱护劳动成果的思想感情。

教育学生在力所能及的范围内，照料自己的生活，保持环境的整洁，帮助家庭劳动，积极参加学校所组织的种植、手工、饲养等劳动和绿化等社会公益劳动。

有条件的小学，可以建立简易的手工劳动的场所，利用校园或者附近的空地开辟种植园地。

在劳动中，要注意教育学生爱护工具，节约材料，保护庄稼，遵守劳动纪律；要使学生学到一些简易的生产常识和技能。

不得把劳动作为惩罚学生的手段。

二十三、小学一、二、三年级不设劳动课程。四年级以上学生全年参加劳动的时间为半个月。小学生每次劳动的时间不能过长，城市小学生一般每周一次，每次不超过两小时。体弱、有病的学生和在月经期中的女生都不要参加劳动。因病因事少参加了劳动的，事后不再补。

组织小学生参加劳动，必须由教师带领和指导，防止事故，保护健康。

学校组织学生参加生产劳动的收益，主要用于学生的福利事业。学校要定期公布劳动收益分配账目。

第五章 生活保健

二十四、小学阶段是儿童少年长身体的时期，必须教育学生养成良好的生活习惯和锻炼身体的习惯。要坚持早操和课间操。体育课的要求应该适当，不要过高。适当组织和指导学生参加课外的体育、文化娱乐等活动，以增进学生身心的健康。

二十五、认真执行中央关于劳逸结合的指示，合理安排作息时间，使学生养成按时作息的习惯。小学生每天在校的上课、自习、劳动和课外集体活动的时间，高年级至多不超过八小时，低、中年级还应该少一些。小学生每天应该睡足十小时。

在通常情况下，晚上和星期日不要安排集体活动。

二十六、教育学生养成讲究卫生的习惯。学校应该经常对学生进行卫生常识教育，对高年级女生还应该指定女教师进行必要的妇女卫生常识教育。

努力改善环境卫生，保证学生喝到开水；设置简单的卫生设备。卫生部门应该协助学校防治疾病。

必须采取积极措施保护学生的视力。改善教室的采光，尽可能使课堂桌椅适合学生身体的高低，训练学生端正看书、写字的姿势。教育、文化部门要努力改进教科书和儿童少年读物的纸张、印刷条件。

二十七、必须重视学生的安全，加强安全教育。学校要定期进行安全检查，采取必要的措施，预防房屋倒塌、失火、触电、潮水、食物中毒、煤气中毒等劳动、体育活动中的事故。教育学生注意往返途中的安全，遵守交通规则，组织年龄大的学生照顾年龄小的学生。

第六章　教师

二十八、教师的根本任务是把学生教好。教师应该热爱教育事业，努力完成教育任务。

对教师的基本要求是：

教好功课。钻研教材，改进教学方法，提高教学质量。

爱护学生。对学生热情关怀，耐心教育，严格要求。

以身作则。在思想、行为方面，力求成为学生的表率。

努力学习。注意学习马克思列宁主义、毛泽东著作。学习时事政策，学习科学文化知识。不断提高政治、文化、业务水平。

三十二、严格保证教师的业务工作时间和休息时间。政治学习和党、团、工会的会议以及社会活动，在通常情况下，每周应该控制在六小时以内。除学校统一规定的重大活动外，业余时间和假期都由教师自己支配。

教师除带领学生集体劳动，参加校内的清洁卫生等劳动外，不再规定其他劳动任务。

三十三、教育行政部门应该注意鼓励教师树立长期为教育事业服务的思想，表扬和鼓励优秀教师，特别是长期从事教育工作、成绩优异的教师。

必须做好教师的工资级别的评定和调整工作。对长期从事教育工作的教师，应该实行教龄津贴制度；少数优秀教师可以越级提升；长期从事教育工作又成绩优异的教师，是教育工作的专家，工资待遇应该较高。具体办法由教育部另行规定。

必须关心教师的生活。妥善安排他们的宿舍和伙食。教师的副食品和日用品供应，应该与当地脱产干部同等待遇，这个规定，由省、市、自治区人民委员会负责解决。

地方行政部门应该将教工福利费按上级规定，拨给学校，教工福利费不得挪作他用。学校和教育工会应该根据上级规定，合理使用教工福利费和工会会费，切实搞好教师的集体福利事业和生活补助工作。

全日制中学暂行工作条例（草案节录）①
（中共中央 1963 年 3 月印发）

第一章　总则

一、全日制中学应该贯彻执行教育为无产阶级的政治服务、教育与生产劳动相结合的方针。

根据毛泽东同志提出的"我们的教育方针，应该使受教育者在德育、智育、体育几方面都得到发展，成为有社会主义觉悟的有文化的劳动者"，中学教育的任务，是为社会主义建设事业培养劳动后备力量，和为高一级学校培养合格的新生。

全日制中学学生的培养目标是：使学生具有爱国主义和国际主义精神，具有共产主义道德品质，拥护共产党的领导，拥护社会主义，愿意为社会主义事业服务，为人民服务；逐步培养学生的工人阶级的阶级观点、劳动观点、群众观点、辩证唯物主义观点。

使学生在小学教育的基础上，进一步掌握语文、数学、外国语等课程的基础知识和基本技能，并且具有一定的生产知识。

使学生的身心得到正常的发展，具有健康的体质，培养良好的生活习惯和劳动习惯。

第三章　思想政治教育

十九、必须对学生进行共产主义思想教育。

中学思想政治教育的根本任务，是培养学生具有爱国主义和国际主义精神，教育学生拥护共产党，拥护社会主义，愿意为社会主义事业服务，为人民服务；逐步对学生进行工人阶级的阶级观点、劳动观点、群众观点和辩证唯物主义观点的教育，培养学生的共产主义道德品质和革命意志，

---

① 顾明远总主编《中国教育大系：马克思主义与中国教育》（下卷），湖北教育出版社，1994，第 1369~1375 页。

反对现代修正主义，反对资产阶级思想和其他反动思想的侵蚀，逐步树立工人阶级的世界观。

第五章　体育卫生和生活管理

三十、中学阶段是少年青年身心发育成长的重要时期，必须加强体育卫生工作。

要坚持早操和课间操。体育课的要求应该适当，不要过高。要适当开展课外的体育、文化娱乐等活动，以增进学生身心健康。

要经常对学生进行卫生常识教育，使他们养成卫生习惯。努力改善环境卫生，加强疾病防治工作。有条件的学校还应该建立定期检查体格的制度。

要特别注意保护学生的视力。训练学生端正看书、写字的姿势；积极改善教室和自习室的采光设备；尽可能使课堂桌椅适合学生身体的高低。教育、文化部门要努力改进教科书和少年儿童读物的纸张、印刷条件。

要指定女教师负责管理女生的生活，对女生进行妇女卫生常识教育。

三十一、必须认真执行中央关于劳逸结合的指示，合理安排作息时间，做到有劳有逸。教育学生按时作息，养成良好的生活习惯。

应该教育学生参加必要的集体活动，但是不要事事强调集体。中学生的社会活动时间，包括共产主义青年团、少年先锋队的组织生活，在通常情况下，每周不超过两小时，在共产主义青年团、少年先锋队、学生会中担任职务的学生，每周不超过三小时。学生参加各种课外活动应该出于自愿。学生个人的习惯和爱好，凡是不影响学习和健康的，不妨碍集体利益的，不要加以限制和干涉。中学生每天应该睡足八小时。

在通常情况下，晚上和星期日不要安排集体活动。

三十二、合理使用人民助学金。人民助学金应该按规定发给学校，用于补助生活确有困难的学生。学生申请人民助学金，由学校行政审查批准，不要组织学生进行评议。

三十三、凡有师生入伙的学校必须认真办好食堂。加强伙食管理工作，加强伙食管理人员和炊事人员的思想教育，改进食堂和伙食卫生，健全粮食和财务的管理制度，定期公布账目，杜绝贪污浪费。

三十四、要重视学生的安全，加强安全教育。定期进行安全检查，认真采取措施，预防房屋倒塌、失火、触电，溺水、食物中毒、煤气中毒等和在理化实验、劳动、体育活动中的事故。

要经常教育学生遵守公共秩序和交通规则。

第六章　教师

三十五、教师的根本任务是把学生教好。教师应该热爱教育事业，努力完成教育任务。

对教师的基本要求是：

教好功课。钻研教材，改进教学方法，提高教学质量。

爱护学生。对学生热情关怀，耐心教育，严格要求，指导和帮助他们发展智力和体力，提高思想觉悟。

以身作则。在思想、行为方面，力求成为学生的表率。

努力学习。关心政治，学习马克思列宁主义、毛泽东著作；刻苦钻研业务，力求精通所任课程的专业知识。不断提高政治、文化、业务水平。

三十九、教育行政部门应该注意鼓励教师树立长期为教育事业服务的思想，表扬和鼓励优秀教师，特别是长期从事教育工作、成绩优异的教师。

必须做好教师的工资级别的评定和调整工作。对长期从事教育工作的教师，应该实行教龄津贴制度；少数优秀教师可以越级提升；长期从事教育工作而又成绩优异的教师，是教育工作的专家，工资待遇应该较高。具体办法由教育部另行规定。

必须关心教师的生活。妥善安排教师的宿舍和伙食。教师的副食品和日用品供应，应该与当地脱产干部同等待遇，这个规定，由省、市、自治区人民委员会负责解决。

对年老体弱的教师，应该适当减轻他们的工作负担。对女教师的特殊困难，应该予以照顾。对年老退休的教师的生活，应该妥善安排。

地方行政部门应该将教工福利费按上级规定，拨给学校，教工福利费不得挪作他用。学校和教育工会应该根据上级规定，合理使用教工福利费和工会会费，切实搞好教师的集体福利事业和生活补助工作。

四十、教师参加生产劳动，包括带领学生劳动的时间在内，平均每年半个月到一个月。男教师在四十五岁以上，女教师在四十岁以上，不参加体力劳动；体弱多病的教师和怀孕、喂奶的女教师不参加体力劳动。

中共中央　国务院关于普及小学教育若干问题的决定（摘要）①
（1980 年 12 月 3 日）

必须造成尊师的良好社会风气，提高教师的社会地位，建设一支稳定、合格的教师队伍。我们的教师，担负着传授科学文化知识、培养社会主义新人的光荣任务，理应受到全社会的尊敬。但是，由于"左倾"思想的影响，特别是林彪、"四人帮"的摧残破坏，我国教师应有的权利横遭践踏。列宁说过："不提高人民教师地位，就谈不上任何文化，既谈不上无产阶级文化，甚至也谈不上资产阶级文化。"我们应该为提高教师地位，形成尊师的社会风气，作出巨大努力。

现在，小学教师平均工资居于全国各行业之末，中学教师是倒数第二，这是极不合理的。必须切实改革中小学教师工资制度，适当提高他们的工资待遇，在工资制度正式改革前，应当给予一些临时补贴。与此同时，中小学要开始实行教龄津贴制度，以鼓励教师终生从事教育事业。具体方案，由国家计委、财政部、劳动总局会同教育部迅速提出。

为了改变中小学民办教师比重过大、待遇过低、队伍极不稳定的状况，应采取下列措施：（1）国家给予民办教师的补助费应该有所增加，由各地根据实际情况，作出具体规定。（2）逐步减少民办教师比例，国家每年安排一定的专用劳动指标，经过严格考核，将合格的民办教师分期分批转为公办教师。民办教师中的骨干更应早转。另外，师范院校每年都要招收一部分民办教师。通过上述办法，在几年内使民办教师比例降到百分之三十以下。（3）国家给予民办教师的补助费应全部直接发给本人。同时，社队应按全劳力给他们记工分，切实执行男女同工同酬的原则。社队不要向民办教师派农活，也不应给他们分包产田。

各级教育部门必须大力做好教师队伍的整顿和培训、提高工作。除分期分批组织教师脱产学习之外，还应办好多种形式的在职进修。对确实不适宜做教学工作的，应由各地人事、劳动部门或社队予以妥善安置。教育部应从速制定《中小学教师工作条例》，就教师工作的性质、条件、职责、

---

① 顾明远总主编《中国教育大系：马克思主义与中国教育》（下卷），湖北教育出版社，1994，第 1389 页。

任用、进修、考核、晋升以及奖惩等问题作出规定，切实提高教师的荣誉感和责任感。

为了充实和加强教师队伍，对过去改行做机关工作的教师，各地应采取措施使他们归队。城市待业青年适合做教学工作的，经过训练合格也可到农村小学任教，有的还可以到农村初中任教。目前，有些地区以实现干部知识化为由，从中小学抽调教师，甚至把一些富有教学经验的教师也抽去做一般行政工作，这种做法必须严格禁止。

中共中央　国务院关于加强和改革
农村学校教育若干问题的通知（节录）①
（1983 年 5 月 6 日）

二、农村学校的任务，主要是提高新一代和广大农村劳动者的文化科学水平，促进农村社会主义建设。一定要适应广大农民发展生产、劳动致富、渴望人才的要求。一定要引导广大学生热爱农村，热爱劳动，学好知识和本领，必须通过宣传教育，采取切实措施，纠正目前社会上片面追求升学率的倾向。

我国农村情况千差万别，农村教育一定要从实际出发，因地制宜，适应农村居民劳动、生活的特点，适应不同地区、不同民族的需要，适应当地的财力物力条件、经济发展特点和文化教育的基础。据此，办学应当坚持多层次、多种规格和多种形式。学校教育改革必须坚定而有秩序地进行，经过试点，有计划有步骤地前进。

六、建设一支稳定、合格的教师队伍，是办好农村学校的关键。必须及早抓好这项基本建设，教育投资要着重保证这方面的需要。

各级党政领导必须认真落实知识分子政策，以极大的热情关心教师，提高教师的政治地位、社会地位和工资待遇，注意改善其工作条件和生活条件，在全社会形成尊重教师的良好风尚。教育部应从速制定中小学教师的职称制度，在整顿教师队伍的基础上经过试点逐步推开。要采取措施，鼓励教师终生从事教育事业，由国家计委、财政部、劳动人事部会同教育

---

① 顾明远总主编《中国教育大系：马克思主义与中国教育》（下卷），湖北教育出版社，1994，第 1390～1392 页。

部提出方案，先从小学教师开始，实行教龄津贴制度。为鼓励教师到农村，特别是到老、少、山、边、穷地区任教，除荣誉鼓励外，要适当增加生活补贴，还可保留城市户口，定期轮换。对坚持在上述地区任教二十年以上、业务水平高的教师，各地在可能条件下，还可给予某些特殊照顾。对民办教师应逐步实行社队统筹工资制，有条件的地区还应建立民办教师的福利基金，解除他们的后顾之忧，根据国家财力物力状况，每年安排一定的劳动指标，在考核合格的民办教师中，转一部分为公办教师。

要整顿教师队伍，各级党政领导应采取坚决措施，使合格教师进得来、留得住，不合格的另行安排。

七、办好农村学校教育，要坚持"两条腿走路"的方针，通过多种渠道切实解决经费问题。中央和地方要逐年增加教育经费，厂矿、企业单位、农村合作组织都要集资办学，还应鼓励农民在自愿基础上集资办学和私人办学。财政部要拨出一笔专款，为少数民族和边境地区建设一两个师资培训中心。中央财政中所列的有关少数民族、边疆建设的几项补助费，地方都应规定一定比例用于教育事业。为推动农村职业技术教育的发展，改办和新办农业、职业中学，开办费由中央和地方财政或有关业务部门给予补助。

校校无危房，班班有教室，学生人人有课桌凳，是最起码的办学条件，各地应定出切实的规划和措施，力争尽快实现。农村学校所需的劳动基地、实验场地，由县、社负责解决。职业技术教育所需的仪器设备、图书资料等，办学的各有关部门应切实予以解决。学校的校产要严加保护，不受侵犯。

办好农村学校教育，是落实党的十二大精神，抓好农业和教育科学这两个战略重点，促进四化建设的一件大事。各级党委和政府必须把它列入重要议事日程，加强政策思想领导，并从人力、财力、物力上切实予以支持。农村的职业技术教育涉及的部门很多，省、地、县各级党委、政府都要把教育、农业、计划、财政、劳动人事、科技、工业等部门组织起来，明确分工，齐心协力地抓好这项工作。要系统地总结农村学校教育的历史经验，研究农村新情况和新问题。制定切合实际的方针政策。加强各级教育行政部门和学校领导班子建设。要选派一些热心并懂得教育的同志加强对农村教育的领导，还应选派一些大学毕业生到县以下单位去工作。

教育部关于全日制普通中学全面贯彻党的教育方针、纠正片面追求升学率倾向的十项规定（试行草案）①

（1983 年 12 月 31 日）

一、要全面贯彻党的教育方针，既要为高一级学校输送合格的新生，当前还要着重注意培养大批优良的劳动后备力量，使学校教育更好地适应社会主义现代化建设的需要。不能只抓升学，忽视对劳动后备军的培养；只抓考分，忽视德育和体育，忽视基础知识和能力的培养；只抓少数，忽视多数；只抓毕业班，忽视非毕业班；只抓高中，忽视初中。

二、要正确指导和全面评定学校的工作。衡量一所中学办得好不好，主要看是否全面贯彻党的教育方针，对全体学生负责；学生的品德、智力、体质是否在原有的基础上有较大的提高，合格率如何，学生毕业后是否适应劳动或升学的要求。对按照上述标准确实办得好的学校，不论是重点中学还是一般中学，都应给予表彰奖励，从全国到地方坚决不搞升学考试名次排队，不得给地方、学校下达升学指标，不得片面地只按升学率高低对学校和教师进行奖惩。

三、要严格按照教育部或省、市、自治区教育厅（局）颁发的教学计划开设课程。不要为了应付升学考试，随意砍掉或挤占某些课程，不要按照高考考什么，就只设什么课程。每门课程的成绩都要记入学生档案，缺一门课程成绩者，不能发给毕业证书。调整课程设置，如系缺乏师资，需经县以上教育部门批准；如系进行教学改革试验，需经地区以上教育部门批准。

四、要加强对学生的思想政治教育工作。毕业生的操行评语要如实反映学生的思想品德状况。严格按照规定的条件评定三好学生、优秀学生干部和发展共青团员。对后进学生应热情帮助，不得歧视或无故迫使他们退学、转学。

五、要减轻学生过重的学习负担。初中未经县、高中未经地区以上教育部门批准，不得随意增加课时，或提前结束课程。课外作业量由教导处

---

① 顾明远总主编《中国教育大系：马克思主义与中国教育》（下卷），湖北教育出版社，1994，第 1398~1399 页。

负责统一协调，均衡布置，应控制在初中每天一个半小时，高中每天两个小时之内。主管教学的校长、教导主任应负责督促检查，发现问题，及时纠正。

六、要保证学生的睡眠、休息和课外体育、文娱、科技活动时间。学校领导要有人负责抓体育和卫生保健工作。初中学生每天要有九小时睡眠，高中学生要有八小时睡眠。平均每天要有一小时体育活动。寒暑假期间要保证休息，原则上不进行补课；对需要补考的学生可进行必要的辅导，但时间不要超过假期二分之一的天数，平均每天不要超过三小时。

七、要加强平时对学生学习情况的了解，不要频繁地进行考试。每学期只进行期中、期末考试或考查，每次考试的科目不要过多。有些课程可只在结束时进行期末考试。毕业考试只考本学年所学的课程。除招生和毕业考试（包括学科结业考试）外，未经省、市、自治区教育厅（局）批准，不要进行任何名目的统考。考试题目不应超出教学大纲、教科书规定的要求。

八、要保证学校正常的教学秩序。学校不得举办全日制升学补习班，不得吸收往届毕业生插入应届毕业班学习，或让他们以应届毕业生名义报考学校，或给他们开具学籍等假证明。在不影响正常班教学，不占用学校经费的原则下，经上一级教育部门批准，学校可以举办业余补习班，或由教育部门、社会团体等单独举办专门的补习班（校）。

九、各级教学研究机构要把主要精力用于教学研究工作。不得组织任何名目的猜题、押题、模拟考试等活动。任何单位和个人，不准编印对付升学考试的习题集、练习册、复习资料等。确因教学需要，出版少量教学复习参考书，要由省、市、自治区教育厅（局）统一规划，组织编写、审定。

十、各级教育部门和学校要坚决执行上述规定，并有责任向社会大力宣传，取得社会、家长的广泛支持。对违反上述规定者，要进行教育，督促改正，不能评为先进单位或个人；情节严重、经教育坚持不改者，要给以批评、通报，以至处分。对上级机关和领导违反上述规定的要求和做法，教育部门、学校和教师有责任提出意见，予以抵制和越级向上反映。因此遭到打击报复的，教育部门应当向党委和政府报告，采取措施，严肃处理。各级督学（视导员）对上述规定的实施，有权进行检查。

中华人民共和国义务教育法①

（1986 年 4 月 12 日第六届全国人民代表大会第四次会议通过，
1986 年 4 月 12 日中华人民共和国主席令第 38 号公布，
1986 年 7 月 1 日起施行）

第一条　为了发展基础教育，促进社会主义物质文明和精神文明建设，根据宪法和我国实际情况，制定本法。

第二条　国家实行九年制义务教育。省、自治区、直辖市根据本地区的经济、文化发展状况，确定推行义务教育的步骤。

第三条　义务教育必须贯彻国家的教育方针，努力提高教育质量，使儿童、少年在品德、智力、体质等方面全面发展，为提高全民族的素质，培养有理想、有道德、有文化、有纪律的社会主义建设人才奠定基础。

第四条　国家、社会、学校和家庭依法保障适龄儿童、少年接受义务教育的权利。

第五条　凡年满六周岁的儿童，不分性别、民族、种族，应当入学接受规定年限的义务教育。条件不具备的地区，可以推迟到七周岁入学。

第六条　学校应当推广使用全国通用的普通话。

招收少数民族学生为主的学校，可以用少数民族通用的语言文字教学。

第七条　义务教育可以分为初等教育和初级中等教育两个阶段。在普及初等教育的基础上普及初级中等教育。初等教育和初级中等教育的学制，由国务院教育主管部门制定。

第八条　义务教育事业，在国务院领导下，实行地方负责，分级管理。

国务院教育主管部门应当根据社会主义现代化建设的需要和儿童、少年身心发展的状况，确定义务教育的教学制度、教学内容，课程设置，审订教科书。

第九条　地方各级人民政府应当合理设置小学、初级中等学校，使儿童、少年就近入学。

---

① 顾明远总主编《中国教育大系：马克思主义与中国教育》（下卷），湖北教育出版社，1994，第 1409 页。

城市和农村建设发展必领包括相应的义务教育设施。

第十条　国家对接受义务教育的学生免收学费。

国家设立助学金，帮助贫困学生就学。

第十一条　父母或者其他监护人必须使适龄的子女或者被监护人按时入学，接受规定年限的义务教育。

适龄儿童、少年因疾病或者特殊情况，需要延缓入学或者免予入学的，由儿童、少年的父母或者其他监护人提出申请，经当地人民政府批准。

禁止任何组织或者个人招用应该接受义务教育的适龄儿童、少年就业。

第十二条　实施义务教育所需事业费和基本建设投资，由国务院和地方各级人民政府负责筹措，予以保证。

国家用于义务教育的财政拨款的增长比例，应当高于财政经常性收入的增长比例，并使在校学生人均教育费用逐步增长。

地方各级人民政府按照国务院的规定，在城乡征收教育事业费附加，主要用于实施义务教育。

国家对经济困难地区实施义务教育的经费，予以补助。

国家鼓励各种社会力量以及个人自愿捐资助学。

国家在师资、财政等方面，帮助少数民族地区实施义务教育。

第十三条　国家采取措施加强和发展师范教育，加速培养、培训师资，有计划地实现小学教师具有中等师范学校毕业以上水平，初级中等学校的教师具有高等师范专科学校毕业以上水平。

国家建立教师资格考核制度，对合格教师颁发资格证书。

师范院校毕业生必须按照规定从事教育工作。国家鼓励教师长期从事教育事业。

第十四条　全社会应当尊重教师。国家保障教师的合法权益，采取措施提高教师的社会地位，改善教师的物质待遇，对优秀的教育工作者给子奖励。

教师应当热爱社会主义教育事业，努力提高自己的思想、文化、业务水平，爱护学生，忠于职责。

第十五条　地方各级人民政府必须创造条件，使适龄儿童、少年入学接受义务教育。除因疾病或者特殊情况，经当地人民政府批准的以外，适龄儿童、少年不入学接受义务教育的，由当地人民政府对他的父

母或者其他监护人批评教育，并采取有效措施责令送子女或者被监护人
入学。

对招用适龄儿童、少年就业的组织或者个人，由当地人民政府给予批
评教育，责令停止招用；情节严重的，可以并处罚款、责令停止营业或吊
销营业执照。

第十六条　任何组织或者个人不得侵占、克扣、挪用义务教育经费，
不得扰乱教学秩序，不得侵占、破坏学校的场地、房屋和设备。

禁止侮辱、殴打教师，禁止体罚学生。

不得利用宗教进行妨碍义务教育实施的活动。

对违反第一款、第二款规定的，根据不同情况，分别给予行政处分，
行政处罚，造成损失的，责令赔偿损失，情节严重构成犯罪的，依法追究
刑事责任。

第十七条　国务院教育主管部门根据本法制定实施细则，报国务院批
准后施行。

省、自治区、直辖市人民代表大会常务委员会可以根据本法，结合本
地区的实际，制定具体实施办法。

扫除文盲工作条例①
（国务院 1988 年 2 月 5 日）

第一条　为了提高中华民族的文化素质，促进社会主义物质文明和精
神文明建设，根据《中华人民共和国宪法》的有关规定，制定本条例。

第二条　凡 15 周岁到 40 周岁的文盲、半文盲公民，除不具备接受扫盲
教育能力的以外，不分性别、民族、种族，均有接受扫除文盲教育的权利
和义务。

鼓励 40 周岁以上的文盲、半文盲公民参加扫除文盲的学习。

第三条　地方各级人民政府应当加强对扫除文盲工作的领导，制订本
地区的规划和措施，组织有关方面分工协作，具体实施，并按规划的要求
完成扫除文盲任务。地方各级教育行政部门应当加强对扫除文盲工作的具

---

① 顾明远总主编《中国教育大系：马克思主义与中国教育》（下卷），湖北教育出版社，
1994，第 1445 页。

体管理。

城乡基层单位的扫除文盲工作，在当地人民政府的领导下，由单位行政领导负责。

村民委员会、居民委员会应当积极协助组织扫除文盲工作。

第四条　扫除文盲与普及初等义务教育应当统筹规划，同步实施。已经实现基本普及初等义务教育，尚未完成扫除文盲任务的地方，应在五年以内实现基本扫除文盲的目标。

第五条　扫除文盲教育应当讲求实效，把学习文化和学习技术知识结合起来。

扫除文盲教育的形式应当因地制宜，灵活多样。

扫除文盲教育的教材，由省、自治区、直辖市教育行政部门审定。

第六条　扫除文盲教学应当使用全国通用的普通话。在少数民族地区可以使用本民族语言文字教学，也可以使用当地各民族通用的语言文字教学。

第七条　个人脱盲的标准是：农民识 1500 个汉字，企业和事业单位职工、城镇居民识 2000 个汉字；能够看懂浅显通俗的报刊、文章，能够记简单的账目，能够书写简单的应用文。

用当地民族语言文字扫盲的地方，脱盲标准由省、自治区人民政府根据前款规定制定。

基本扫除文盲单位的标准和要求是：15 周岁至 40 周岁人口中的非文盲人数，在农村达到 85% 以上，在企业、事业单位和城镇达到 90% 以上；组织脱盲人员继续学习提高，防止出现复盲现象；农村的乡（镇）、城市的街道还必须同时符合基本普及初等教育的要求。

第八条　扫除文盲实行验收制度。扫除文盲的学员由所在乡（镇）人民政府、城市街道办事处或同级企业、事业单位组织考核，对达到脱盲标准的，发给"脱盲证书"。

基本扫除文盲的市、县（区），由省、自治区、直辖市人民政府验收；乡（镇）、城市的街道，由上一级人民政府验收；企业、事业单位，由所在地人民政府验收。对符合标准的，发给"基本扫除文盲单位证书"。

第九条　地方各级人民政府应当制定措施，督促基本扫除文盲的单位制订规划，继续扫除剩余文盲，使 15 周岁至 40 周岁人口中的非文盲人数，达到 95% 以上。

第十条　扫除文盲教师由乡（镇）、街道、村和企业、事业单位聘用，并给予相应报酬。

当地普通学校、文化馆（站）等有关方面均应积极承担扫除文盲的教学工作。

鼓励社会上一切有扫除文盲教育能力的人员参与扫除文盲教学活动。

第十一条　地方各级人民政府应当在教育事业编制中，充实县、乡（镇）成人教育专职工作人员，加强对农村扫除文盲工作的管理。

第十二条　扫除文盲教育所需经费采取多渠道办法解决。除下列各项外，由地方各级人民政府给予必要的补助：

（一）由乡（镇）人民政府、街道办事处组织村民委员会或有关单位自筹；

（二）企业、事业单位的扫除文盲经费，在职工教育经费中列支；

（三）农村征收的教育事业费附加，应当安排一部分用于农村扫除文盲教育。

各级教育行政部门在扫除文盲工作中，培训专职工作人员和教师，编写教材和读物，开展教研活动，以及交流经验和奖励先进等所需费用，在教育事业费中列支。

鼓励社会力量和个人自愿资助扫除文盲教育。

第十三条　扫除文盲工作实行行政领导责任制。扫盲任务应当列为县、乡（镇）、城市街道和企业、事业单位行政负责人的职责，作为考核工作成绩的一项重要内容。

对未按规划完成扫除文盲任务的单位，由地方各级人民政府处理。

地方各级人民政府应定期向上一级人民政府报告扫除文盲工作的情况，接受检查、监督。

第十四条　国家教育委员会定期对在扫除文盲工作中做出突出贡献的单位或个人颁发"扫盲奖"。地方各级人民政府也应当对在扫除文盲工作中成绩显著的单位或个人予以表彰、奖励。

第十五条　省、自治区、直辖市人民政府可以根据本条例，结合本地实际情况，制定实施办法。

第十六条　本条例由国家教育委员会负责解释。

第十七条 本条例自发布之日起施行。

中共中央关于改革和加强中小学德育工作的通知 （节录）①
（1988 年 12 月 25 日）

一、中小学德育工作必须适应全面深化改革的新形势

把我国建设成为富强、民主、文明的社会主义现代化国家，实现全国各族人民的共同理想，需要经过几代人的不懈努力。现在的中小学生是二十一世纪社会主义建设的主力军。他们的思想道德和科学文化素质状况，不仅是当前社会文明程度的重要体现之一，而且对我国未来的社会风貌、民族精神有着决定性的影响。从现在起，就必须努力把他们培养成为有理想、有道德、有文化、有纪律的一代新人。

二、进一步明确中小学德育工作的指导思想

中小学德育工作必须坚持以马克思主义为指导，认真贯彻党在社会主义初级阶段的基本路线，遵循党关于社会主义精神文明建设的指导方针。

三、实事求是地确定中小学德育工作的任务和内容

中小学德育工作的基本任务是，把全体学生培养成为爱国的具有社会公德、文明行为习惯的遵纪守法的好公民。在这个基础上，引导他们逐步确立科学的人生观、世界观，并不断提高社会主义思想觉悟，使他们中的优秀分子将来能够成长为坚定的共产主义者。中小学德育要以爱祖国、爱人民、爱劳动、爱科学、爱社会主义为基本内容，注意抓好以下几个方面的教育。

第一，进行爱国主义教育。第二，进行集体主义教育。第三，进行社会主义民主和遵纪守法的教育。第四，进行劳动教育。第五，进行道德教育和良好心理品质的培养。

面向 21 世纪教育振兴行动计划 （节录）②
（教育部 1998 年 12 月 24 日）

中国共产党第十五次全国代表大会提出了跨世纪社会现代化建设的宏

---

① 顾明远总主编《中国教育大系：马克思主义与中国教育》（下卷），湖北教育出版社，1994，第 1447~1450 页。

② http://www.moe.gov.cn/jyb_sjzl/moe_177/tnull_2487.html。

伟目标与任务，对落实科教兴国战略做出了全面部署。为了实现党的十五大所确定的目标与任务，落实科教兴国战略，全面推进教育的改革和发展，提高全民族的素质和创新能力，特制定本行动计划。

《面向 21 世纪教育振兴行动计划》，是在贯彻落实《教育法》及《中国教育改革和发展纲要》的基础上提出的跨世纪教育改革和发展的施工蓝图。要全面规划，突出重点，抓住关键，重在落实。行动计划的主要目标是：到 2000 年，全国基本普及九年义务教育，基本扫除青壮年文盲，大力推进素质教育；完善职业教育培训和继续教育制度，城乡新增劳动力和在职人员能够普遍接受各种层次和形式的教育与培训；积极稳步发展高等教育，高等教育入学率达到 11% 左右；瞄准国家创新体系的目标，培养造就一批高水平的具有创新能力的人才；加强科学研究并使高校高新技术产业为培育经济发展新的增长点做贡献；深化改革，建立起教育新体制的基本框架，主动适应经济社会发展。到 2010 年，在全面实现"两基"目标的基础上，城市和经济发达地区有步骤地普及高中阶段教育，全国人口受教育年限达到发展中国家的先进水平；高等教育规模有较大扩展，入学率接近 15%，若干所高校和一批重点学科进入或接近世界一流水平；基本建立起终身学习体系，为国家知识创新体系以及现代化建设提供充足的人才支持和知识贡献。

一、实施"跨世纪素质教育工程"，提高国民素质

1. 2000 年如期实现基本普及九年义务教育、基本扫除青壮年文盲的目标，是全国教育工作的"重中之重"。"两基"已进入攻坚阶段，要确保全国目标的实现。普及义务教育工作的重点和难点在中西部地区，在"十五"计划期间继续实施"国家贫困地区义务教育工程"，重点放在山区、牧区和边境地区。

进一步加强教育督导工作，健全督导机构，完善督导制度，保证"两基"的质量和素质教育的顺利实施。

2. 实施"跨世纪素质教育工程"，整体推进素质教育，全面提高国民素质和民族创新能力。改革课程体系和评价制度，2000 年初步形成现代化基础教育课程框架和课程标准，改革教育内容和教学方法，推行新的评价制度，开展教师培训，启动新课程的实验。争取经过 10 年左右的实验，在全国推行 21 世纪基础教育课程教材体系。

3. 加强和改进学校的德育工作。继续加强爱国主义、集体主义、社会主义理想教育，遵纪守法和社会公德教育，进行中华民族优秀传统和革命传统教育，实施劳动技能教育以及心理健康教育，培养学生具有良好的道德、健康的心理和高尚的情操。

4. 体育和美育是素质教育的重要组成部分，要加强体育和美育工作。要使学生有健强体魄。美育不仅能培养学生有高尚情操，还能激发学生学习活力，促进智力的开发，培养学生创新能力。到 2001 年，通过颁布《学校艺术教育工作条例》、深化教育改革和器材配备等工作，初步建立大中小学相互衔接的、较为科学合理的体育、艺术教育体系，保证学校体育和艺术教育教师的数量和质量，提高教学水平。

5. 实施素质教育，要从幼儿阶段抓起，要用科学的方法启迪和开发幼儿的智力，培养幼儿健康的体质、良好的生活习惯、活泼开朗的性格与求知的欲望。

重视特殊教育，努力为广大残疾少年儿童提供受教育的机会，培养他们自主自强的精神和生存发展的能力。

6. 继续扩大内地学校培养少数民族学生的规模，促进各民族素质的共同提高。基础教育阶段，要继续办好内地为边疆少数民族举办的教学班（校），适当扩大培养规模。内地高等学校要为培养少数民族的优秀专门人才做出更多贡献。要重视加强民族地区"双语"教育教学和师资培养培训工作。

7. 建立和完善有关语言文字工作的法规体系，全面推进学校语言文字工作，各级各类学校特别是中小学、师范院校要继续把说好普通话、写好规范字、提高语言文字能力作为素质教育的重要内容。加强汉语言文字和少数民族语言文字信息处理的宏观管理，依法努力提高全社会的语言文字规范化意识，到 2010 年在全国实现文字应用基本规范化，使我国语言文字的应用更加适应社会主义经济、政治和文化建设的需要。

二、实施"跨世纪园丁工程"，大力提高教师队伍素质

8. 大力提高教师队伍的整体素质，特别要加强师德建设。3 年内，以不同方式对现有中小学校长和专任教师进行全员培训和继续教育，巩固和完善中小学校长岗位培训和持证上岗制度。

9. 重点加强中小学骨干教师队伍建设。1999 年、2000 年，在全国选培

10 万名中小学及职业学校骨干教师（其中 1 万名由教育部组织重点培训）。通过开展本校教学改革试验、巡回讲学、研讨培训和接受外校教师观摩进修等活动，发挥骨干教师在当地教学改革中的带动和辐射作用。

10. 实行教师聘任制和全员聘用制，加强考核，竞争上岗，优化教师队伍。2000 年前后，要通过提高生师（包括职工）比、下岗分流富余人员等途径，优化中小学教职工队伍，提高办学效益。同时，要拓宽教师来源渠道，向社会招聘具有教师资格的非师范类高等学校优秀毕业生到中小学任教，改善教师队伍结构。认真解决边远山区和贫困地区中小学教师短缺问题。要进一步完善师范毕业生的定期服务制度，对高校毕业生（包括非师范类）到边远贫困的农村地区任教，采取定期轮换制度，并享受国家规定的工资倾斜政策。鼓励各级政府机关公务员到中小学任教。

十、深化办学体制改革，调动各方面发展教育事业的积极性

39. 认真贯彻国务院对于社会力量办学实行"积极鼓励，大力支持，正确引导，加强管理"的方针，今后 3~5 年，基本形成以政府办学为主体、社会各界共同参与、公办学校和民办学校共同发展的办学体制。

40. 社会力量办学要纳入依法办学、依法管理的轨道。社会力量办学不以营利为目的，鼓励滚动发展。要完善法规建设，充实学校设置标准，健全管理体制，加强校容管理，严格财务审计，不断提高教育和管理水平，鼓励现有学校发挥规模效益。

41. 公办学校办学体制改革，要在政府教育行政部门的指导下进行试点。基础教育阶段要与改造薄弱学校相结合，高等教育阶段主要以地方高校和成人高校为对象，探索多种形式的办学模式。在推进办学体制改革中，按照教育法律法规，学校产权必须明晰，国有教育设施不得挪作他用，国有和公有资产不得流失。

十一、依法保证教育经费的"三个增长"，切实增加教育的有效投入

42. 落实科教兴国战略，必须转变把教育投资作为消费性投资的观念，要切实把发展教育作为基础设施建设，把教育投资作为一种基础性的投资，千方百计增加教育投入。各级财政要认真落实已出台的筹措教育经费的各项法律规定和政策，特别是要保证做到《教育法》规定的教育经费的"三个增长"（即各级政府教育财政拨款的增长要高于同级财政经常性收入的增长，在校学生人均教育经费逐步增长，教师工资和学生人均公

用经费逐步增长）。要按照《教育法》和《中国教育改革和发展纲要》的规定，逐步提高国家财政性教育经费占国民生产总值的比例，努力实现4%的目标。

43. 加快高校筒子楼建设和危房的改造，争取到 2000 年基本解决高校青年教师住房困难。中央部委所属高校此项工程所需资金，中央财政予以专项支持，其余部分由学校及其主管部门分担，改造后的筒子楼作为高校的公寓和周转用房。

44. 利用银行贷款，进一步加快中央部委高校的教职工住房建设。为解决高校教师住房困难、稳定高校教师队伍，在 2000 年前建设银行基础设施贷款中，安排一部分用于中央部委所属高校住房建设，以支持利用学校自用土地，加快新建"经济适用型"住房，资金不足部分，应多渠道筹措解决。同时，要继续加强中小学教师的"安居工程"建设。

45. 各级教育部门必须采取各种措施深化教育改革，完善拨款制度，精简机构和冗员，提高经费使用效益。同时，加强对教育经费的审计与监督。

中共中央　国务院关于深化教育改革
全面推进素质教育的决定（节录）①
（1999 年 6 月 13 日发布）

一、全面推进素质教育，培养适应二十一世纪现代化建设需要的社会主义新人

1. 实施素质教育，就是全面贯彻党的教育方针，以提高国民素质为根本宗旨，以培养学生的创新精神和实践能力为重点，造就"有理想、有道德、有文化、有纪律"的、德智体美等全面发展的社会主义事业建设者和接班人。

全面推进素质教育，要面向现代化、面向世界、面向未来，使受教育者坚持学习科学文化与加强思想修养的统一，坚持学习书本知识与投身社会实践的统一，坚持实现自身价值与服务祖国人民的统一，坚持树立远大理想与进行艰苦奋斗的统一。

全面推进素质教育，要坚持面向全体学生，为学生的全面发展创造相

---

① http://www.moe.gov.cn/jyb_ sjzl/moe_ 177/tnull_ 2478. html。

应的条件，依法保障适龄儿童和青少年学习的基本权利，尊重学生身心发展特点和教育规律，使学生生动活泼、积极主动地得到发展。

2. 实施素质教育应当贯穿于幼儿教育、中小学教育、职业教育、成人教育、高等教育等各级各类教育，应当贯穿于学校教育、家庭教育和社会教育等各个方面。在不同阶段和不同方面应当有不同的内容和重点，相互配合，全面推进。在不同地区还应体现地区特点，尤其是少数民族地区的特点。

实施素质教育，必须把德育、智育、体育、美育等有机地统一在教育活动的各个环节中。学校教育不仅要抓好智育，更要重视德育，还要加强体育、美育、劳动技术教育和社会实践，使诸方面教育相互渗透、协调发展，促进学生的全面发展和健康成长。

3. 各级各类学校必须更加重视德育工作，以马克思列宁主义、毛泽东思想和邓小平理论为指导，按照德育总体目标和学生成长规律，确定不同学龄阶段的德育内容和要求，在培养学生的思想品德和行为规范方面，要形成一定的目标递进层次。要加强辩证唯物主义和历史唯物主义教育，使学生树立科学的世界观和人生观。要有针对性地开展爱国主义、集体主义和社会主义教育，中华民族优秀文化传统和革命传统教育，理想、伦理道德以及文明习惯养成教育，中国近现代史、基本国情、国内外形势教育和民主法制教育。把发扬中华民族优良传统同积极学习世界上一切优秀文明成果结合起来。高等学校要进一步加强邓小平理论"进教材、进课堂、进学生头脑"工作。职业学校要加强职业道德教育。

4. 智育工作要转变教育观念，改革人才培养模式，积极实行启发式和讨论式教学，激发学生独立思考和创新的意识，切实提高教学质量。减轻中小学生课业负担已成为推行素质教育中刻不容缓的问题，要切实认真加以解决。各级政府都要建立健全减轻学生课业负担的监督检查机制。要重视婴幼儿的身体发育和智力开发，普及婴幼儿早期教育的科学知识和方法。

5. 健康体魄是青少年为祖国和人民服务的基本前提，是中华民族旺盛生命力的体现。学校教育要树立健康第一的指导思想，切实加强体育工作，使学生掌握基本的运动技能，养成坚持锻炼身体的良好习惯。确保学生体育课程和课外体育活动时间，不准挤占体育活动时间和场所。

6. 美育不仅能陶冶情操、提高素养，而且有助于开发智力，对于促进学生全面发展具有不可替代的作用。要尽快改变学校美育工作薄弱的状况，将美育融入学校教育全过程。中小学要加强音乐、美术课堂教学，高等学校应要求学生选修一定学时的包括艺术在内的人文学科课程。开展丰富多彩的课外文化艺术活动，增强学生的美感体验，培养学生欣赏美和创造美的能力。地方各级人民政府和各有关部门要为学校美育工作创造条件，继续完善文化经济政策，各类文化场所（博物馆、科技馆、文化馆、纪念馆等）要向学生免费或优惠开放，鼓励文化艺术团体到学校演出高雅健康的节目。农村中小学也要充分利用当地文化资源，因地制宜地开展美育活动。

7. 教育与生产劳动相结合是培养全面发展人才的重要途径。各级各类学校要从实际出发，加强和改进对学生的生产劳动和实践教育，使其接触自然、了解社会，培养热爱劳动的习惯和艰苦奋斗的精神。建立青少年参与社区服务和社区建设的制度。中小学要鼓励学生积极参加形式多样的课外实践活动，培养动手能力；职业学校要实行产教结合，鼓励学生在实践中掌握职业技能；高等学校要加强社会实践，组织学生参加科学研究、技术开发和推广活动以及社会服务活动。利用假期组织志愿者到城乡支工、支农、支医和支教。社会各方面要为学校开展生产劳动、科技活动和其他社会实践活动提供必要的条件，同时要加强学生校外劳动和社会实践基地建设。

二、深化教育改革，为实施素质教育创造条件

8. 基本普及九年义务教育和基本扫除青壮年文盲（简称"两基"），是全面推进素质教育的基础。

9. 调整现有教育体系结构，扩大高中阶段教育和高等教育的规模，拓宽人才成长的道路，减缓升学压力。通过多种形式积极发展高等教育，到2010 年，我国同龄人口的高等教育入学率要从现在的百分之九提高到百分之十五左右。要在确保"两基"的前提下，积极发展包括普通教育和职业教育在内的高中阶段教育，为初中毕业生提供多种形式的学习机会。在城市和经济发达地区要有步骤地普及高中阶段教育。

10. 构建与社会主义市场经济体制和教育内在规律相适应、不同类型教育相互沟通相互衔接的教育体制，为学校毕业生提供继续学习深造的机会。职业技术学院（或职业学院）可采取多种方式招收普通高中毕业生和中等

职业学校毕业生。职业技术学院（或职业学院）毕业生经过一定选拔程序可以进入本科高等学校继续学习。

高等学校和中等职业学校要创造条件实行弹性的学习制度，放宽招生和入学的年龄限制，允许分阶段完成学业。大力发展现代远程教育、职业资格证书教育和其他继续教育。完善自学考试制度，形成社会化、开放式的教育网络，为适应多层次、多形式的教育需求开辟更为广阔的途径，逐渐完善终身学习体系。

12. 进一步解放思想、转变观念，积极鼓励和支持社会力量以多种形式办学，满足人民群众日益增长的教育需求，形成以政府办学为主体、公办学校和民办学校共同发展的格局。

13. 加快改革招生考试和评价制度，改变"一次考试定终身"的状况。在普及九年义务教育的地区，实行小学毕业生免试就近升学的办法。

三、优化结构，建设全面推进素质教育的高质量的教师队伍

17. 建设高质量的教师队伍，是全面推进素质教育的基本保证。

20. 合理配置教师资源。各地要制定政策，鼓励大中城市骨干教师到基础薄弱学校任教或兼职，中小城市（镇）学校教师以各种方式到农村缺编学校任教，加强农村与薄弱学校教师队伍建设。城镇中小学教师原则上要有一年以上在薄弱学校或农村学校任教经历，才可聘为高级教师职务。采取优惠政策，吸引和鼓励教师到经济不发达地区、边远地区和少数民族地区任教。经济发达地区和城市也要采取多种形式，帮助少数民族地区和农村提高教师队伍水平。

四、加强领导，全党、全社会共同努力开创素质教育的新局面

24. 努力采取有效措施，切实加大教育投入，逐步实现国家财政性教育经费支出占国民生产总值百分之四的目标。各级人民政府必须按照《中华人民共和国教育法》的规定，确保教育经费有较大增长。中央决定，自1998年起至2002年的5年中，提高中央本级财政支出中教育经费所占的比例，每年提高1个百分点。各省、自治区、直辖市人民政府也要根据本地实际，增加本级财政中教育经费的支出。要进一步依法加强城乡教育费附加的征收和管理，农村教育费附加实行乡征、县管、乡用，确保完全用于教育。

国务院关于深化改革加快发展民族教育的决定（节录）[①]
（国发 C2002214 号）

一、民族教育工作的指导思想和目标任务

（一）新时期民族教育工作的指导思想。高举邓小平理论伟大旗帜，以江泽民同志"三个代表"重要思想为指导，全面贯彻党的教育方针和民族政策，解放思想，转变观念，发挥教育在西部大开发和民族地区经济社会发展、增强民族团结、维护国家统一中的作用；根据"因地制宜，分区规划，分类指导，突出重点"的原则，确定民族教育改革发展的目标和政策措施；确立基本普及九年义务教育、基本扫除青壮年文盲（以下简称"两基"）在整个民族教育中"重中之重"的地位，促进各类教育健康、协调发展；坚持以地方自力更生为主，国家大力扶持，发达地区和有关高等学校大力支援相结合；坚持规模、结构、质量和效益相统一。

（二）"十五"期间及至 2010 年民族教育发展的目标任务。"十五"期间，民族自治地方要在巩固"两基"基础上，把实现"两基"的县级行政区划单位从 2001 年的 51% 提高到 70% 以上，在 95% 的地区基本普及小学阶段义务教育；确保少数民族散杂居地区民族教育优先或与当地教育同步发展；确保高中阶段在校生有显著增长。到 2010 年，民族地区全面实现"两基"，办学条件进一步改善，形成具有中国特色、适应 21 世纪信息化和现代化建设需要、充满生机活力、较为完善的民族教育体系。

二、新时期民族教育工作的基本方针和原则

（一）民族教育的改革与发展要坚持实事求是、从实际出发，在发展规划、改革步骤、目标要求、办学形式、教学用语、课程设置、学制安排等方面因民族、因地区制宜；要坚持观念创新、体制创新和机制创新，不断扩大民族间和地区间的开放和交流，大胆吸收和借鉴不同民族、不同地区和人类社会的优秀文明成果，使我国民族教育既保持自身特色，又具有鲜明的时代特点。

（二）坚持宗教与国民教育相分离的原则。认真执行《中华人民共和国宪法》《中华人民共和国民族区域自治法》等法律规定，任何组织和个人不

---

① 顾明远总主编《21 世纪初中国教育》，湖北教育出版社，2015，第 227 页。

得利用宗教干预国民教育，不得以任何形式在学校宣扬宗教；鼓励宗教界爱国人士在信教群众中宣传党的教育方针和科教兴国战略，动员适龄儿童入学，调动信教群众支持办好国民教育方面的积极性。同时，对各族师生进一步加强无神论和唯物主义的教育，弘扬科学精神、传播科学思想、倡导科学方法、普及科学知识、树立科学世界观，不断增强各族师生自觉抵御封建迷信和邪教影响的能力。

（三）以民族地区自力更生为主，与国家扶持及发达地区、有关高等学校开展教育对口支援相结合，共同推进民族地区教育事业的发展。

（四）统筹兼顾，突出重点。要把中央财政扶持教育的重点向民族工作的重点地区、边远农牧区、高寒山区、边境地区以及发展落后的人口较少民族聚居地区倾斜。

三、深化改革，加快发展民族教育的政策措施

（一）深化教育改革，增强办学活力。进一步深化办学体制改革，改变民族教育办学主体单一、办学体制不活的局面。鼓励和支持社会力量办学，支持东、中部地区社会力量在少数民族和西部地区办学，或者面向少数民族和西部地区在东、中部地区办学；鼓励和引导民族地区群众自费送子女到东、中部地区求学就读。合理调整各级各类教育的布局结构，促进教育资源的优化配置，不断提高教育投入的规模效益；加快校内管理体制改革步伐，提高学校管理水平。

（二）加快"两基"步伐，促进各级各类教育的协调发展。要特别重视人口较少民族教育事业的发展。努力改善寄宿制中小学办学和生活条件。扶持少数民族和西部地区办好示范高中，发展高中教育。要努力办好民族地区高等学校和民族高等学校，加快民族地区高等学校布局结构调整、专业结构调整、人事制度改革和后勤社会化改革步伐。要重视和加强幼儿教育、职业教育、成人教育、特殊教育，使各类教育协调发展。

（三）进一步增强对民族教育的扶持力度。

（四）加大对民族教育的投入。"十五"期间及至 2010 年，"国家贫困地区义务教育工程"、"国家扶贫教育工程"、"西部职业教育开发工程"、"高等职业技术教育工程"、"教育信息化工程"、"全国中小学危房改造工程"、中小学贫困学生助学金专款、青少年校外活动场所建设项目等要向少数民族和西部地区倾斜；对未普及初等义务教育的国家扶贫开发工作重点

县，向农牧区中小学生免费提供教科书，推广使用经济适用型教材；采取减免杂费、书本费、寄宿费、生活费等特殊措施确保家庭困难学生就学；中央财政通过综合转移支付对农牧区、山区和边疆地区寄宿制中小学校学生生活费给予一定资助；少数民族和西部地区各级财政也要相应设立寄宿制中小学校学生生活补助专项资金。在同等条件下，高等学校少数民族贫困生优先享受国家资助政策，确保每一个大学生不因经济困难而停止学业。少数民族散杂居地区的各级政府要设立民族教育专项资金，制定和落实有关优惠政策，扶持散杂居地区民族教育的发展；少数民族和西部地区地方各级财政教育经费的支出要切实做到"三个增长"；国际组织教育贷款、海外和港澳台教育捐款的分配，重点向少数民族和西部地区倾斜；鼓励社会力量办学，支持和调动社会力量参与教育"帮困济贫"行动，对纳税人向少数民族和西部地区农牧区义务教育的捐赠，在应纳税所得额中全额扣除；少数民族和西部地区新建、扩建学校包括民办公益性学校，以划拨方式提供土地，并减免城乡建设等相关税费；对勤工俭学、校办产业以及为学校提供生活服务的相关产业，继续实行税收优惠政策；同时，适度运用财政、金融等手段支持少数民族和西部地区教育事业的发展。

（五）进一步加强对民族教育的支援工作。认真组织实施"东部地区学校对口支援西部贫困地区学校工程"和"西部地区大中城市学校对口支援本省（自治区、直辖市）贫困地区学校工程"，使少数民族和西部贫困地区在资金、设备、师资、教学经验等方面得到帮助。

（六）大力加强教师队伍建设。要把教师队伍建设作为民族教育发展的重点，教育投入要保证教师队伍建设的需要。少数民族和西部地区教师队伍建设要把培养"双语"教师作为重点，建设一支合格的"双语型"教师队伍。拓宽教师来源渠道，鼓励非师范院校毕业生和东、中部地区高校毕业生到少数民族和西部地区任教。采取定向招生等特殊措施，加强培养在农牧区、高寒地区、山区和边疆地区能"下得去、留得住"的各级各类学校教师。加强教师培训，鼓励教师参加各类业务学习，提高教师学历学位层次。要在全社会营造尊师重教的良好风尚，切实保证和不断提高教师的待遇。

（七）大力推进民族中小学"双语"教学。要尊重和保障少数民族使用本民族语言接受教育的权利。

（八）积极推进民族教育手段现代化进程。

（九）大力加强民族团结教育和学校德育工作。进一步增强各族师生"三个离不开"（汉族离不开少数民族，少数民族离不开汉族，少数民族之间也互相离不开）的观念，牢固树立自觉维护国家统一、反对民族分裂的思想意识，增强学生的社会主义法制观念、道德观念，提高科学、文化素质，为确保我国各民族的团结进步和国家的长治久安作出贡献。

国务院关于进一步加强农村教育工作的决定（节录）[①]
国发〔2003〕19号

各省、自治区、直辖市人民政府，国务院各部委、各直属机构：

为认真贯彻落实党的十六大精神，加快农村教育发展，深化农村教育改革，促进农村经济社会和城乡协调发展，现就进一步加强农村教育工作特作如下决定。

一、明确农村教育在全面建设小康社会中的重要地位，把农村教育作为教育工作的重中之重

1. 农村教育在全面建设小康社会中具有基础性、先导性、全局性的重要作用。

2. 农村教育在构建具有中国特色的现代国民教育体系和建设学习型社会中具有十分重要的地位。

3. 我国农村教育整体薄弱的状况还没有得到根本扭转，城乡教育差距还有扩大的趋势，教育为农村经济社会发展服务的能力亟待加强。

二、加快推进"两基"攻坚，巩固提高普及义务教育的成果和质量

4. 力争用五年时间完成西部地区"两基"攻坚任务。目前，西部地区仍有372个县没有实现"两基"目标。这些县主要分布在"老、少、边、穷"地区，"两基"攻坚任务十分艰巨。到2007年，西部地区普及九年义务教育（以下简称"普九"）人口覆盖率要达到85%以上，青壮年文盲率降到5%以下。完成这项任务，对于推进扶贫开发、促进民族团结、维护边疆稳定和实现国家长治久安，具有极其重要的意义。要将"两基"攻坚作为西部大开发

[①] http：//www.moe.gov.cn/jyb_xxgk/moe_1777/moe_1778/tnull_27725.html。

的一项重要任务，摆在与基础设施建设和生态环境建设同等重要的位置。国务院有关部门和西部各省（自治区、直辖市）人民政府要制定工作规划，设立专项经费，精心组织实施，并每年督促检查一次，确保目标实现。要以加强中小学校舍和初中寄宿制学校建设、扩大初中学校招生规模、提高教师队伍素质、推进现代远程教育、扶助家庭经济困难学生为重点，周密部署，狠抓落实。中央继续安排专项经费实施贫困地区义务教育工程，安排中央资金对"两基"攻坚进行重点支持。中央和地方新增扶贫资金要支持贫困乡村发展教育事业。中部地区没有实现"两基"目标的县也要集中力量打好攻坚战。大力提高女童和残疾儿童少年的义务教育普及水平。

5. 已经实现"两基"目标的地区特别是中部和西部地区，要巩固成果、提高质量。各级政府要切实做好"两基"巩固提高的规划和部署。继续推进中小学布局结构调整，努力改善办学条件，重点加强农村初中和边远山区、少数民族地区寄宿制学校建设，改善学校卫生设施和学生食宿条件，提高实验仪器设备和图书的装备水平。深化教育教学改革，根据农村实际加快课程改革步伐。提高教师和校长队伍素质，全面提高学校管理水平。努力降低农村初中辍学率，提高办学水平和教育质量，形成农村义务教育持续、健康发展的机制。经济发达的农村地区要实现高水平、高质量"普九"目标。经过不懈努力，力争2010年在全国实现全面普及九年义务教育和全面提高义务教育质量的目标。

6. 发展农村高中阶段教育和幼儿教育。今后五年，经济发达地区的农村要努力普及高中阶段教育，其他地区的农村要加快发展高中阶段教育。要积极开展各种形式的初中后教育。国家继续安排资金，重点支持中西部地区一批基础较好的普通高中和职业学校改善办学条件，提高教育质量，扩大优质教育资源。地方各级政府要重视并扶持农村幼儿教育的发展，充分利用农村中小学布局调整后富余的教育资源发展幼儿教育。鼓励发展民办高中阶段教育和幼儿教育。

7. 建立和完善教育对口支援制度。继续实施"东部地区学校对口支援西部贫困地区学校工程"和"大中城市学校对口支援本省（自治区、直辖市）贫困地区学校工程"，建立东部地区经济比较发达的县（市、区）对口支援西部地区贫困县、大中城市对口支援本省（自治区、直辖市）贫困县的制度。进一步加大中央对民族自治地区农村教育的扶持力度，继续办好内地西藏中学（班）和新疆班。

四、落实农村义务教育"以县为主"管理体制的要求，加大投入，完善经费保障机制

15. 明确各级政府保障农村义务教育投入的责任。落实"在国务院领导下，由地方政府负责、分级管理、以县为主"（简称"以县为主"）的农村义务教育管理体制。

16. 建立和完善农村中小学教职工工资保障机制。

17. 建立健全农村中小学校舍维护、改造和建设保障机制。

18. 确保农村中小学校公用经费。

五、建立健全资助家庭经济困难学生就学制度，保障农村适龄少年儿童接受义务教育的权利

19. 目前，我国农村家庭经济困难的适龄少年儿童接受义务教育迫切需要得到关心和资助。要在已有助学办法的基础上，建立和健全扶持农村家庭经济困难学生接受义务教育的助学制度。到 2007 年，争取全国农村义务教育阶段家庭经济困难学生都能享受到"两免一补"（免杂费、免书本费、补助寄宿生生活费），努力做到不让学生因家庭经济困难而失学。

20. 中央财政继续设立中小学助学金，重点扶持中西部农村地区家庭经济困难学生就学，逐步扩大免费发放教科书的范围。各级政府设立专项资金，逐步帮助学校免除家庭经济困难学生杂费，对家庭经济困难的寄宿学生提供必要的生活补助。

21. 要广泛动员和鼓励机关、团体、企事业单位和公民捐资助学。鼓励"希望工程"、"春蕾计划"等继续做好资助家庭经济困难学生就学工作。

六、加快推进农村中小学人事制度改革，大力提高教师队伍素质

22. 加强农村中小学编制管理。

23. 依法执行教师资格制度，全面推行教师聘任制。

24. 严格掌握校长任职条件，积极推行校长聘任制。

25. 积极引导鼓励教师和其他具备教师资格的人员到乡村中小学任教。

26. 加强农村教师和校长的教育培训工作。

七、实施农村中小学现代远程教育工程，促进城乡优质教育资源共享，提高农村教育质量和效益

27. 实施农村中小学现代远程教育工程要按照"总体规划、先行试点、

重点突破、分步实施"的原则推进。

28. 实施农村中小学现代远程教育工程，要着力于教育质量和效益的提高。

29. 加快开发农村现代远程教育资源。

中共中央　国务院关于加强青少年体育
增强青少年体质的意见（节录）①
（2007 年 5 月 7 日）

一、高度重视青少年体育工作

1. 广大青少年身心健康、体魄强健、意志坚强、充满活力，是一个民族旺盛生命力的体现，是社会文明进步的标志，是国家综合实力的重要方面。

2. 青少年时期是身心健康和各项身体素质发展的关键时期。

3. 当前和今后一个时期，加强青少年体育工作的总体要求是：认真落实健康第一的指导思想，把增强学生体质作为学校教育的基本目标之一，建立健全学校体育工作机制，充分保证学校体育课和学生体育活动，广泛开展群众性青少年体育活动和竞赛，加强体育卫生设施和师资队伍建设，全面完善学校、社区、家庭相结合的青少年体育网络，培养青少年良好的体育锻炼习惯和健康的生活方式，形成青少年热爱体育、崇尚运动、健康向上的良好风气和全社会珍视健康、重视体育的浓厚氛围。通过 5 年左右的时间，使我国青少年普遍达到国家体质健康的基本要求，耐力、力量、速度等体能素质明显提高，营养不良、肥胖和近视的发生率明显下降。通过全党全社会的共同努力，坚持不懈地推动青少年体育运动的发展，不断提高青少年乃至全民族的健康素质。

二、认真落实加强青少年体育、增强青少年体质的各项措施

4. 全面实施《国家学生体质健康标准》，把健康素质作为评价学生全面健康发展的重要指标。加快建立符合素质教育要求的考试评价制度。全面组织实施初中毕业升学体育考试，并逐步加大体育成绩在学生综合素质评价和中考成绩中的分量；积极推行在高中阶段学校毕业学业考试中增加体育考试的做法。普遍推行《国家学生体质健康标准》测试报告书制度、公

---

① 顾明远总主编《21 世纪初中国教育》，湖北教育出版社，2015，第 251~253 页。

告制度和新生入学体质健康测试制度。认真贯彻《学校体育工作条例》，建立和完善学校体育工作规章制度。

5. 广泛开展"全国亿万学生阳光体育运动"。鼓励学生走向操场、走进大自然、走到阳光下，形成青少年体育锻炼的热潮。

6. 切实减轻学生过重的课业负担。深入推进基础教育课程改革，提高课堂教学的质量和效率，使学生有更多的时间参加体育锻炼。

7. 确保学生每天锻炼一小时。中小学要认真执行国家课程标准，保质保量上好体育课，其中小学 1~2 年级每周 4 课时，小学 3~6 年级和初中每周 3 课时，高中每周 2 课时；没有体育课的当天，学校必须在下午课后组织学生进行一小时集体体育锻炼并将其列入教学计划；全面实行大课间体育活动制度，每天上午统一安排 25~30 分钟的大课间体育活动。高等学校要加强体育课程管理，把课外体育活动纳入学校日常教学计划，使每个学生每周至少参加三次课外体育锻炼。切实加强体育教师队伍建设，按照开设体育课和开展课外体育活动的需要，配齐配强体育教师。

8. 举办多层次多形式的学生体育运动会，积极开展竞技性和群众性体育活动。

9. 帮助青少年掌握科学用眼知识和方法，降低青少年近视率。学校每学期要对学生视力状况进行两次监测。各级政府要进一步改善农村学校的办学条件，确保照明、课桌椅达到基本标准，改善学生用眼卫生条件。

10. 确保青少年休息睡眠时间，加强对卫生、保健、营养等方面的指导和保障。制定并落实科学规范的学生作息制度，保证小学生每天睡眠 10 小时，初中学生 9 小时，高中学生 8 小时。

11. 加强学校体育设施建设。

12. 加强体育安全管理，指导青少年科学锻炼。

国务院关于深入推进义务教育均衡发展的意见（节录）①
（2012 年 9 月 5 日）

一、充分认识义务教育均衡发展的重要意义

深入推进义务教育均衡发展，着力提升农村学校和薄弱学校办学水平，

---

① 顾明远总主编《21 世纪初中国教育》，湖北教育出版社，2015，第 114~116 页。

全面提高义务教育质量，努力实现所有适龄儿童少年"上好学"，对于坚持以人为本、促进人的全面发展，解决义务教育深层次矛盾、推动教育事业科学发展，促进教育公平、构建社会主义和谐社会，进一步提升国民素质、建设人力资源强国，具有重大的现实意义和深远的历史意义。

二、明确指导思想和基本目标

推进义务教育均衡发展的指导思想是：全面贯彻党的教育方针，全面实施素质教育，遵循教育规律和人才成长规律，积极推进义务教育学校标准化建设，均衡合理配置教师、设备、图书、校舍等资源，努力提高办学水平和教育质量。加强省级政府统筹，强化以县为主管理，建立健全义务教育均衡发展责任制。总体规划，统筹城乡，因地制宜，分类指导，分步实施，切实缩小校际差距，加快缩小城乡差距，努力缩小区域差距，办好每一所学校，促进每一个学生健康成长。

推进义务教育均衡发展的基本目标是：每一所学校符合国家办学标准，办学经费得到保障。教育资源满足学校教育教学需要，开齐国家规定课程。教师配置更加合理，提高教师整体素质。学校班额符合国家规定标准，消除"大班额"现象。率先在县域内实现义务教育基本均衡发展，县域内学校之间差距明显缩小。到 2015 年，全国义务教育巩固率达到 93%，实现基本均衡的县（市、区）比例达到 65%；到 2020 年，全国义务教育巩固率达到 95%，实现基本均衡的县（市、区）比例达到 95%。

三、推动优质教育资源共享

扩大优质教育资源覆盖面。提高社会教育资源利用水平。

四、均衡配置办学资源

进一步深化义务教育经费保障机制改革。推进义务教育学校标准化建设。

五、合理配置教师资源

改善教师资源的初次配置，采取各种有效措施，吸引优秀高校毕业生和志愿者到农村学校或薄弱学校任教。逐步实行城乡统一的中小学编制标准，并对村小学和教学点予以倾斜。合理配置各学科教师，配齐体育、音乐、美术等课程教师。重点为民族地区、边疆地区、贫困地区和革命老区培养和补充紧缺教师。实行教师资格证有效期制度，加强教师培训，增强培训效果，提升教师师德修养和业务能力。实行县域内公办学校校长、教师交流制度。

六、保障特殊群体平等接受义务教育

保障进城务工人员随迁子女平等接受义务教育。要坚持以流入地为主、以公办学校为主的"两为主"政策，将常住人口纳入区域教育发展规划，推行按照进城务工人员随迁子女在校人数拨付教育经费，适度扩大公办学校资源，尽力满足进城务工人员随迁子女在公办学校平等接受义务教育。在公办学校不能满足需要的情况下，可采取政府购买服务等方式保障进城务工人员随迁子女在依法举办的民办学校接受义务教育。建立健全农村留守义务教育学生关爱服务体系。重视发展义务教育阶段特殊教育。关心扶助需要特别照顾的学生。

七、全面提高义务教育质量

树立科学的教育质量观，以素质教育为导向，促进学生德智体美全面发展和生动活泼主动发展，培养学生的社会责任感、创新精神和实践能力。切实减轻学生过重课业负担。各地不得下达升学指标，不得单纯以升学率对地区和学校排名。建立课程安排公示制度、学生体质健康状况通报制度、家校联动制度，及时纠正加重学生课业负担的行为。

九、加强组织领导和督导评估

省级政府要建立推动有力、检查到位、考核严格、奖惩分明、公开问责的义务教育均衡发展推进责任机制。加强对义务教育均衡发展的督导评估工作，对县域内义务教育在教师、设备、图书、校舍等资源配置状况和校际在相应方面的差距进行重点评估。对地方政府在入学机会保障、投入保障、教师队伍保障以及缓解热点难点问题等方面进行综合评估。将县域公众满意度作为督导评估的重要内容。省级政府要根据国家制定的县域义务教育均衡发展督导评估办法，结合本地实际，制定本省（区、市）具体实施办法和评估标准。省级政府教育督导机构负责对所辖县级单位基本实现义务教育均衡发展情况进行督导评估，国务院教育督导委员会负责审核认定。

国务院关于当前发展学前教育的若干意见（节录）[①]
（2010 年 11 月 21 日印发）

一、把发展学前教育摆在更加重要的位置。学前教育是终身学习的开

———————————

[①]　http：//www. moe. gov. cn/jyb_ xxgk/moe_ 1777/moe_ 1778/201011/t20101124_ 111850. html。

端，是国民教育体系的重要组成部分，是重要的社会公益事业。发展学前教育，必须坚持公益性和普惠性，努力构建覆盖城乡、布局合理的学前教育公共服务体系，保障适龄儿童接受基本的、有质量的学前教育；必须坚持政府主导，社会参与，公办民办并举，落实各级政府责任，充分调动各方面积极性；必须坚持改革创新，着力破除制约学前教育科学发展的体制机制障碍；必须坚持因地制宜，从实际出发，为幼儿和家长提供方便就近、灵活多样、多种层次的学前教育服务；必须坚持科学育儿，遵循幼儿身心发展规律，促进幼儿健康快乐成长。

二、多种形式扩大学前教育资源。大力发展公办幼儿园，提供"广覆盖、保基本"的学前教育公共服务。鼓励社会力量以多种形式举办幼儿园。通过保证合理用地、减免税费等方式，支持社会力量办园。积极扶持民办幼儿园特别是面向大众、收费较低的普惠性民办幼儿园发展。采取政府购买服务、减免租金、以奖代补、派驻公办教师等方式，引导和支持民办幼儿园提供普惠性服务。新建小区配套幼儿园要与小区同步规划、同步建设、同步交付使用。努力扩大农村学前教育资源。各地要把发展学前教育作为社会主义新农村建设的重要内容，将幼儿园作为新农村公共服务设施统一规划，优先建设，加快发展。各级政府要加大对农村学前教育的投入，从今年开始，国家实施推进农村学前教育项目，重点支持中西部地区；地方各级政府要安排专门资金，重点建设农村幼儿园。乡镇和大村独立建园，小村设分园或联合办园，人口分散地区举办流动幼儿园、季节班等，配备专职巡回指导教师，逐步完善县、乡、村学前教育网络。发展农村学前教育要充分考虑农村人口分布和流动趋势，合理布局，有效使用资源。

三、多种途径加强幼儿教师队伍建设。加快建设一支师德高尚、热爱儿童、业务精良、结构合理的幼儿教师队伍。逐步配齐幼儿园教职工。健全幼儿教师资格准入制度，严把入口关。依法落实幼儿教师地位和待遇。对长期在农村基层和艰苦边远地区工作的公办幼儿教师，按国家规定实行工资倾斜政策。完善学前教育师资培养培训体系。

四、多种渠道加大学前教育投入。将学前教育经费列入财政预算。新增教育经费要向学前教育倾斜。财政性学前教育经费在同级财政性教育经费中要占合理比例，未来三年要有明显提高。家庭合理分担学前教育成本。建立学前教育资助制度，资助家庭经济困难儿童、孤儿和残疾儿童接受普惠性学前教育。发展残疾儿童学前康复教育。中央财政设立专项经费,支持中西部农村地区、少数民族地区和边疆地区发展学前教育和学前双语教育。地方政府要加大投入,重点支持边远贫困地区和少数民族地区发展学前教育。规范学前教育经费的使用和管理。

十、统筹规划,实施学前教育三年行动计划。以县为单位编制学前教育三年行动计划,有效缓解"入园难"。

关于加强农村留守儿童关爱保护工作的意见 (摘要)①
(2016 年 2 月印发)

国务院日前印发《关于加强农村留守儿童关爱保护工作的意见》(以下简称《意见》),提出加强农村留守儿童关爱保护工作、维护未成年人合法权益,是各级政府的重要职责,也是家庭和全社会的共同责任。要以促进未成年人健康成长为出发点和落脚点,不断健全法律法规和制度机制,强化家庭监护主体责任,加大关爱保护力度,逐步减少儿童留守现象,确保农村留守儿童安全、健康、受教育等权益得到有效保障。

《意见》提出,要建立完善农村留守儿童关爱服务体系。一是依法强化家庭监护主体责任,对外出务工父母履行监护职责提出具体要求,明确加强家庭监护监督指导的具体措施。二是落实县、乡镇人民政府和村(居)民委员会职责,明确县级人民政府统筹协调和督促检查责任,要求乡镇人民政府(街道办事处)和村(居)民委员会及时掌握农村留守儿童基本情况,加强对家庭监护的监督、指导,确保农村留守儿童得到妥善照料。三是加大教育部门和学校关爱保护力度,明确教育部门、中小学校在农村留守儿童学习教育、心理健康、生活照顾、安全管理等方面的职责任务。四是要求各级工会、共青团、妇联、残联、关工委等群团组织发挥优势,积极为农村留守儿童及其家庭提供关爱服务。五是通过政府购买服务等方式,支持社会工作服务机构、公益慈善类社会组织、志愿服务组织等社会力量为农村留守儿童提供专业服务;支持社会组织、爱心企业举办农村留守儿童托管服务机构。

《意见》依据相关法律规定,建立健全了包括强制报告、应急处置、评估帮扶、监护干预等环节在内的救助保护机制,规定了强制报告情形,确

---

① http://www.moe.gov.cn/jyb_xwfb/s6052/moe_838/201602/t20160215_229579.html。

定了强制报告主体和受理主体，细化了应急处置措施，明确了评估帮扶主体，强化了监护干预措施。

《意见》按照标本兼治的思路，提出了从源头上逐步减少儿童留守现象的长远目标，强化了农村留守儿童关爱保护工作保障措施。要求各省（区、市）结合本地实际制定具体实施方案，建立健全农村留守儿童关爱保护工作领导机制。国务院将适时专项督查《意见》执行情况。

国务院关于统筹推进县域内
城乡义务教育一体化改革发展的若干意见（节录）①
（2016 年 7 月 2 日印发）

一、指导思想

全面贯彻党的十八大和十八届三中、四中、五中全会精神，深入贯彻习近平总书记系列重要讲话精神，按照"四个全面"战略布局和党中央、国务院决策部署，切实加强党对教育工作的领导，坚持以新发展理念为引领，落实立德树人根本任务，加强学校党的建设，深化综合改革，推进依法治教，提高教育质量，统筹推进县域内城乡义务教育一体化改革发展。适应全面建成小康社会需要，合理规划城乡义务教育学校布局建设，完善城乡义务教育经费保障机制，统筹城乡教育资源配置，向乡村和城乡接合部倾斜，大力提高乡村教育质量，适度稳定乡村生源，增加城镇义务教育学位和乡镇学校寄宿床位，推进城镇义务教育公共服务常住人口全覆盖，着力解决"乡村弱"和"城镇挤"问题，巩固和均衡发展九年义务教育，加快缩小县域内城乡教育差距，为到 2020 年教育现代化取得重要进展和全面建成小康社会奠定坚实基础。

二、基本原则

优先发展，统筹规划。在推进新型城镇化进程中坚持优先发展义务教育，做到公共资源配置上对义务教育统筹规划、优先发展和重点保障。坚持城乡并重和软硬件并重，科学推进城乡义务教育公办学校标准化建设。

深化改革，创新机制。深化义务教育治理结构、教师管理和保障机制改革，构建与常住人口增长趋势和空间布局相适应的城乡义务教育学校布

---

① http：//www.moe.gov.cn/jyb_ xxgk/moe_ 1777/moe_ 1778/201607/t20160711_ 271476.html。

局建设机制，完善义务教育治理体系，提升义务教育治理能力现代化水平。

提高质量，公平共享。把立德树人作为根本任务，把均衡发展和品质提升作为重要抓手，积极培育和践行社会主义核心价值观，促进教育公平，使城乡学生共享有质量的教育。

分类指导，有序推进。针对东中西部、城镇类型、城镇化水平和乡村实际情况，因地制宜选择发展路径，科学规划城乡义务教育规模，保障教师按需配置，引导学生合理流动。

三、工作目标

加快推进县域内城乡义务教育学校建设标准统一、教师编制标准统一、生均公用经费基准定额统一、基本装备配置标准统一和"两免一补"政策城乡全覆盖，到2020年，城乡二元结构壁垒基本消除，义务教育与城镇化发展基本协调；城乡学校布局更加合理，大班额基本消除，乡村完全小学、初中或九年一贯制学校、寄宿制学校标准化建设取得显著进展，乡村小规模学校（含教学点）达到相应要求；城乡师资配置基本均衡，乡村教师待遇稳步提高、岗位吸引力大幅增强，乡村教育质量明显提升，教育脱贫任务全面完成。义务教育普及水平进一步巩固提高，九年义务教育巩固率达到95%。县域义务教育均衡发展和城乡基本公共教育服务均等化基本实现。

四、主要措施

（一）同步建设城镇学校。各地要按照城镇化规划和常住人口规模编制城镇义务教育学校布局规划，根据学龄人口变化趋势、中小学建设标准，预留足够的义务教育学校用地，纳入城市、镇规划并严格实施，不得随意变更，确保城镇学校建设用地。

（二）努力办好乡村教育。在交通便利、公共服务成型的农村地区合理布局义务教育学校。同时，办好必要的乡村小规模学校。

（三）科学推进学校标准化建设。完善寄宿制学校、乡村小规模学校办学标准，科学推进城乡义务教育公办学校标准化建设，全面改善贫困地区义务教育薄弱学校基本办学条件。

（四）实施消除大班额计划。到2018年基本消除66人以上超大班额，到2020年基本消除56人以上大班额。

（五）统筹城乡师资配置。各地要依据义务教育学校教职工编制标准、学生规模和教育教学需要，按照中央严格控制机构编制有关要求，合理核定义务教育学校教职工编制。建立城乡义务教育学校教职工编制统筹配置机制和跨区域调整机制，实行教职工编制城乡、区域统筹和动态管理，盘活编制存量，提高使用效益。

（六）改革乡村教师待遇保障机制。各地要实行乡村教师收入分配倾斜政策，落实并完善集中连片特困地区和边远艰苦地区乡村教师生活补助政策。确保县域内义务教育教师平均工资收入水平不低于当地公务员的平均工资收入水平。建立乡村教师荣誉制度，使广大乡村教师有更多的获得感。完善乡村教师职业发展保障机制，合理设置乡村学校中级、高级教师岗位比例。落实中小学教师职称评聘结合政策，确保乡村学校教师职称即评即聘。将符合条件的边远艰苦地区乡村学校教师纳入当地政府住房保障体系，加快边远艰苦地区乡村教师周转宿舍建设。

（七）改革教育治理体系。完善县域内城乡义务教育一体化改革发展监测评估标准和督导评估机制，切实提高政府教育治理能力。在实行"以县为主"管理体制基础上，进一步加强省级政府统筹，完善乡村小规模学校办学机制和管理办法，将村小学和教学点纳入对乡村中心学校考核，加强乡村中心学校对村小学、教学点的指导和管理。

（八）改革控辍保学机制。建立控辍保学目标责任制和联控联保机制。建立控辍保学动态监测机制，加强对农村、边远、贫困、民族等重点地区，初中等重点学段，以及流动留守儿童、家庭经济贫困儿童等重点群体的监控。加大对家庭经济困难学生的社会救助和教育资助力度，优先将建档立卡的贫困户家庭学生纳入资助范围。深入实施农村义务教育学生营养改善计划，提高营养膳食质量，改善学生营养状况。通过保障就近入学、建设乡镇寄宿制学校、增设公共交通线路、提供校车服务等方式，确保乡村适龄儿童不因上学不便而辍学。针对农村残疾儿童实际，做到"一人一案"，切实保障农村残疾儿童平等接受义务教育权利。完善学生资助政策，继续扩大面向贫困地区定向招生专项计划招生人数，畅通绿色升学通道，切实提高贫困家庭学生升学信心。

（九）改革随迁子女就学机制。建立以居住证为主要依据的随迁子女入学政策，切实简化优化随迁子女入学流程和证明要求，提供便民服务，依法保障随迁子女平等接受义务教育。坚持以公办学校为主安排随迁子女就学，对于公办学校学位不足的可以通过政府购买服务方式安排在普惠性民办学校就读。

（十）加强留守儿童关爱保护。落实县、乡人民政府属地责任，建立家庭、政府、学校尽职尽责，社会力量积极参与的农村留守儿童关爱保护工作体系，促进农村留守儿童健康成长。

残疾人教育条例①

（1994 年 8 月 23 日中华人民共和国国务院令第 161 号发布，根据 2011 年 1 月 8 日《国务院关于废止和修改部分行政法规的决定》 修订，2017 年 1 月 11 日国务院第 161 次常务会议修订通过）

第一章　总则

第一条　为了保障残疾人受教育的权利，发展残疾人教育事业，根据《中华人民共和国教育法》和《中华人民共和国残疾人保障法》，制定本条例。

第二条　国家保障残疾人享有平等接受教育的权利，禁止任何基于残疾的教育歧视。

残疾人教育应当贯彻国家的教育方针，并根据残疾人的身心特性和需要，全面提高其素质，为残疾人平等地参与社会生活创造条件。

第三条　残疾人教育是国家教育事业的组成部分。

发展残疾人教育事业，实行普及与提高相结合、以普及为重点的方针，保障义务教育，着重发展职业教育，积极开展学前教育，逐步发展高级中等以上教育。

残疾人教育应当提高教育质量，积极推进融合教育，根据残疾人的残疾类别和接受能力，采取普通教育方式或者特殊教育方式，优先采取普通教育方式。

第四条　县级以上人民政府应当加强对残疾人教育事业的领导，将残疾人教育纳入教育事业发展规划，统筹安排实施，合理配置资源，保障残疾人教育经费投入，改善办学条件。

第五条　国务院教育行政部门主管全国的残疾人教育工作，统筹规划、协调管理全国的残疾人教育事业；国务院其他有关部门在国务院规定的职责范围内负责有关的残疾人教育工作。

---

① http://www.moe.gov.cn/jyb_ sjzl/sjzl_ zcfg/zcfg_ jyxzfg/202109/t20210922_ 565679.html.

县级以上地方人民政府教育行政部门主管本行政区域内的残疾人教育工作；县级以上地方人民政府及其他有关部门在各自的职责范围内负责有关的残疾人教育工作。

第六条　中国残疾人联合会及其地方组织应当积极促进和开展残疾人教育工作，协助相关部门实施残疾人教育，为残疾人接受教育提供支持和帮助。

第七条　学前教育机构、各级各类学校及其他教育机构应当依照本条例以及国家有关法律、法规的规定，实施残疾人教育；对符合法律、法规规定条件的残疾人申请入学，不得拒绝招收。

第八条　残疾人家庭应当帮助残疾人接受教育。

残疾儿童、少年的父母或者其他监护人应当尊重和保障残疾儿童、少年接受教育的权利，积极开展家庭教育，使残疾儿童、少年及时接受康复训练和教育，并协助、参与有关教育机构的教育教学活动，为残疾儿童、少年接受教育提供支持。

第九条　社会各界应当关心和支持残疾人教育事业。残疾人所在社区、相关社会组织和企事业单位，应当支持和帮助残疾人平等接受教育、融入社会。

第十条　国家对为残疾人教育事业作出突出贡献的组织和个人，按照有关规定给予表彰、奖励。

第十一条　县级以上人民政府负责教育督导的机构应当将残疾人教育实施情况纳入督导范围，并可以就执行残疾人教育法律法规情况、残疾人教育教学质量以及经费管理和使用情况等实施专项督导。

第二章　义务教育

第十二条　各级人民政府应当依法履行职责，保障适龄残疾儿童、少年接受义务教育的权利。

县级以上人民政府对实施义务教育的工作进行监督、指导、检查，应当包括对残疾儿童、少年实施义务教育工作的监督、指导、检查。

第十三条　适龄残疾儿童、少年的父母或者其他监护人，应当依法保证其残疾子女或者被监护人入学接受并完成义务教育。

第十四条　残疾儿童、少年接受义务教育的入学年龄和年限，应当与当地儿童、少年接受义务教育的入学年龄和年限相同；必要时，其入学年龄和在校年龄可以适当提高。

第十五条 县级人民政府教育行政部门应当会同卫生行政部门、民政部门、残疾人联合会，根据新生儿疾病筛查和学龄前儿童残疾筛查、残疾人统计等信息，对义务教育适龄残疾儿童、少年进行入学前登记，全面掌握本行政区域内义务教育适龄残疾儿童、少年的数量和残疾情况。

第十六条 县级人民政府应当根据本行政区域内残疾儿童、少年的数量、类别和分布情况，统筹规划，优先在部分普通学校中建立特殊教育资源教室，配备必要的设备和专门从事残疾人教育的教师及专业人员，指定其招收残疾儿童、少年接受义务教育；并支持其他普通学校根据需要建立特殊教育资源教室，或者安排具备相应资源、条件的学校为招收残疾学生的其他普通学校提供必要的支持。

县级人民政府应当为实施义务教育的特殊教育学校配备必要的残疾人教育教学、康复评估和康复训练等仪器设备，并加强九年一贯制义务教育特殊教育学校建设。

第十七条 适龄残疾儿童、少年能够适应普通学校学习生活、接受普通教育的，依照《中华人民共和国义务教育法》的规定就近到普通学校入学接受义务教育。

适龄残疾儿童、少年能够接受普通教育，但是学习生活需要特别支持的，根据身体状况就近到县级人民政府教育行政部门在一定区域内指定的具备相应资源、条件的普通学校入学接受义务教育。

适龄残疾儿童、少年不能接受普通教育的，由县级人民政府教育行政部门统筹安排进入特殊教育学校接受义务教育。

适龄残疾儿童、少年需要专人护理，不能到学校就读的，由县级人民政府教育行政部门统筹安排，通过提供送教上门或者远程教育等方式实施义务教育，并纳入学籍管理。

第十八条 在特殊教育学校学习的残疾儿童、少年，经教育、康复训练，能够接受普通教育的，学校可以建议残疾儿童、少年的父母或者其他监护人将其转入或者升入普通学校接受义务教育。

在普通学校学习的残疾儿童、少年，难以适应普通学校学习生活的，学校可以建议残疾儿童、少年的父母或者其他监护人将其转入指定的普通学校或者特殊教育学校接受义务教育。

第十九条 适龄残疾儿童、少年接受教育的能力和适应学校学习生活的能力应当根据其残疾类别、残疾程度、补偿程度以及学校办学条件等因素判断。

第二十条 县级人民政府教育行政部门应当会同卫生行政部门、民政部门、残疾人联合会，建立由教育、心理、康复、社会工作等方面专家组成的残疾人教育专家委员会。

残疾人教育专家委员会可以接受教育行政部门的委托，对适龄残疾儿童、少年的身体状况、接受教育的能力和适应学校学习生活的能力进行评估，提出入学、转学建议；对残疾人义务教育问题提供咨询，提出建议。

依照前款规定作出的评估结果属于残疾儿童、少年的隐私，仅可被用于对残疾儿童、少年实施教育、康复。教育行政部门、残疾人教育专家委员会、学校及其工作人员对在工作中了解的残疾儿童、少年评估结果及其他个人信息负有保密义务。

第二十一条 残疾儿童、少年的父母或者其他监护人与学校就入学、转学安排发生争议的，可以申请县级人民政府教育行政部门处理。

接到申请的县级人民政府教育行政部门应当委托残疾人教育专家委员会对残疾儿童、少年的身体状况、接受教育的能力和适应学校学习生活的能力进行评估并提出入学、转学建议，并根据残疾人教育专家委员会的评估结果和提出的入学、转学建议，综合考虑学校的办学条件和残疾儿童、少年及其父母或者其他监护人的意愿，对残疾儿童、少年的入学、转学安排作出决定。

第二十二条 招收残疾学生的普通学校应当将残疾学生合理编入班级；残疾学生较多的，可以设置专门的特殊教育班级。

招收残疾学生的普通学校应当安排专门从事残疾人教育的教师或者经验丰富的教师承担随班就读或者特殊教育班级的教育教学工作，并适当缩减班级学生数额，为残疾学生入学后的学习、生活提供便利和条件，保障残疾学生平等参与教育教学和学校组织的各项活动。

第二十三条 在普通学校随班就读残疾学生的义务教育，可以适用普通义务教育的课程设置方案、课程标准和教材，但是对其学习要求可以有适度弹性。

第二十四条 残疾儿童、少年特殊教育学校（班）应当坚持思想教育、文化教育、劳动技能教育与身心补偿相结合，并根据学生残疾状况和补偿程度，实施分类教学；必要时，应当听取残疾学生父母或者其他监护人的意见，制定符合残疾学生身心特性和需要的个别化教育计划，实施个别教学。

第二十五条 残疾儿童、少年特殊教育学校（班）的课程设置方案、课程标准和教材，应当适合残疾儿童、少年的身心特性和需要。

残疾儿童、少年特殊教育学校（班）的课程设置方案、课程标准由国务院教育行政部门制订；教材由省级以上人民政府教育行政部门按照国家有关规定审定。

第二十六条 县级人民政府教育行政部门应当加强对本行政区域内的残疾儿童、少年实施义务教育工作的指导。

县级以上地方人民政府教育行政部门应当统筹安排支持特殊教育学校建立特殊教育资源中心，在一定区域内提供特殊教育指导和支持服务。特殊教育资源中心可以受教育行政部门的委托承担以下工作：

（一）指导、评价区域内的随班就读工作；

（二）为区域内承担随班就读教育教学任务的教师提供培训；

（三）派出教师和相关专业服务人员支持随班就读，为接受送教上门和远程教育的残疾儿童、少年提供辅导和支持；

（四）为残疾学生父母或者其他监护人提供咨询；

（五）其他特殊教育相关工作。

第三章 职业教育

第二十七条 残疾人职业教育应当大力发展中等职业教育，加快发展高等职业教育，积极开展以实用技术为主的中期、短期培训，以提高就业能力为主，培养技术技能人才，并加强对残疾学生的就业指导。

第二十八条 残疾人职业教育由普通职业教育机构和特殊职业教育机构实施，以普通职业教育机构为主。

县级以上地方人民政府应当根据需要，合理设置特殊职业教育机构，改善办学条件，扩大残疾人中等职业学校招生规模。

第二十九条 普通职业学校不得拒绝招收符合国家规定的录取标准的残疾人入学，普通职业培训机构应当积极招收残疾人入学。

县级以上地方人民政府应当采取措施，鼓励和支持普通职业教育机构积极招收残疾学生。

第三十条　实施残疾人职业教育的学校和培训机构，应当根据社会需要和残疾人的身心特性合理设置专业，并与企业合作设立实习实训基地，或者根据教学需要和条件办好实习基地。

第四章　学前教育

第三十一条　各级人民政府应当积极采取措施，逐步提高残疾幼儿接受学前教育的比例。

县级人民政府及其教育行政部门、民政部门等有关部门应当支持普通幼儿园创造条件招收残疾幼儿；支持特殊教育学校和具备办学条件的残疾儿童福利机构、残疾儿童康复机构等实施学前教育。

第三十二条　残疾幼儿的教育应当与保育、康复结合实施。

招收残疾幼儿的学前教育机构应当根据自身条件配备必要的康复设施、设备和专业康复人员，或者与其他具有康复设施、设备和专业康复人员的特殊教育机构、康复机构合作对残疾幼儿实施康复训练。

第三十三条　卫生保健机构、残疾幼儿的学前教育机构、儿童福利机构和家庭，应当注重对残疾幼儿的早期发现、早期康复和早期教育。

卫生保健机构、残疾幼儿的学前教育机构、残疾儿童康复机构应当就残疾幼儿的早期发现、早期康复和早期教育为残疾幼儿家庭提供咨询、指导。

第五章　普通高级中等以上教育及继续教育

第三十四条　普通高级中等学校、高等学校、继续教育机构应当招收符合国家规定的录取标准的残疾考生入学，不得因其残疾而拒绝招收。

第三十五条　设区的市级以上地方人民政府可以根据实际情况举办实施高级中等以上教育的特殊教育学校，支持高等学校设置特殊教育学院或者相关专业，提高残疾人的受教育水平。

第三十六条　县级以上人民政府教育行政部门以及其他有关部门、学校应当充分利用现代信息技术，以远程教育等方式为残疾人接受成人高等教育、参加高等教育自学考试等提供便利和帮助，根据实际情况开设适合残疾人学习的专业、课程，采取灵活开放的教学和管理模式，支持残疾人顺利完成学业。

第三十七条　残疾人所在单位应当对本单位的残疾人开展文化知识教

育和技术培训。

第三十八条　扫除文盲教育应当包括对年满 15 周岁以上的未丧失学习能力的文盲、半文盲残疾人实施的扫盲教育。

第三十九条　国家、社会鼓励和帮助残疾人自学成才。

第六章　教师

第四十条　县级以上人民政府应当重视从事残疾人教育的教师培养、培训工作，并采取措施逐步提高他们的地位和待遇，改善他们的工作环境和条件，鼓励教师终身从事残疾人教育事业。

县级以上人民政府可以采取免费教育、学费减免、助学贷款代偿等措施，鼓励具备条件的高等学校毕业生到特殊教育学校或者其他特殊教育机构任教。

第四十一条　从事残疾人教育的教师，应当热爱残疾人教育事业，具有社会主义的人道主义精神，尊重和关爱残疾学生，并掌握残疾人教育的专业知识和技能。

第四十二条　专门从事残疾人教育工作的教师（以下称特殊教育教师）应当符合下列条件：

（一）依照《中华人民共和国教师法》的规定取得教师资格；

（二）特殊教育专业毕业或者经省、自治区、直辖市人民政府教育行政部门组织的特殊教育专业培训并考核合格。

从事听力残疾人教育的特殊教育教师应当达到国家规定的手语等级标准，从事视力残疾人教育的特殊教育教师应当达到国家规定的盲文等级标准。

第四十三条　省、自治区、直辖市人民政府可以根据残疾人教育发展的需求，结合当地实际为特殊教育学校和指定招收残疾学生的普通学校制定教职工编制标准。

县级以上地方人民政府教育行政部门应当会同其他有关部门，在核定的编制总额内，为特殊教育学校配备承担教学、康复等工作的特殊教育教师和相关专业人员；在指定招收残疾学生的普通学校设置特殊教育教师等专职岗位。

第四十四条　国务院教育行政部门和省、自治区、直辖市人民政府应当根据残疾人教育发展的需要有计划地举办特殊教育师范院校，支持普通师范院校和综合性院校设置相关院系或者专业，培养特殊教育教师。

普通师范院校和综合性院校的师范专业应当设置特殊教育课程，使学生掌握必要的特殊教育的基本知识和技能，以适应对随班就读的残疾学生的教育教学需要。

第四十五条　县级以上地方人民政府教育行政部门应当将特殊教育教师的培训纳入教师培训计划，以多种形式组织在职特殊教育教师进修提高专业水平；在普通教师培训中增加一定比例的特殊教育内容和相关知识，提高普通教师的特殊教育能力。

第四十六条　特殊教育教师和其他从事特殊教育的相关专业人员根据国家有关规定享受特殊岗位补助津贴及其他待遇；普通学校的教师承担残疾学生随班就读教学、管理工作的，应当将其承担的残疾学生教学、管理工作纳入其绩效考核内容，并作为核定工资待遇和职务评聘的重要依据。

县级以上人民政府教育行政部门、人力资源社会保障部门在职务评聘、培训进修、表彰奖励等方面，应当为特殊教育教师制定优惠政策、提供专门机会。

第七章　条件保障

第四十七条　省、自治区、直辖市人民政府应当根据残疾人教育的特殊情况，依据国务院有关行政主管部门的指导性标准，制定本行政区域内特殊教育学校的建设标准、经费开支标准、教学仪器设备配备标准等。

义务教育阶段普通学校招收残疾学生，县级人民政府财政部门及教育行政部门应当按照特殊教育学校生均预算内公用经费标准足额拨付费用。

第四十八条　各级人民政府应当按照有关规定安排残疾人教育经费，并将所需经费纳入本级政府预算。

县级以上人民政府根据需要可以设立专项补助款，用于发展残疾人教育。

地方各级人民政府用于义务教育的财政拨款和征收的教育费附加，应当有一定比例用于发展残疾儿童、少年义务教育。

地方各级人民政府可以按照有关规定将依法征收的残疾人就业保障金用于特殊教育学校开展各种残疾人职业教育。

第四十九条　县级以上地方人民政府应当根据残疾人教育发展的需要统筹规划、合理布局，设置特殊教育学校，并按照国家有关规定配备必要的残疾人教育教学、康复评估和康复训练等仪器设备。

特殊教育学校的设置，由教育行政部门按照国家有关规定审批。

第五十条　新建、改建、扩建各级各类学校应当符合《无障碍环境建设条例》的要求。

县级以上地方人民政府及其教育行政部门应当逐步推进各级各类学校无障碍校园环境建设。

第五十一条　招收残疾学生的学校对经济困难的残疾学生，应当按照国家有关规定减免学费和其他费用，并按照国家资助政策优先给予补助。

国家鼓励有条件的地方优先为经济困难的残疾学生提供免费的学前教育和高中教育，逐步实施残疾学生高中阶段免费教育。

第五十二条　残疾人参加国家教育考试，需要提供必要支持条件和合理便利的，可以提出申请。教育考试机构、学校应当按照国家有关规定予以提供。

第五十三条　国家鼓励社会力量举办特殊教育机构或者捐资助学，鼓励和支持民办学校或者其他教育机构招收残疾学生。

县级以上地方人民政府及其有关部门对民办特殊教育机构、招收残疾学生的民办学校，应当按照国家有关规定予以支持。

第五十四条　国家鼓励开展残疾人教育的科学研究，组织和扶持盲文、手语的研究和应用，支持特殊教育教材的编写和出版。

第五十五条　县级以上人民政府及其有关部门应当采取优惠政策和措施，支持研究、生产残疾人教育教学专用仪器设备、教具、学具、软件及其他辅助用品，扶持特殊教育机构兴办和发展福利企业和辅助性就业机构。

第八章　法律责任

第五十六条　地方各级人民政府及其有关部门违反本条例规定，未履行残疾人教育相关职责的，由上一级人民政府或者其有关部门责令限期改正；情节严重的，予以通报批评，并对直接负责的主管人员和其他直接责任人员依法给予处分。

第五十七条　学前教育机构、学校、其他教育机构及其工作人员违反本条例规定，有下列情形之一的，由其主管行政部门责令改正，对直接负责的主管人员和其他直接责任人员依法给予处分；构成违反治安管理行为的，由公安机关依法给予治安管理处罚；构成犯罪的，依法追究刑事责任：

（一）拒绝招收符合法律、法规规定条件的残疾学生入学的；

（二）歧视、侮辱、体罚残疾学生，或者放任对残疾学生的歧视言行，对残疾学生造成身心伤害的；

（三）未按照国家有关规定对经济困难的残疾学生减免学费或者其他费用的。

第九章　附则

第五十八条　本条例下列用语的含义：

融合教育是指将对残疾学生的教育最大程度地融入普通教育。

特殊教育资源教室是指在普通学校设置的装备有特殊教育和康复训练设施设备的专用教室。

第五十九条　本条例自 2017 年 5 月 1 日起施行。

中共中央　国务院关于学前教育
深化改革规范发展的若干意见（摘要）①
（2018 年 11 月印发）

意见明确，到 2020 年，全国学前三年毛入园率达到 85%，普惠性幼儿园覆盖率（公办园和普惠性民办园在园幼儿占比）达到 80%；到 2035 年，全面普及学前三年教育，建成覆盖城乡、布局合理的学前教育公共服务体系。

意见指出，党的十八大以来，我国学前教育事业快速发展，资源迅速扩大、普及水平大幅提高、管理制度不断完善，"入园难"问题得到有效缓解。同时也要看到，由于底子薄、欠账多，目前学前教育仍是整个教育体系的短板，发展不平衡不充分问题十分突出，"入园难""入园贵"依然是困扰老百姓的烦心事之一。主要表现为：学前教育资源尤其是普惠性资源不足，政策保障体系不完善，教师队伍建设滞后，监管体制机制不健全，保教质量有待提高，存在"小学化"倾向，部分民办园过度逐利、幼儿安全问题时有发生。

---

① http://www.moe.gov.cn/jyb_xwfb/s6052/moe_838/201811/t20181115_354968.html。

意见旨在进一步完善学前教育公共服务体系，切实办好新时代学前教育，更好实现幼有所育。

意见分为总体要求、优化布局与办园结构、拓宽途径扩大资源供给、健全经费投入长效机制、大力加强幼儿园教师队伍建设、完善监管体系、规范发展民办园、提高幼儿园保教质量、加强组织领导等九个部分。

中国教育现代化 2035（摘要）①
（2019 年 2 月印发）

《中国教育现代化 2035》分为五个部分：战略背景、总体思路、战略任务、实施路径、保障措施。

《中国教育现代化 2035》提出，推进教育现代化的指导思想是：以习近平新时代中国特色社会主义思想为指导，全面贯彻党的十九大和十九届二中、三中全会精神，坚定实施科教兴国战略、人才强国战略，紧紧围绕统筹推进"五位一体"总体布局和协调推进"四个全面"战略布局，坚定"四个自信"，在党的坚强领导下，全面贯彻党的教育方针，坚持马克思主义指导地位，坚持中国特色社会主义教育发展道路，坚持社会主义办学方向，立足基本国情，遵循教育规律，坚持改革创新，以凝聚人心、完善人格、开发人力、培育人才、造福人民为工作目标，培养德智体美劳全面发展的社会主义建设者和接班人，加快推进教育现代化、建设教育强国、办好人民满意的教育。将服务中华民族伟大复兴作为教育的重要使命，坚持教育为人民服务、为中国共产党治国理政服务、为巩固和发展中国特色社会主义制度服务、为改革开放和社会主义现代化建设服务，优先发展教育，大力推进教育理念、体系、制度、内容、方法、治理现代化，着力提高教育质量，促进教育公平，优化教育结构，为决胜全面建成小康社会、实现新时代中国特色社会主义发展的奋斗目标提供有力支撑。

《中国教育现代化 2035》提出了推进教育现代化的八大基本理念：更加注重以德为先，更加注重全面发展，更加注重面向人人，更加注重终身学习，更加注重因材施教，更加注重知行合一，更加注重融合发展，更加注重共建共享。明确了推进教育现代化的基本原则：坚持党的领导、坚持中

---

① http：//www.moe.gov.cn/jyb_ xwfb/s6052/moe_ 838/201902/t20190223_ 370857.html。

国特色、坚持优先发展、坚持服务人民、坚持改革创新、坚持依法治教、坚持统筹推进。

《中国教育现代化 2035》提出，推进教育现代化的总体目标是：到 2020 年，全面实现"十三五"发展目标，教育总体实力和国际影响力显著增强，劳动年龄人口平均受教育年限明显增加，教育现代化取得重要进展，为全面建成小康社会作出重要贡献。在此基础上，再经过 15 年努力，到 2035 年，总体实现教育现代化，迈入教育强国行列，推动我国成为学习大国、人力资源强国和人才强国，为到本世纪中叶建成富强民主文明和谐美丽的社会主义现代化强国奠定坚实基础。2035 年主要发展目标是：建成服务全民终身学习的现代教育体系、普及有质量的学前教育、实现优质均衡的义务教育、全面普及高中阶段教育、职业教育服务能力显著提升、高等教育竞争力明显提升、残疾儿童少年享有适合的教育、形成全社会共同参与的教育治理新格局。

《中国教育现代化 2035》聚焦教育发展的突出问题和薄弱环节，立足当前，着眼长远，重点部署了面向教育现代化的十大战略任务。

一是学习习近平新时代中国特色社会主义思想。把学习贯彻习近平新时代中国特色社会主义思想作为首要任务，贯穿到教育改革发展全过程，落实到教育现代化各领域各环节。以习近平新时代中国特色社会主义思想武装教育战线，推动习近平新时代中国特色社会主义思想进教材进课堂进头脑，将习近平新时代中国特色社会主义思想融入中小学教育，加强高等学校思想政治教育。加强习近平新时代中国特色社会主义思想系统化、学理化、学科化研究阐释，健全习近平新时代中国特色社会主义思想研究成果传播机制。

二是发展中国特色世界先进水平的优质教育。全面落实立德树人根本任务，广泛开展理想信念教育，厚植爱国主义情怀，加强品德修养，增长知识见识，培养奋斗精神，不断提高学生思想水平、政治觉悟、道德品质、文化素养。增强综合素质，树立健康第一的教育理念，全面强化学校体育工作，全面加强和改进学校美育，弘扬劳动精神，强化实践动手能力、合作能力、创新能力的培养。完善教育质量标准体系，制定覆盖全学段、体现世界先进水平、符合不同层次类型教育特点的教育质量标准，明确学生发展核心素养要求。完善学前教育保教质量标准。建立健全中小学各学科学业质量标准和体质健康标准。健全职业教育人才培养质量标准，制定紧跟时代发展的多样化高等教育人才培养质量标准。建立以师资配备、生均拨款、教学设施设备等资源要素为核心的标准体系和办学条件标准动态调整机制。加强课程教材体系建设，科学规划大中小学课程，分类制定课程标准，充分利用现代信息技术，丰富并创新课程形式。健全国家教材制度，统筹为主、统分结合、分类指导，增强教材的思想性、科学性、民族性、时代性、系统性，完善教材编写、修订、审查、选用、退出机制。创新人才培养方式，推行启发式、探究式、参与式、合作式等教学方式以及走班制、选课制等教学组织模式，培养学生创新精神与实践能力。大力推进校园文化建设。重视家庭教育和社会教育。构建教育质量评估监测机制，建立更加科学公正的考试评价制度，建立全过程、全方位人才培养质量反馈监控体系。

三是推动各级教育高水平高质量普及。以农村为重点提升学前教育普及水平，建立更为完善的学前教育管理体制、办园体制和投入体制，大力发展公办园，加快发展普惠性民办幼儿园。提升义务教育巩固水平，健全控辍保学工作责任体系。提升高中阶段教育普及水平，推进中等职业教育和普通高中教育协调发展，鼓励普通高中多样化有特色发展。振兴中西部地区高等教育。提升民族教育发展水平。

四是实现基本公共教育服务均等化。提升义务教育均等化水平，建立学校标准化建设长效机制，推进城乡义务教育均衡发展。在实现县域内义务教育基本均衡基础上，进一步推进优质均衡。推进随迁子女入学待遇同城化，有序扩大城镇学位供给。完善流动人口子女异地升学考试制度。实现困难群体帮扶精准化，健全家庭经济困难学生资助体系，推进教育精准脱贫。办好特殊教育，推进适龄残疾儿童少年教育全覆盖，全面推进融合教育，促进医教结合。

五是构建服务全民的终身学习体系。构建更加开放畅通的人才成长通道，完善招生入学、弹性学习及继续教育制度，畅通转换渠道。建立全民终身学习的制度环境，建立国家资历框架，建立跨部门跨行业的工作机制和专业化支持体系。建立健全国家学分银行制度和学习成果认证制度。强化职业学校和高等学校的继续教育与社会培训服务功能，开展多类型多形式的职工继续教育。扩大社区教育资源供给，加快发展城乡社区老年教育，推动各类学习型组织建设。

六是提升一流人才培养与创新能力。分类建设一批世界一流高等学校，建立完善的高等学校分类发展政策体系，引导高等学校科学定位、特色发展。持续推动地方本科高等学校转型发展。加快发展现代职业教育，不断优化职业教育结构与布局。推动职业教育与产业发展有机衔接、深度融合，集中力量建成一批中国特色高水平职业院校和专业。优化人才培养结构，综合运用招生计划、就业反馈、拨款、标准、评估等方式，引导高等学校和职业学校及时调整学科专业结构。加强创新人才特别是拔尖创新人才的培养，加大应用型、复合型、技术技能型人才培养比重。加强高等学校创新体系建设，建设一批国际一流的国家科技创新基地，加强应用基础研究，全面提升高等学校原始创新能力。探索构建产学研用深度融合的全链条、网络化、开放式协同创新联盟。提高高等学校哲学社会科学研究水平，加强中国特色新型智库建设。健全有利于激发创新活力和促进科技成果转化的科研体制。

七是建设高素质专业化创新型教师队伍。大力加强师德师风建设，将师德师风作为评价教师素质的第一标准，推动师德建设长效化、制度化。加大教职工统筹配置和跨区域调整力度，切实解决教师结构性、阶段性、区域性短缺问题。完善教师资格体系和准入制度。健全教师职称、岗位和考核评价制度。培养高素质教师队伍，健全以师范院校为主体、高水平非师范院校参与、优质中小学（幼儿园）为实践基地的开放、协同、联动的中国特色教师教育体系。强化职前教师培养和职后教师发展的有机衔接。夯实教师专业发展体系，推动教师终身学习和专业自主发展。提高教师社会地位，完善教师待遇保障制度，健全中小学教师工资长效联动机制，全面落实集中连片特困地区生活补助政策。加大教师表彰力度，努力提高教师政治地位、社会地位、职业地位。

八是加快信息化时代教育变革。建设智能化校园，统筹建设一体化智能化教学、管理与服务平台。利用现代技术加快推动人才培养模式改革，实现规模化教育与个性化培养的有机结合。创新教育服务业态，建立数字教育资源共建共享机制，完善利益分配机制、知识产权保护制度和新型教育服务监管制度。推进教育治理方式变革，加快形成现代化的教育管理与监测体系，推进管理精准化和决策科学化。

九是开创教育对外开放新格局。全面提升国际交流合作水平，推动我国同其他国家学历学位互认、标准互通、经验互鉴。扎实推进"一带一路"教育行动。加强与联合国教科文组织等国际组织和多边组织的合作。提升中外合作办学质量。优化出国留学服务。实施留学中国计划，建立并完善来华留学教育质量保障机制，全面提升来华留学质量。推进中外高级别人文交流机制建设，拓展人文交流领域，促进中外民心相通和文明交流互鉴。促进孔子学院和孔子课堂特色发展。加快建设中国特色海外国际学校。鼓励有条件的职业院校在海外建设"鲁班工坊"。积极参与全球教育治理，深度参与国际教育规则、标准、评价体系的研究制定。推进与国际组织及专业机构的教育交流合作。健全对外教育援助机制。

十是推进教育治理体系和治理能力现代化。提高教育法治化水平，构建完备的教育法律法规体系，健全学校办学法律支持体系。健全教育法律实施和监管机制。提升政府管理服务水平，提升政府综合运用法律、标准、信息服务等现代治理手段的能力和水平。健全教育督导体制机制，提高教育督导的权威性和实效性。提高学校自主管理能力，完善学校治理结构，继续加强高等学校章程建设。鼓励民办学校按照非营利性和营利性两种组织属性开展现代学校制度改革创新。推动社会参与教育治理常态化，建立健全社会参与学校管理和教育评价监管机制。

《中国教育现代化 2035》明确了实现教育现代化的实施路径：一是总体规划，分区推进。在国家教育现代化总体规划框架下，推动各地从实际出发，制定本地区教育现代化规划，形成一地一案、分区推进教育现代化的生动局面。二是细化目标，分步推进。科学设计和进一步细化不同发展阶段、不同规划周期内的教育现代化发展目标和重点任务，有计划有步骤地推进教育现代化。三是精准施策，统筹推进。完善区域教育发展协作机制和教育对口支援机制，深入实施东西部协作，推动不同地区协同推进教育现代化建设。四是改革先行，系统推进。充分发挥基层特别是各级各类学校的积极性和创造性，鼓励大胆探索、积极改革创新，形成充满活力、富有效率、更加开放、有利于高质量发展的教育体制机制。

为确保教育现代化目标任务的实现，《中国教育现代化 2035》明确了三个方面的保障措施。

一是加强党对教育工作的全面领导。各级党委要把教育改革发展纳入议事日程，协调动员各方面力量共同推进教育现代化。建立健全党委统一领导、党政齐抓共管、部门各负其责的教育领导体制。建设高素质专业化教育系统干部队伍。加强各级各类学校党的领导和党的建设工作。深入推进教育系统全面从严治党、党风廉政建设和反腐败斗争。

二是完善教育现代化投入支撑体制。健全保证财政教育投入持续稳定增长的长效机制，确保财政一般公共预算教育支出逐年只增不减，确保按在校学生人数平均的一般公共预算教育支出逐年只增不减，保证国家财政性教育经费支出占国内生产总值的比例一般不低于 4%。依法落实各级政府教育支出责任，完善多渠道教育经费筹措体制，完善国家、社会和受教育者合理分担非义务教育培养成本的机制，支持和规范社会力量兴办教育。优化教育经费使用结构，全面实施绩效管理，建立健全全覆盖全过程全方位的教育经费监管体系，全面提高经费使用效益。

三是完善落实机制。建立协同规划机制、健全跨部门统筹协调机制，建立教育发展监测评价机制和督导问责机制，全方位协同推进教育现代化，形成全社会关心、支持和主动参与教育现代化建设的良好氛围。

中共中央　国务院关于深化教育教学改革
全面提高义务教育质量的意见（节录）①
（2019 年 6 月 23 日）

一、坚持立德树人，着力培养担当民族复兴大任的时代新人

1. 指导思想。坚持以习近平新时代中国特色社会主义思想为指导，全面贯彻党的教育方针，落实立德树人根本任务，遵循教育规律，强化教师队伍基础作用，围绕凝聚人心、完善人格、开发人力、培育人才、造福人民的工作目标，发展素质教育，培养德智体美劳全面发展的社会主义建设者和接班人。

2. 基本要求。树立科学的教育质量观，深化改革，构建德智体美劳全面培养的教育体系，健全立德树人落实机制，着力在坚定理想信念、厚植爱国主义情怀、加强品德修养、增长知识见识、培养奋斗精神、增强综合素质上下功夫。坚持德育为先，教育引导学生爱党爱国爱人民爱社会主义；坚持全面发展，为学生终身发展奠基；坚持面向全体，办好每所学校、教

---

① http://www.moe.gov.cn/jyb_xxgk/moe_1777/moe_1778/201907/t20190708_389416.html。

好每名学生；坚持知行合一，让学生成为生活和学习的主人。

二、坚持"五育"并举，全面发展素质教育

3. 突出德育实效。完善德育工作体系，认真制定德育工作实施方案，深化课程育人、文化育人、活动育人、实践育人、管理育人、协同育人。大力开展理想信念、社会主义核心价值观、中华优秀传统文化、生态文明和心理健康教育。加强爱国主义、集体主义、社会主义教育，引导少年儿童听党话、跟党走。加强品德修养教育，强化学生良好行为习惯和法治意识养成。打造中小学生社会实践大课堂，充分发挥爱国主义、优秀传统文化等教育基地和各类公共文化设施与自然资源的重要育人作用，向学生免费或优惠开放。广泛开展先进典型、英雄模范学习宣传活动，积极创建文明校园。健全创作激励与宣传推介机制，提供寓教于乐的优秀儿童文化精品；强化对网络游戏、微视频等的价值引领与管控，创造绿色健康网上空间。突出政治启蒙和价值观塑造，充分发挥共青团、少先队组织育人作用。

4. 提升智育水平。着力培养认知能力，促进思维发展，激发创新意识。严格按照国家课程方案和课程标准实施教学，确保学生达到国家规定学业质量标准。充分发挥教师主导作用，引导教师深入理解学科特点、知识结构、思想方法，科学把握学生认知规律，上好每一堂课。突出学生主体地位，注重保护学生好奇心、想象力、求知欲，激发学习兴趣，提高学习能力。加强科学教育和实验教学，广泛开展多种形式的读书活动。各地要加强监测和督导，坚决防止学生学业负担过重。

5. 强化体育锻炼。坚持健康第一，实施学校体育固本行动。严格执行学生体质健康合格标准，健全国家监测制度。除体育免修学生外，未达体质健康合格标准的，不得发放毕业证书。开齐开足体育课，将体育科目纳入高中阶段学校考试招生录取计分科目。科学安排体育课运动负荷，开展好学校特色体育项目，大力发展校园足球，让每位学生掌握 1 至 2 项运动技能。广泛开展校园普及性体育运动，定期举办学生运动会或体育节。鼓励地方向学生免费或优惠开放公共运动场所。通过购买服务等方式，鼓励体育社会组织为学生提供高质量体育服务。精准实施农村义务教育学生营养改善计划。健全学生视力健康综合干预体系，保障学生充足睡眠时间。

6. 增强美育熏陶。实施学校美育提升行动，严格落实音乐、美术、书法等课程，结合地方文化设立艺术特色课程。广泛开展校园艺术活动，帮助每位学生学会1至2项艺术技能、会唱主旋律歌曲。引导学生了解世界优秀艺术，增强文化理解。鼓励学校组建特色艺术团队，办好中小学生艺术展演，推进中华优秀传统文化艺术传承学校建设。通过购买服务等方式，鼓励专业艺术人才到中小学兼职任教。支持艺术院校在中小学建立对口支援基地。

7. 加强劳动教育。充分发挥劳动综合育人功能，制定劳动教育指导纲要，加强学生生活实践、劳动技术和职业体验教育。优化综合实践活动课程结构，确保劳动教育课时不少于一半。家长要给孩子安排力所能及的家务劳动，学校要坚持学生值日制度，组织学生参加校园劳动，积极开展校外劳动实践和社区志愿服务。创建一批劳动教育实验区，农村地区要安排相应田地、山林、草场等作为学农实践基地，城镇地区要为学生参加农业生产、工业体验、商业和服务业实践等提供保障。

三、强化课堂主阵地作用，切实提高课堂教学质量

8. 优化教学方式。

9. 加强教学管理。

10. 完善作业考试辅导。

11. 促进信息技术与教育教学融合应用。

四、按照"四有好老师"标准，建设高素质专业化教师队伍

12. 大力提高教育教学能力。以新时代教师素质要求和国家课程标准为导向，改革和加强师范教育，提高教师培养培训质量。实施乡村优秀青年教师培养奖励计划。

13. 优化教师资源配置。

14. 依法保障教师权益和待遇。制定教师优待办法，保障教师享有健康体检、旅游、住房、落户等优待政策。坚持教育投入优先保障并不断提高教师待遇。完善义务教育绩效工资总量核定办法，建立联动增长机制，确保义务教育教师平均工资收入水平不低于当地公务员平均工资收入水平。完善绩效工资分配办法，绩效工资增量主要用于奖励性绩效工资分配；切实落实学校分配自主权，并向教学一线和教学实绩突出的教师倾斜。落实乡村教师乡镇工作补贴、集中连片特困地区生活补助和艰苦边远地区津贴等政策，有条件的地方对在乡村有教学任务的教师给予交通补助。加强乡村学校教师周转宿舍建设。制定实施细则，明确教师教育惩戒权。依法依规妥善处理涉及学校和教师的矛盾纠纷，坚决维护教师合法权益。

五、深化关键领域改革，为提高教育质量创造条件

16. 加强课程教材建设。

17. 完善招生考试制度。推进义务教育学校免试就近入学全覆盖。健全联控联保机制，精准做好控辍保学工作。严禁以各类考试、竞赛、培训成绩或证书证明等作为招生依据，不得以面试、评测等名义选拔学生。民办义务教育学校招生纳入审批地统一管理，与公办学校同步招生；对报名人数超过招生计划的，实行电脑随机录取。高中阶段学校实行基于初中学业水平考试成绩、结合综合素质评价的招生录取模式，落实优质普通高中招生指标分配到初中政策，公办民办普通高中按审批机关统一批准的招生计划、范围、标准和方式同步招生。稳步推进初中学业水平考试省级统一命题，坚持以课程标准为命题依据，不得制定考试大纲，不断提高命题水平。

18. 健全质量评价监测体系。建立以发展素质教育为导向的科学评价体系，国家制定县域义务教育质量、学校办学质量和学生发展质量评价标准。县域教育质量评价突出考查地方党委和政府对教育教学改革的价值导向、组织领导、条件保障和义务教育均衡发展情况等。学校办学质量评价突出考查学校坚持全面培养、提高学生综合素质以及办学行为、队伍建设、学业负担、社会满意度等。学生发展质量评价突出考查学生品德发展、学业发展、身心健康、兴趣特长和劳动实践等。坚持和完善国家义务教育质量监测制度，强化过程性和发展性评价，建立监测平台，定期发布监测报告。

19. 发挥教研支撑作用。

20. 激发学校生机活力。

21. 实施义务教育质量提升工程。保障义务教育财政经费投入，加大对教师队伍建设、教育教学改革、提高教育质量经费支持力度。实施优秀教学成果推广应用计划，整合建设国家中小学生网络学习平台。推进义务教育薄弱环节改善与能力提升，重点加强乡村小规模学校和乡镇寄宿制学校建设，打造"乡村温馨校园"；加快消除城镇大班额，逐步降低班额标准，促进县域义务教育从基本均衡向优质均衡发展。

24. 重视家庭教育。加快家庭教育立法，强化监护主体责任。加强社区家长学校、家庭教育指导服务站点建设，为家长提供公益性家庭教育指导服务。充分发挥学校主导作用，密切家校联系。家长要树立科学育儿观念，切实履行家庭教育职责，加强与孩子沟通交流，培养孩子的好思想、好品

行、好习惯，理性帮助孩子确定成长目标，克服盲目攀比，防止增加孩子过重课外负担。

25. 强化考核督导。各级党委和政府要把全面提高义务教育质量纳入党政领导干部考核督查范围，并将结果作为干部选任、表彰奖励的重要参考。强化教育教学督导。

26. 营造良好生态。全党全社会都要关心支持深化教育教学改革、全面提高义务教育质量工作。大力营造义务教育持续健康协调发展的良好氛围，更好发挥义务教育在实现中华民族伟大复兴中国梦中的奠基作用。

中共中央　国务院关于全面加强新时代大中小学劳动教育的意见①
（2020 年 3 月 20 日）

为构建德智体美劳全面培养的教育体系，现就加强新时代大中小学劳动教育提出如下意见。

一、充分认识新时代培养社会主义建设者和接班人对加强劳动教育的新要求

（一）重大意义。劳动教育是中国特色社会主义教育制度的重要内容，直接决定社会主义建设者和接班人的劳动精神面貌、劳动价值取向和劳动技能水平。长期以来，各地区和学校坚持教育与生产劳动相结合，在实践育人方面取得了一定成效。同时也要看到，近年来一些青少年中出现了不珍惜劳动成果、不想劳动、不会劳动的现象，劳动的独特育人价值在一定程度上被忽视，劳动教育正被淡化、弱化。对此，全党全社会必须高度重视，采取有效措施切实加强劳动教育。

（二）指导思想。以习近平新时代中国特色社会主义思想为指导，全面贯彻党的教育方针，落实全国教育大会精神，坚持立德树人，坚持培育和践行社会主义核心价值观，把劳动教育纳入人才培养全过程，贯通大中小学各学段，贯穿家庭、学校、社会各方面，与德育、智育、体育、美育相融合，紧密结合经济社会发展变化和学生生活实际，积极探索具有中国特色的劳动教育模式，创新体制机制，注重教育实效，实现知行合一，促进学生形成正确的世界观、人生观、价值观。

---

① http://www.moe.gov.cn/jyb_xxgk/moe_1777/moe_1778/202003/t20200326_435127.html。

（三）基本原则

——把握育人导向。坚持党的领导，围绕培养担当民族复兴大任的时代新人，着力提升学生综合素质，促进学生全面发展、健康成长。把准劳动教育价值取向，引导学生树立正确的劳动观，崇尚劳动、尊重劳动，增强对劳动人民的感情，报效国家，奉献社会。

——遵循教育规律。符合学生年龄特点，以体力劳动为主，注意手脑并用、安全适度，强化实践体验，让学生亲历劳动过程，提升育人实效性。

——体现时代特征。适应科技发展和产业变革，针对劳动新形态，注重新兴技术支撑和社会服务新变化。深化产教融合，改进劳动教育方式。强化诚实合法劳动意识，培养科学精神，提高创造性劳动能力。

——强化综合实施。加强政府统筹，拓宽劳动教育途径，整合家庭、学校、社会各方面力量。家庭劳动教育要日常化，学校劳动教育要规范化，社会劳动教育要多样化，形成协同育人格局。

——坚持因地制宜。根据各地区和学校实际，结合当地在自然、经济、文化等方面条件，充分挖掘行业企业、职业院校等可利用资源，宜工则工、宜农则农，采取多种方式开展劳动教育，避免"一刀切"。

二、全面构建体现时代特征的劳动教育体系

（四）把握劳动教育基本内涵。劳动教育是国民教育体系的重要内容，是学生成长的必要途径，具有树德、增智、强体、育美的综合育人价值。实施劳动教育重点是在系统的文化知识学习之外，有目的、有计划地组织学生参加日常生活劳动、生产劳动和服务性劳动，让学生动手实践、出力流汗，接受锻炼、磨炼意志，培养学生正确劳动价值观和良好劳动品质。

（五）明确劳动教育总体目标。通过劳动教育，使学生能够理解和形成马克思主义劳动观，牢固树立劳动最光荣、劳动最崇高、劳动最伟大、劳动最美丽的观念；体会劳动创造美好生活，体认劳动不分贵贱，热爱劳动，尊重普通劳动者，培养勤俭、奋斗、创新、奉献的劳动精神；具备满足生存发展需要的基本劳动能力，形成良好劳动习惯。

（六）设置劳动教育课程。整体优化学校课程设置，将劳动教育纳入中小学国家课程方案和职业院校、普通高等学校人才培养方案，形成具有综合性、实践性、开放性、针对性的劳动教育课程体系。

根据各学段特点，在大中小学设立劳动教育必修课程，系统加强劳动教育。中小学劳动教育课每周不少于1课时，学校要对学生每天课外校外劳动时间作出规定。职业院校以实习实训课为主要载体开展劳动教育，其中劳动精神、劳模精神、工匠精神专题教育不少于16学时。普通高等学校要明确劳动教育主要依托课程，其中本科阶段不少于32学时。除劳动教育必修课程外，其他课程结合学科、专业特点，有机融入劳动教育内容。大中小学每学年设立劳动周，可在学年内或寒暑假自主安排，以集体劳动为主。高等学校也可安排劳动月，集中落实各学年劳动周要求。

根据需要编写劳动实践指导手册，明确教学目标、活动设计、工具使用、考核评价、安全保护等劳动教育要求。

（七）确定劳动教育内容要求。根据教育目标，针对不同学段、类型学生特点，以日常生活劳动、生产劳动和服务性劳动为主要内容开展劳动教育。结合产业新业态、劳动新形态，注重选择新型服务性劳动的内容。

小学低年级要注重围绕劳动意识的启蒙，让学生学习日常生活自理，感知劳动乐趣，知道人人都要劳动。小学中高年级要注重围绕卫生、劳动习惯养成，让学生做好个人清洁卫生，主动分担家务，适当参加校内外公益劳动，学会与他人合作劳动，体会到劳动光荣。初中要注重围绕增加劳动知识、技能，加强家政学习，开展社区服务，适当参加生产劳动，使学生初步养成认真负责、吃苦耐劳的品质和职业意识。普通高中要注重围绕丰富职业体验，开展服务性劳动、参加生产劳动，使学生熟练掌握一定劳动技能，理解劳动创造价值，具有劳动自立意识和主动服务他人、服务社会的情怀。中等职业学校重点是结合专业人才培养，增强学生职业荣誉感，提高职业技能水平，培育学生精益求精的工匠精神和爱岗敬业的劳动态度。高等学校要注重围绕创新创业，结合学科和专业积极开展实习实训、专业服务、社会实践、勤工助学等，重视新知识、新技术、新工艺、新方法应用，创造性地解决实际问题，使学生增强诚实劳动意识，积累职业经验，提升就业创业能力，树立正确择业观，具有到艰苦地区和行业工作的奋斗精神，懂得空谈误国、实干兴邦的深刻道理；注重培育公共服务意识，使学生具有面对重大疫情、灾害等危机主动作为的奉献精神。

（八）健全劳动素养评价制度。将劳动素养纳入学生综合素质评价体系，制定评价标准，建立激励机制，组织开展劳动技能和劳动成果展示、劳动竞赛等活动，全面客观记录课内外劳动过程和结果，加强实际劳动技能和价值体认情况的考核。建立公示、审核制度，确保记录真实可靠。把劳动素养评价结果作为衡量学生全面发展情况的重要内容，作为评优评先的重要参考和毕业依据，作为高一级学校录取的重要参考或依据。

三、广泛开展劳动教育实践活动

（九）家庭要发挥在劳动教育中的基础作用。注重抓住衣食住行等日常生活中的劳动实践机会，鼓励孩子自觉参与、自己动手，随时随地、坚持不懈地劳动，掌握洗衣做饭等必要的家务劳动技能，每年有针对性地学会1至2项生活技能。鼓励学校（家委会）和社区等组织开展学生生活技能展示活动。学生参加家务劳动和掌握生活技能的情况要按年度记入学生综合素质档案。鼓励孩子利用节假日参加各种社会劳动。家庭要树立崇尚劳动的良好家风，家长要通过日常生活的言传身教、潜移默化，让孩子养成从小爱劳动的好习惯。

（十）学校要发挥在劳动教育中的主导作用。学校要切实承担劳动教育主体责任，明确实施机构和人员，开齐开足劳动教育课程，不得挤占、挪用劳动实践时间。明确学校劳动教育要求，着重引导学生形成马克思主义劳动观，系统学习掌握必要的劳动技能。根据学生身体发育情况，科学设计课内外劳动项目，采取灵活多样形式，激发学生劳动的内在需求和动力。统筹安排课内外时间，可采用集中与分散相结合的方式。组织实施好劳动周，小学低中年级以校园劳动为主，小学高年级和中学可适当走向社会、参与集中劳动，高等学校要组织学生走向社会、以校外劳动锻炼为主。

（十一）社会要发挥在劳动教育中的支持作用。充分利用社会各方面资源，为劳动教育提供必要保障。各级政府部门要积极协调和引导企业公司、工厂农场等组织履行社会责任，开放实践场所，支持学校组织学生参加力所能及的生产劳动、参与新型服务性劳动，使学生与普通劳动者一起经历劳动过程。鼓励高新企业为学生体验现代科技条件下劳动实践新形态、新方式提供支持。工会、共青团、妇联等群团组织以及各类公益基金会、社会福利组织要组织动员相关力量、搭建活动平台，共同支持学生深入城乡社区、福利院和公共场所等参加志愿服务，开展公益劳动，参与社区治理。

四、着力提升劳动教育支撑保障能力

（十二）多渠道拓展实践场所。大力拓展实践场所，满足各级各类学校多样化劳动实践需求。充分利用现有综合实践基地、青少年校外活动场所、职业院校和普通高等学校劳动实践场所，建立健全开放共享机制。农村地区可安排相应土地、山林、草场等作为学农实践基地，城镇地区可确认一批企事业单位和社会机构，作为学生参加生产劳动、服务性劳动的实践场所。建立以县为主、政府统筹规划配置中小学（含中等职业学校）劳动教育资源的机制。进一步完善学校建设标准，学校逐步建好配齐劳动实践教室、实训基地。高等学校要充分发挥自身专业优势和服务社会功能，建立相对稳定的实习和劳动实践基地。

（十三）多举措加强人才队伍建设。采取多种措施，建立专兼职相结合的劳动教育师资队伍。根据学校劳动教育需要，为学校配备必要的专任教师。高等学校要加强劳动教育师资培养，有条件的师范院校开设劳动教育相关专业。设立劳模工作室、技能大师工作室、荣誉教师岗位等，聘请相关行业专业人士担任劳动实践指导教师。把劳动教育纳入教师培训内容，开展全员培训，强化每位教师的劳动意识、劳动观念，提升实施劳动教育的自觉性，对承担劳动教育课程的教师进行专项培训，提高劳动教育专业化水平。建立健全劳动教育教师工作考核体系，分类完善评价标准。

（十四）健全经费投入机制。各地区要统筹中央补助资金和自有财力，多种形式筹措资金，加快建设校内劳动教育场所和校外劳动教育实践基地，加强学校劳动教育设施标准化建设，建立学校劳动教育器材、耗材补充机制。学校可按照规定统筹安排公用经费等资金开展劳动教育。可采取政府购买服务方式，吸引社会力量提供劳动教育服务。

（十五）多方面强化安全保障。各地区要建立政府负责、社会协同、有关部门共同参与的安全管控机制。建立政府、学校、家庭、社会共同参与的劳动教育风险分散机制，鼓励购买劳动教育相关保险，保障劳动教育正常开展。各学校要加强对师生的劳动安全教育，强化劳动风险意识，建立健全安全教育与管理并重的劳动安全保障体系。科学评估劳动实践活动的安全风险，认真排查、清除学生劳动实践中的各种隐患特别是辐射、疾病传染等，在场所设施选择、材料选用、工具设备和防护用品使用、活动流程等方面制定安全、科学的操作规范，强化对劳动过程每个岗位的管理，明确各方责任，防患于未然。制定劳动实践活动风险防控预案，完善应急与事故处理机制。

五、切实加强劳动教育的组织实施

（十六）加强组织领导。在党委统一领导下，各级政府要把劳动教育摆上重要议事日程，出台相关政策措施，切实解决劳动教育实施过程中的重大问题，做好督促落实。省级政府要加强劳动教育工作的统筹协调，明确市地级、县级政府及有关部门加强劳动教育的职责，推动建立全面实施劳动教育的长效机制。

（十七）强化督导检查。把劳动教育纳入教育督导体系，完善督导办法。对地方各级政府和有关部门保障劳动教育情况以及学校组织实施劳动教育情况进行督导，督导结果向社会公开，同时作为衡量区域教育质量和水平的重要指标，作为对被督导部门和学校及其主要负责人考核奖惩的依据。开展劳动教育质量监测，强化反馈和指导。

（十八）加强宣传引导。引导家长树立正确劳动观念，支持配合学校开展劳动教育。加强劳动教育科学研究，宣传推广劳动教育典型经验。积极宣传企事业单位和社会机构提供劳动教育服务的先进事迹。注重挖掘在抗疫救灾等重大事件中涌现出来的典型人物和事迹，大力宣传不畏艰难、百折不挠、敢于担当的高尚品格。鼓励和支持创作更多以歌颂普通劳动者为主题的优秀作品，大力宣传辛勤劳动、诚实劳动、创造性劳动的典型人物和事迹，弘扬劳动光荣、创造伟大的主旋律，旗帜鲜明地反对一切不劳而获、贪图享乐、崇尚暴富的错误观念，营造全社会关心和支持劳动教育的良好氛围。

中共中央办公厅　国务院办公厅印发《关于全面加强和改进新时代学校体育工作的意见》①（2020年10月）

学校体育是实现立德树人根本任务、提升学生综合素质的基础性工程，是加快推进教育现代化、建设教育强国和体育强国的重要工作，对于弘扬社会主义核心价值观，培养学生爱国主义、集体主义、社会主义精神和奋发向上、顽强拼搏的意志品质，实现以体育智、以体育心具有独特功能。

---

① http：//www.moe.gov.cn/jyb_ xxgk/moe_ 1777/moe_ 1778/202010/t20201015_ 494794.html。

为贯彻落实习近平总书记关于教育、体育的重要论述和全国教育大会精神，把学校体育工作摆在更加突出位置，构建德智体美劳全面培养的教育体系，现就全面加强和改进新时代学校体育工作提出如下意见。

一、总体要求

1. 指导思想。以习近平新时代中国特色社会主义思想为指导，全面贯彻党的教育方针，坚持社会主义办学方向，以立德树人为根本，以社会主义核心价值观为引领，以服务学生全面发展、增强综合素质为目标，坚持健康第一的教育理念，推动青少年文化学习和体育锻炼协调发展，帮助学生在体育锻炼中享受乐趣、增强体质、健全人格、锤炼意志，培养德智体美劳全面发展的社会主义建设者和接班人。

2. 工作原则

——改革创新，面向未来。立足时代需求，更新教育理念，深化教学改革，使学校体育同教育事业的改革发展要求相适应，同广大学生对优质丰富体育资源的期盼相契合，同构建德智体美劳全面培养的教育体系相匹配。

——补齐短板，特色发展。补齐师资、场馆、器材等短板，促进学校体育均衡发展。坚持整体推进与典型引领相结合，鼓励特色发展。弘扬中华体育精神，推广中华传统体育项目，形成"一校一品"、"一校多品"的学校体育发展新局面。

——凝心聚力，协同育人。深化体教融合，健全协同育人机制，为学生纵向升学和横向进入专业运动队、职业体育俱乐部打通通道，建立完善家庭、学校、政府、社会共同关心支持学生全面健康成长的激励机制。

3. 主要目标。到 2022 年，配齐配强体育教师，开齐开足体育课，办学条件全面改善，学校体育工作制度机制更加健全，教学、训练、竞赛体系普遍建立，教育教学质量全面提高，育人成效显著增强，学生身体素质和综合素养明显提升。到 2035 年，多样化、现代化、高质量的学校体育体系基本形成。

二、不断深化教学改革

4. 开齐开足上好体育课。严格落实学校体育课程开设刚性要求，不断拓宽课程领域，逐步增加课时，丰富课程内容。义务教育阶段和高中阶段学校严格按照国家课程方案和课程标准开齐开足上好体育课。鼓励基础教育阶段学校每天开设 1 节体育课。高等教育阶段学校要将体育纳入人才培养方案，学生体质健康达标、修满体育学分方可毕业。鼓励高校和科研院所将体育课程纳入研究生教育公共课程体系。

5. 加强体育课程和教材体系建设。学校体育课程注重大中小幼相衔接，聚焦提升学生核心素养。学前教育阶段开展适合幼儿身心特点的游戏活动，培养体育兴趣爱好，促进运动机能协调发展。义务教育阶段体育课程帮助学生掌握 1 至 2 项运动技能，引导学生树立正确健康观。高中阶段体育课程进一步发展学生运动专长，引导学生养成健康生活方式，形成积极向上的健全人格。职业教育体育课程与职业技能培养相结合，培养身心健康的技术人才。高等教育阶段体育课程与创新人才培养相结合，培养具有崇高精神追求、高尚人格修养的高素质人才。学校体育教材体系建设要扎根中国、融通中外，充分体现思想性、教育性、创新性、实践性，根据学生年龄特点和身心发展规律，围绕课程目标和运动项目特点，精选教学素材，丰富教学资源。

6. 推广中华传统体育项目。认真梳理武术、摔跤、棋类、射艺、龙舟、键球、五禽操、舞龙舞狮等中华传统体育项目，因地制宜开展传统体育教学、训练、竞赛活动，并融入学校体育教学、训练、竞赛机制，形成中华传统体育项目竞赛体系。涵养阳光健康、拼搏向上的校园体育文化，培养学生爱国主义、集体主义、社会主义精神，增强文化自信，促进学生知行合一、刚健有为、自强不息。深入开展"传承的力量——学校体育艺术教育弘扬中华优秀传统文化成果展示活动"，加强宣传推广，让中华传统体育在校园绽放光彩。

7. 强化学校体育教学训练。逐步完善"健康知识+基本运动技能+专项运动技能"的学校体育教学模式。教会学生科学锻炼和健康知识，指导学生掌握跑、跳、投等基本运动技能和足球、篮球、排球、田径、游泳、体操、武术、冰雪运动等专项运动技能。健全体育锻炼制度，广泛开展普及性体育运动，定期举办学生运动会或体育节，组建体育兴趣小组、社团和俱乐部，推动学生积极参与常规课余训练和体育竞赛。合理安排校外体育活动时间，着力保障学生每天校内、校外各 1 个小时体育活动时间，促进学生养成终身锻炼的习惯。加强青少年学生军训。

8. 健全体育竞赛和人才培养体系。建立校内竞赛、校际联赛、选拔性竞赛为一体的大中小学体育竞赛体系，构建国家、省、市、县四级学校体育竞赛制度和选拔性竞赛（夏令营）制度。大中小学校建设学校代表队，参加区域乃至全国联赛。加强体教融合，广泛开展青少年体育夏（冬）令营活动，鼓励学校与体校、社会体育俱乐部合作，共同开展体育教学、训练、竞赛，促进竞赛体系深度融合。深化全国学生运动会改革，每年开展赛事项目预赛。加强体育传统特色学校建设，完善竞赛、师资培训等工作，支持建立高水平运动队，提高体育传统特色学校运动水平。加强高校高水平运动队建设，优化拓展项目布局，深化招生、培养、竞赛、管理制度改革，将高校高水平运动队建设与中小学体育竞赛相衔接，纳入国家竞技体育后备人才培养体系。深化高水平运动员注册制度改革，建立健全体育运动水平等级标准，打通教育和体育系统高水平赛事互认通道。

三、全面改善办学条件

9. 配齐配强体育教师。各地要加大力度配齐中小学体育教师，未配齐的地区应每年划出一定比例用于招聘体育教师。在大中小学校设立专（兼）职教练员岗位。建立聘用优秀退役运动员为体育教师或教练员制度。有条件的地区可以通过购买服务方式，与相关专业机构等社会力量合作向中小学提供体育教育教学服务，缓解体育师资不足问题。实施体育教育专业大学生支教计划。通过"国培计划"等加大对农村体育教师的培训力度，支持高等师范院校与优质中小学建立协同培训基地，支持体育教师海外研修访学。推进高校体育教育专业人才培养模式改革，推进地方政府、高校、中小学协同育人，建设一批试点学校和教育基地。明确高校高职体育专业和高校高水平运动队专业教师、教练员配备最低标准，不达标的高校原则上不得开办相关专业。

10. 改善场地器材建设配备。研究制定国家学校体育卫生条件基本标准。建好满足课程教学和实践活动需求的场地设施、专用教室。把农村学校体育设施建设纳入地方义务教育均衡发展规划，鼓励有条件的地区在中小学建设体育场馆，与体育基础薄弱学校共用共享。小规模学校以保基本、兜底线为原则，配备必要的功能教室和设施设备。加强高校体育场馆建设，鼓励有条件的高校与地方共建共享。配好体育教学所需器材设备，建立体育器材补充机制。建有高水平运动队的高校，场地设备配备条件应满足实际需要，不满足的原则上不得招生。

11. 统筹整合社会资源。完善学校和公共体育场馆开放互促共进机制，推进学校体育场馆向社会开放、公共体育场馆向学生免费或低收费开放，提高体育场馆开放程度和利用效率。鼓励学校和社会体育场馆合作开设体育课程。统筹好学校和社会资源，城市和社区建设规划要统筹学生体育锻炼需要，新建项目优先建在学校或其周边。综合利用公共体育设施，将开展体育活动作为解决中小学课后"三点半"问题的有效途径和中小学生课后服务工作的重要载体。

四、积极完善评价机制

12. 推进学校体育评价改革。建立日常参与、体质监测和专项运动技能测试相结合的考查机制，将达到国家学生体质健康标准要求作为教育教学考核的重要内容。完善学生体质健康档案，中小学校要客观记录学生日常体育参与情况和体质健康监测结果，定期向家长反馈。将体育科目纳入初、高中学业水平考试范围。改进中考体育测试内容、方式和计分办法，科学确定并逐步提高分值。积极推进高校在招生测试中增设体育项目。启动在高校招生中使用体育素养评价结果的研究。加强学生综合素质评价档案使用，高校根据人才培养目标和专业学习需要，将学生综合素质评价结果作为招生录取的重要参考。

13. 完善体育教师岗位评价。把师德师风作为评价体育教师素质的第一标准。围绕教会、勤练、常赛的要求，完善体育教师绩效工资和考核评价机制。将评价导向从教师教了多少转向教会了多少，从完成课时数量转向教育教学质量。将体育教师课余指导学生勤练和常赛，以及承担学校安排的课后训练、课外活动、课后服务、指导参赛和走教任务计入工作量，并根据学生体质健康状况和竞赛成绩，在绩效工资内部分配时给予倾斜。完善体育教师职称评聘标准，确保体育教师在职务职称晋升、教学科研成果评定等方面，与其他学科教师享受同等待遇。优化体育教师岗位结构，畅通体育教师职业发展通道。提升体育教师科研能力，在全国教育科学规划课题、教育部人文社会科学研究项目中设立体育专项课题。加大对体育教师表彰力度，在教学成果奖等评选表彰中，保证体育教师占有一定比例。参照体育教师，研究并逐步完善学校教练员岗位评价。

14. 健全教育督导评价体系。将学校体育纳入地方发展规划，明确政府、教育行政部门和学校的职责。把政策措施落实情况、学生体质健康状况、素质测评情况和支持学校开展体育工作情况等纳入教育督导评估范围。完善国家义务教育体育质量监测，提高监测科学性，公布监测结果。把体育工作及其效果作为高校办学评价的重要指标，纳入高校本科教学工作评估指标体系和"双一流"建设成效评价。对政策落实不到位、学生体质健康达标率和素质测评合格率持续下降的地方政府、教育行政部门和学校负责人，依规依法予以问责。

五、切实加强组织保障

15. 加强组织领导和经费保障。地方各级党委和政府要把学校体育工作纳入重要议事日程，加强对本地区学校体育改革发展的总体谋划，党政主要负责同志要重视、关心学校体育工作。各地要建立加强学校体育工作部门联席会议制度，健全统筹协调机制。把学校体育工作纳入有关领导干部培训计划。各级政府要调整优化教育支出结构，完善投入机制，积极支持学校体育工作。地方政府要统筹安排财政转移支付资金和本级财力支持学校体育工作。鼓励和引导社会资金支持学校体育发展，吸引社会捐赠，多渠道增加投入。

16. 加强制度保障。完善学校体育法律制度，研究修订《学校体育工作条例》。鼓励地方出台学校体育法规制度，为推动学校体育发展提供有力法治保障。建立政府主导、部门协同、社会参与的安全风险管理机制。健全政府、学校、家庭共同参与的学校体育运动伤害风险防范和处理机制，探索建立涵盖体育意外伤害的学生综合保险机制。试行学生体育活动安全事故第三方调解机制。强化安全教育，加强大型体育活动安全管理。

17. 营造社会氛围。各地要研究落实加强和改进新时代学校体育工作的具体措施，可以结合实际制定实施学校体育教师配备和场地器材建设三年行动计划。总结经验做法，形成可推广的政策制度。加强宣传，凝聚共识，营造全社会共同促进学校体育发展的良好社会氛围。

中共中央办公厅　国务院办公厅印发
《关于全面加强和改进新时代学校美育工作的意见》①
（2020 年 10 月）

美是纯洁道德、丰富精神的重要源泉。美育是审美教育、情操教育、心灵

---

① http：//www.moe.gov.cn/jyb_ xxgk/moe_ 1777/moe_ 1778/202010/t20201015_ 494794.html。

教育，也是丰富想象力和培养创新意识的教育，能提升审美素养、陶冶情操、温润心灵、激发创新创造活力。为贯彻落实习近平总书记关于教育的重要论述和全国教育大会精神，进一步强化学校美育育人功能，构建德智体美劳全面培养的教育体系，现就全面加强和改进新时代学校美育工作提出如下意见。

一、总体要求

1. 指导思想。以习近平新时代中国特色社会主义思想为指导，全面贯彻党的教育方针，坚持社会主义办学方向，以立德树人为根本，以社会主义核心价值观为引领，以提高学生审美和人文素养为目标，弘扬中华美育精神，以美育人、以美化人、以美培元，把美育纳入各级各类学校人才培养全过程，贯穿学校教育各学段，培养德智体美劳全面发展的社会主义建设者和接班人。

2. 工作原则

——坚持正确方向。将学校美育作为立德树人的重要载体，坚持弘扬社会主义核心价值观，强化中华优秀传统文化、革命文化、社会主义先进文化教育，引领学生树立正确的历史观、民族观、国家观、文化观，陶冶高尚情操，塑造美好心灵，增强文化自信。

——坚持面向全体。健全面向人人的学校美育育人机制，缩小城乡差距和校际差距，让所有在校学生都享有接受美育的机会，整体推进各级各类学校美育发展，加强分类指导，鼓励特色发展，形成"一校一品"、"一校多品"的学校美育发展新局面。

——坚持改革创新。全面深化学校美育综合改革，坚持德智体美劳五育并举，加强各学科有机融合，整合美育资源，补齐发展短板，强化实践体验，完善评价机制，全员全过程全方位育人，形成充满活力、多方协作、开放高效的学校美育新格局。

3. 主要目标。到 2022 年，学校美育取得突破性进展，美育课程全面开齐开足，教育教学改革成效显著，资源配置不断优化，评价体系逐步健全，管理机制更加完善，育人成效显著增强，学生审美和人文素养明显提升。到 2035 年，基本形成全覆盖、多样化、高质量的具有中国特色的现代化学校美育体系。

二、不断完善课程和教材体系

4. 树立学科融合理念。加强美育与德育、智育、体育、劳动教育相融合，充分挖掘和运用各学科蕴含的体现中华美育精神与民族审美特质的心灵美、礼乐美、语言美、行为美、科学美、秩序美、健康美、勤劳美、艺术美等丰富美育资源。有机整合相关学科的美育内容，推进课程教学、社会实践和校园文化建设深度融合，大力开展以美育为主题的跨学科教育教学和课外校外实践活动。

5. 完善课程设置。学校美育课程以艺术课程为主体，主要包括音乐、美术、书法、舞蹈、戏剧、戏曲、影视等课程。学前教育阶段开展适合幼儿身心特点的艺术游戏活动。义务教育阶段丰富艺术课程内容，在开好音乐、美术、书法课程的基础上，逐步开设舞蹈、戏剧、影视等艺术课程。高中阶段开设多样化艺术课程，增加艺术课程的可选择性。职业教育将艺术课程与专业课程有机结合，强化实践，开设体现职业教育特点的拓展性艺术课程。高等教育阶段开设以审美和人文素养培养为核心、以创新能力培育为重点、以中华优秀传统文化传承发展和艺术经典教育为主要内容的公共艺术课程。

6. 科学定位课程目标。构建大中小幼相衔接的美育课程体系，明确各级各类学校美育课程目标。学前教育阶段培养幼儿拥有美好、善良心灵和懂得珍惜美好事物。义务教育阶段注重激发学生艺术兴趣和创新意识，培养学生健康向上的审美趣味、审美格调，帮助学生掌握 1 至 2 项艺术特长。高中阶段丰富审美体验，开阔人文视野，引导学生树立正确的审美观、文化观。职业教育强化艺术实践，培养具有审美修养的高素质技术技能人才，引导学生完善人格修养，增强文化创新意识。高等教育阶段强化学生文化主体意识，培养具有崇高审美追求、高尚人格修养的高素质人才。

7. 加强教材体系建设。编写教材要坚持马克思主义指导地位，扎根中国、融通中外，体现国家和民族基本价值观，格调高雅，凸显中华美育精神，充分体现思想性、民族性、创新性、实践性。根据学生年龄特点和身心成长规律，围绕课程目标，精选教学素材，丰富教学资源。加强大中小学美育教材一体化建设，注重教材纵向衔接，实现主线贯穿、循序渐进。中小学美育教材按规定审定后使用。高校落实美育教材建设主体责任，做好教材研究、编写、使用等工作，探索形成以美学和艺术史论类、艺术鉴赏类、艺术实践类为主体的高校公共艺术课程教材体系。

三、全面深化教学改革

8. 开齐开足上好美育课。严格落实学校美育课程开设刚性要求，不断拓宽课程领域，逐步增加课时，丰富课程内容。义务教育阶段和高中阶段学校严格按照国家课程方案和课程标准开齐开足上好美育课。高等教育阶段将公共艺术课程与艺术实践纳入学校人才培养方案，实行学分制管理，学生修满公共艺术课程 2 个学分方能毕业。鼓励高校和科研院所将美学、艺术学课程纳入研究生教育公共课程体系。

9. 深化教学改革。逐步完善"艺术基础知识基本技能+艺术审美体验+艺术专项特长"的教学模式。在学生掌握必要基础知识和基本技能的基础上，着力提升文化理解、审美感知、艺术表现、创意实践等核心素养，帮助学生形成艺术专项特长。成立全国高校和中小学美育教学指导委员会，培育一批学校美育优秀教学成果和名师工作室，建设一批学校美育实践基地，开发一批美育课程优质数字教育资源。推动高雅艺术进校园，持续建设中华优秀传统文化传承学校和基地，创作并推广高校原创文化精品，以大爱之心育莘莘学子，以大美之艺绘传世之作，努力培养心灵美、形象美、语言美、行为美的新时代青少年。

10. 丰富艺术实践活动。面向人人，建立常态化学生全员艺术展演机制，大力推广惠及全体学生的合唱、合奏、集体舞、课本剧、艺术实践工作坊和博物馆、非遗展示传习场所体验学习等实践活动，广泛开展班级、年级、院系、校级等群体性展示交流。有条件的地区可以每年开展大中小学生艺术专项展示，每 3 年分别组织 1 次省级大学生和中小学生综合性艺术展演。加强国家级示范性大中小学校学生艺术团建设，遴选优秀学生艺术团参与国家重大演出活动，以弘扬中华优秀传统文化、革命文化、社会主义先进文化为导向，发挥示范引领作用。

11. 推进评价改革。把中小学生学习音乐、美术、书法等艺术类课程以及参与学校组织的艺术实践活动情况纳入学业要求，探索将艺术类科目纳入初、高中学业水平考试范围。全面实施中小学生艺术素质测评，将测评结果纳入初、高中学生综合素质评价。探索将艺术类科目纳入中考改革试点，纳入高中阶段学校考试招生录取计分科目，依据课程标准确定考试内容，利用现代技术手段促进客观公正评价。

12. 加快艺术学科创新发展。专业艺术教育坚持以一流为目标，进一步优化学科专业布局，构建多元化、特色化、高水平的中国特色艺术学科专业体系，加强国家级一流艺术类专业点建设，创新艺术人才培养机制，提高艺术人才培养能力。艺术师范教育以培养高素质专业化创新型教师队伍为根本，坚定办学方向、坚守师范特质、坚持服务需求、强化实践环节，构建协同育人机制，鼓励艺术教师互聘和双向交流。鼓励有条件的地区建设一批高水平艺术学科创新团队和平台，整合美学、艺术学、教育学等学科资源，加强美育基础理论建设，建设一批美育高端智库。

四、着力改善办学条件

13. 配齐配好美育教师。各地要加大中小学美育教师补充力度，未配齐的地区应每年划出一定比例用于招聘美育教师。有条件的地区可以通过购买服务方式，与相关专业机构等社会力量合作，向中小学提供美育教育教学服务，缓解美育师资不足问题。鼓励优秀文艺工作者等人士到学校兼任美育教师。推动实施艺术教育专业大学生支教计划。全面提高美育教师思想政治素质、教学素质、育人能力和职业道德水平。优化美育教师岗位结构，畅通美育教师职业发展通道。将美育教师承担学校安排的艺术社团指导、课外活动、课后服务等第二课堂指导和走教任务计入工作量。在教学成果奖等评选表彰中，保证美育教师占有一定比例。

14. 改善场地器材建设配备。建好满足课程教学和实践活动需求的场地设施、专用教室。把农村学校美育设施建设纳入地方义务教育均衡发展规划，小规模学校以保基本、兜底线为原则，配备必要的功能教室和设施设备。鼓励有条件的地区在中小学校建设美育场馆，与周边学校和社区共用共享。加强高校美育场馆建设，鼓励有条件的高校与地方共建共享剧院、音乐厅、美术馆、书法馆、博物馆等艺术场馆。配好美育教学所需器材设备，建立美育器材补充机制。制定学校美育工作基本标准。

15. 统筹整合社会资源。加强美育的社会资源供给，推动基本公共文化服务项目为学校美育教学服务。城市和社区建设规划要统筹学生艺术实践需要，新建文化艺术项目优先建在学校或其周边。鼓励学校与社会公共文化艺术场馆、文艺院团合作开设美育课程。整合校内、校外资源开展美育实践活动，作为解决中小学课后"三点半"问题的有效途径和中小学生课后服务工作的重要载体。有条件的地方和学校每年组织学生现场参观1次美术馆、书法馆、博物馆，让收藏在馆所里的文物、陈列在大地上的文化艺术遗产成为学校美育的丰厚资源，让广大学生在艺术学习过程中了解中华文化变迁，触摸中华文化脉络，汲取中华文化艺术精髓。充分挖掘学校艺术场馆的社会服务功能，鼓励有条件的学校将艺术场馆向社会有序开放。

16. 建立美育基础薄弱学校帮扶机制。各地要加强乡村学校美育教师培养，通过乡村教师公费定向培养项目，培养能够承担美育教学的全科教师。鼓励开展对乡村学校各学科在职教师的美育培训，培养能够承担美育教学与活动指导的兼职美育教师。推进农村学校艺术教育实验县等综合改革实践，建立校际教师共享和城乡学校"手拉手"帮扶机制。统筹乡镇中心学校和小规模学校美育课程设置、教学安排、教研活动和教师管理，采取同步课堂、共享优质在线资源等方式，补齐师资和资源短板。引导高校师生强化服务社会意识，支持高校开展美育浸润行动计划，支持社会力量开展美育公益项目。

五、切实加强组织保障

17. 加强组织领导和经费保障。地方各级党委和政府要把学校美育工作纳入重要议事日程，纳入地方经济社会发展规划，加强对本地区学校美育改革发展的总体谋划。各地要建立加强学校美育工作部门联席会议制度，健全统筹协调机制。把学校美育工作纳入有关领导干部培训计划。各级政府要调整优化教育支出结构，完善投入机制，地方政府要统筹安排财政转移支付资金和本级财力支持学校美育工作。鼓励和引导社会资金支持学校美育发展，吸引社会捐赠，多渠道增加投入。

18. 加强制度保障。完善学校美育法律制度，研究制定规范学校美育工作的法规。鼓励地方出台学校美育法规制度，为推动学校美育发展提供有力法治保障。健全教育督导评价制度，把政策措施落实情况、学生艺术素质测评情况和支持学校开展美育工作情况等纳入教育督导评估范围。完善国家义务教育美育质量监测，公布监测结果。把美育工作及其效果作为高校办学评价的重要指标，纳入高校本科教学工作评估指标体系和"双一流"建设成效评价。对政策落实不到位、学生艺术素质测评合格率持续下降的地方政府、教育行政部门和学校负责人，依规依法予以问责。

19. 营造社会氛围。各地要研究落实加强和改进新时代学校美育工作的具体措施，可以结合实际制定实施学校美育教师配备和场地器材建设三年行动计划。加强宣传，凝聚共识，营造全社会共同促进学校美育发展的良好社会氛围。

中共中央办公厅 国务院办公厅印发《关于进一步减轻义务教育阶段学生作业负担和校外培训负担的意见》①

（2021 年 5 月）

为深入贯彻党的十九大和十九届五中全会精神，切实提升学校育人水平，持续规范校外培训（包括线上培训和线下培训），有效减轻义务教育阶段学生过重作业负担和校外培训负担（以下简称"双减"），现提出如下意见。

一、总体要求

1. 指导思想。坚持以习近平新时代中国特色社会主义思想为指导，全面贯彻党的教育方针，落实立德树人根本任务，着眼建设高质量教育体系，强化学校教育主阵地作用，深化校外培训机构治理，坚决防止侵害群众利益行为，构建教育良好生态，有效缓解家长焦虑情绪，促进学生全面发展、健康成长。

2. 工作原则。坚持学生为本、回应关切，遵循教育规律，着眼学生身心健康成长，保障学生休息权利，整体提升学校教育教学质量，积极回应社会关切与期盼，减轻家长负担；坚持依法治理、标本兼治，严格执行义务教育法、未成年人保护法等法律规定，加强源头治理、系统治理、综合治理；坚持政府主导、多方联动，强化政府统筹，落实部门职责，发挥学校主体作用，健全保障政策，明确家校社协同责任；坚持统筹推进、稳步实施，全面落实国家关于减轻学生过重学业负担有关规定，对重点难点问题先行试点，积极推广典型经验，确保"双减"工作平稳有序。

3. 工作目标。学校教育教学质量和服务水平进一步提升，作业布置更加科学合理，学校课后服务基本满足学生需要，学生学习更好回归校园，校外培训机构培训行为全面规范。学生过重作业负担和校外培训负担、家庭教育支出和家长相应精力负担 1 年内有效减轻、3 年内成效显著，人民群众教育满意度明显提升。

二、全面压减作业总量和时长，减轻学生过重作业负担

4. 健全作业管理机制。学校要完善作业管理办法，加强学科组、年级

① http://www.moe.gov.cn/jyb_xxgk/moe_1777/moe_1778/202107/t20210724_546576.html。

组作业统筹，合理调控作业结构，确保难度不超国家课标。建立作业校内公示制度，加强质量监督。严禁给家长布置或变相布置作业，严禁要求家长检查、批改作业。

5. 分类明确作业总量。学校要确保小学一、二年级不布置家庭书面作业，可在校内适当安排巩固练习；小学三至六年级书面作业平均完成时间不超过 60 分钟，初中书面作业平均完成时间不超过 90 分钟。

6. 提高作业设计质量。发挥作业诊断、巩固、学情分析等功能，将作业设计纳入教研体系，系统设计符合年龄特点和学习规律、体现素质教育导向的基础性作业。鼓励布置分层、弹性和个性化作业，坚决克服机械、无效作业，杜绝重复性、惩罚性作业。

7. 加强作业完成指导。教师要指导小学生在校内基本完成书面作业，初中生在校内完成大部分书面作业。教师要认真批改作业，及时做好反馈，加强面批讲解，认真分析学情，做好答疑辅导。不得要求学生自批自改作业。

8. 科学利用课余时间。学校和家长要引导学生放学回家后完成剩余书面作业，进行必要的课业学习，从事力所能及的家务劳动，开展适宜的体育锻炼，开展阅读和文艺活动。个别学生经努力仍完不成书面作业的，也应按时就寝。引导学生合理使用电子产品，控制使用时长，保护视力健康，防止网络沉迷。家长要积极与孩子沟通，关注孩子心理情绪，帮助其养成良好学习生活习惯。寄宿制学校要统筹安排好课余学习生活。

三、提升学校课后服务水平，满足学生多样化需求

9. 保证课后服务时间。学校要充分利用资源优势，有效实施各种课后育人活动，在校内满足学生多样化学习需求。引导学生自愿参加课后服务。课后服务结束时间原则上不早于当地正常下班时间；对有特殊需要的学生，学校应提供延时托管服务；初中学校工作日晚上可开设自习班。学校可统筹安排教师实行"弹性上下班制"。

10. 提高课后服务质量。学校要制定课后服务实施方案，增强课后服务的吸引力。充分用好课后服务时间，指导学生认真完成作业，对学习有困难的学生进行补习辅导与答疑，为学有余力的学生拓展学习空间，开展丰富多彩的科普、文体、艺术、劳动、阅读、兴趣小组及社团活动。不得利用课后服务时间讲新课。

11. 拓展课后服务渠道。课后服务一般由本校教师承担，也可聘请退休教师、具备资质的社会专业人员或志愿者提供。教育部门可组织区域内优秀教师到师资力量薄弱的学校开展课后服务。依法依规严肃查处教师校外有偿补课行为，直至撤销教师资格。充分利用社会资源，发挥好少年宫、青少年活动中心等校外活动场所在课后服务中的作用。

12. 做强做优免费线上学习服务。教育部门要征集、开发丰富优质的线上教育教学资源，利用国家和各地教育教学资源平台以及优质学校网络平台，免费向学生提供高质量专题教育资源和覆盖各年级各学科的学习资源，推动教育资源均衡发展，促进教育公平。各地要积极创造条件，组织优秀教师开展免费在线互动交流答疑。各地各校要加大宣传推广使用力度，引导学生用好免费线上优质教育资源。

四、坚持从严治理，全面规范校外培训行为

13. 坚持从严审批机构。各地不再审批新的面向义务教育阶段学生的学科类校外培训机构，现有学科类培训机构统一登记为非营利性机构。对原备案的线上学科类培训机构，改为审批制。各省（自治区、直辖市）要对已备案的线上学科类培训机构全面排查，并按标准重新办理审批手续。未通过审批的，取消原有备案登记和互联网信息服务业务经营许可证（ICP）。对非学科类培训机构，各地要区分体育、文化艺术、科技等类别，明确相应主管部门，分类制定标准、严格审批。依法依规严肃查处不具备相应资质条件、未经审批多址开展培训的校外培训机构。学科类培训机构一律不得上市融资，严禁资本化运作；上市公司不得通过股票市场融资投资学科类培训机构，不得通过发行股份或支付现金等方式购买学科类培训机构资产；外资不得通过兼并收购、受托经营、加盟连锁、利用可变利益实体等方式控股或参股学科类培训机构。已违规的，要进行清理整治。

14. 规范培训服务行为。建立培训内容备案与监督制度，制定出台校外培训机构培训材料管理办法。严禁超标超前培训，严禁非学科类培训机构从事学科类培训，严禁提供境外教育课程。依法依规坚决查处超范围培训、培训质量良莠不齐、内容低俗违法、盗版侵权等突出问题。严格执行未成年人保护法有关规定，校外培训机构不得占用国家法定节假日、休息日及寒暑假期组织学科类培训。培训机构不得高薪挖抢学校教师；从事学科类培训的人员必须具备相应教师资格，并将教师资格信息在培训机构场所及网站显著位置公布；不得泄露家长和学生个人信息。根据市场需求、培训成本等因素确定培训机构收费项目和标准，向社会公示、接受监督。全面使用《中小学生校外培训服务合同（示范文本）》。进一步健全常态化排查机制，及时掌握校外培训机构情况及信息，完善"黑白名单"制度。

15. 强化常态运营监管。严格控制资本过度涌入培训机构，培训机构融资及收费应主要用于培训业务经营，坚决禁止为推销业务以虚构原价、虚假折扣、虚假宣传等方式进行不正当竞争，依法依规坚决查处行业垄断行为。线上培训要注重保护学生视力，每课时不超过 30 分钟，课程间隔不少于 10 分钟，培训结束时间不晚于 21 点。积极探索利用人工智能技术合理控制学生连续线上培训时间。线上培训机构不得提供和传播"拍照搜题"等惰化学生思维能力、影响学生独立思考、违背教育教学规律的不良学习方法。聘请在境内的外籍人员要符合国家有关规定，严禁聘请在境外的外籍人员开展培训活动。

五、大力提升教育教学质量，确保学生在校内学足学好

16. 促进义务教育优质均衡发展。各地要巩固义务教育基本均衡成果，积极开展义务教育优质均衡创建工作，促进新优质学校成长，扩大优质教育资源。积极推进集团化办学、学区化治理和城乡学校共同体建设，充分激发办学活力，整体提升学校办学水平，加快缩小城乡、区域、学校间教育水平差距。

17. 提升课堂教学质量。教育部门要指导学校健全教学管理规程，优化教学方式，强化教学管理，提升学生在校学习效率。学校要开齐开足开好国家规定课程，积极推进幼小科学衔接，帮助学生做好入学准备，严格按课程标准零起点教学，做到应教尽教，确保学生达到国家规定的学业质量标准。学校不得随意增减课时、提高难度、加快进度；降低考试压力，改进考试方法，不得有提前结课备考、违规统考、考题超标、考试排名等行为；考试成绩呈现实行等级制，坚决克服唯分数的倾向。

18. 深化高中招生改革。各地要积极完善基于初中学业水平考试成绩、结合综合素质评价的高中阶段学校招生录取模式，依据不同科目特点，完善考试方式和成绩呈现方式。坚持以学定考，进一步提升中考命题质量，防止偏题、怪题、超过课程标准的难题。逐步提高优质普通高中招生指标分配到区域内初中的比例，规范普通高中招生秩序，杜绝违规招生、恶性

竞争。

19. 纳入质量评价体系。地方各级党委和政府要树立正确政绩观，严禁下达升学指标或片面以升学率评价学校和教师。认真落实义务教育质量评价指南，将"双减"工作成效纳入县域和学校义务教育质量评价，把学生参加课后服务、校外培训及培训费用支出减少等情况作为重要评价内容。

六、强化配套治理，提升支撑保障能力

20. 保障学校课后服务条件。各地要根据学生规模和中小学教职工编制标准，统筹核定编制，配足配齐教师。省级政府要制定学校课后服务经费保障办法，明确相关标准，采取财政补贴、服务性收费或代收费等方式，确保经费筹措到位。课后服务经费主要用于参与课后服务教师和相关人员的补助，有关部门在核定绩效工资总量时，应考虑教师参与课后服务的因素，把用于教师课后服务补助的经费额度，作为增量纳入绩效工资并设立相应项目，不作为次年正常核定绩效工资总量的基数；对聘请校外人员提供课后服务的，课后服务补助可按劳务费管理。教师参加课后服务的表现应作为职称评聘、表彰奖励和绩效工资分配的重要参考。

21. 完善家校社协同机制。进一步明晰家校育人责任，密切家校沟通，创新协同方式，推进协同育人共同体建设。教育部门要会同妇联等部门，办好家长学校或网上家庭教育指导平台，推动社区家庭教育指导中心、服务站点建设，引导家长树立科学育儿观念，理性确定孩子成长预期，努力形成减负共识。

22. 做好培训广告管控。中央有关部门、地方各级党委和政府要加强校外培训广告管理，确保主流媒体、新媒体、公共场所、居民区各类广告牌和网络平台等不刊登、不播发校外培训广告。不得在中小学校、幼儿园内开展商业广告活动，不得利用中小学和幼儿园的教材、教辅材料、练习册、文具、教具、校服、校车等发布或变相发布广告。依法依规严肃查处各种夸大培训效果、误导公众教育观念、制造家长焦虑的校外培训违法违规广告行为。

七、扎实做好试点探索，确保治理工作稳妥推进

23. 明确试点工作要求。在全面开展治理工作的同时，确定北京市、上海市、沈阳市、广州市、成都市、郑州市、长治市、威海市、南通市为全国试点，其他省份至少选择1个地市开展试点，试点内容为第24、25、26

条所列内容。

24. 坚决压减学科类校外培训。对现有学科类培训机构重新审核登记，逐步大大压减，解决过多过滥问题；依法依规严肃查处存在不符合资质、管理混乱、借机敛财、虚假宣传、与学校勾连牟利等严重问题的机构。

25. 合理利用校内外资源。鼓励有条件的学校在课余时间向学生提供兴趣类课后服务活动，供学生自主选择参加。课后服务不能满足部分学生发展兴趣特长等特殊需要的，可适当引进非学科类校外培训机构参与课后服务，由教育部门负责组织遴选，供学校选择使用，并建立评估退出机制，对出现服务水平低下、恶意在校招揽生源、不按规定提供服务、扰乱学校教育教学和招生秩序等问题的培训机构，坚决取消培训资质。

26. 强化培训收费监管。坚持校外培训公益属性，充分考虑其涉及重大民生的特点，将义务教育阶段学科类校外培训收费纳入政府指导价管理，科学合理确定计价办法，明确收费标准，坚决遏制过高收费和过度逐利行为。通过第三方托管、风险储备金等方式，对校外培训机构预收费进行风险管控，加强对培训领域贷款的监管，有效预防"退费难""卷钱跑路"等问题发生。

八、精心组织实施，务求取得实效

27. 全面系统做好部署。加强党对"双减"工作的领导，各省（自治区、直辖市）党委和政府要把"双减"工作作为重大民生工程，列入重要议事日程，纳入省（自治区、直辖市）党委教育工作领导小组重点任务，结合本地实际细化完善措施，确保"双减"工作落实落地。学校党组织要认真做好教师思想工作，充分调动广大教师积极性、创造性。校外培训机构要加强自身党建工作，发挥党组织战斗堡垒作用。

28. 明确部门工作责任。教育部门要抓好统筹协调，会同有关部门加强对校外培训机构日常监管，指导学校做好"双减"有关工作；宣传、网信部门要加强舆论宣传引导，网信部门要配合教育、工业和信息化部门做好线上校外培训监管工作；机构编制部门要及时为中小学校补齐补足教师编制；发展改革部门要会同财政、教育等部门制定学校课后服务性或代收费标准，会同教育等部门制定试点地区校外培训机构收费指导政策；财政部门要加强学校课后服务经费保障；人力资源社会保障部门要做好教师绩效工资核定有关工作；民政部门要做好学科类培训机构登记工作；市场监管部门要做好非学科类培训机构登记工作和校外培训机构收费、广告、反垄断等方面监管工作，加大执法检查力度，会同教育部门依法依规严肃查处违法违规培训行为；政法部门要做好相关维护和谐稳定工作；公安部门要依法加强治安管理，联动开展情报信息搜集研判和预警预防，做好相关涉稳事件应急处置工作；人民银行、银保监、证监部门负责指导银行等机构做好校外培训机构预收费风险管控工作，清理整顿培训机构融资、上市等行为；其他相关部门按照各自职责负起责任、抓好落实。

29. 联合开展专项治理行动。建立"双减"工作专门协调机制，集中组织开展专项治理行动。在教育部设立协调机制专门工作机构，做好统筹协调，加强对各地工作指导。各省（自治区、直辖市）要完善工作机制，建立专门工作机构，按照"双减"工作目标任务，明确专项治理行动的路线图、时间表和责任人。突出工作重点、关键环节、薄弱地区、重点对象等，开展全面排查整治。对违法违规行为要依法依规严惩重罚，形成警示震慑。

30. 强化督促检查和宣传引导。将落实"双减"工作情况及实际成效，作为督查督办、漠视群众利益专项整治和政府履行教育职责督导评价的重要内容。建立责任追究机制，对责任不落实、措施不到位的地方、部门、学校及相关责任人要依法依规严肃追究责任。各地要设立监管平台和专门举报电话，畅通群众监督举报途径。各省（自治区、直辖市）要及时总结"双减"工作中的好经验好做法，并做好宣传推广。新闻媒体要坚持正确舆论导向，营造良好社会氛围。

各地在做好义务教育阶段学生"双减"工作的同时，还要统筹做好面向3至6岁学龄前儿童和普通高中学生的校外培训治理工作，不得开展面向学龄前儿童的线上培训，严禁以学前班、幼小衔接班、思维训练班等名义面向学龄前儿童开展线下学科类（含外语）培训。不再审批新的面向学龄前儿童的校外培训机构和面向普通高中学生的学科类校外培训机构。对面向普通高中学生的学科类培训机构的管理，参照本意见有关规定执行。

后　记

在本书即将付印之际，笔者欣喜地看到，以习近平同志为核心的党中央立足中国特色社会主义新发展阶段，坚持以人民为中心的教育发展理念，为建设高质量教育体系作出事关基础教育改革发展全局的"双减"改革正在如火如荼地展开。早在 2021 年 1~4 月，教育部就先后印发 5 个专门通知，对中小学生手机、睡眠、读物、作业、体质管理作出规定。在此基础上，5 月 21 日，习近平总书记主持召开中央全面深化改革委员会第十九次会议，审议通过了《关于进一步减轻义务教育阶段学生作业负担和校外培训负担的意见》。为进一步推进"双减"政策落地，8 月 30 日，教育部办公厅印发了《关于加强义务教育学校考试管理的通知》，并在北京、上海等地大面积、大比例推进义务教育阶段公办校校长教师轮岗。所有这些举措无不表明党和政府试图通过打开"小切口"，进行"大改革"，办人民满意的教育的决心。

"双减"改革的指导思想是："坚持以习近平新时代中国特色社会主义思想为指导，全面贯彻党的教育方针，落实立德树人根本任务，着眼建设高质量教育体系，强化学校教育主阵地作用，深化校外培训机构治理，坚决防止侵害群众利益行为，构建教育良好生态，有效缓解家长焦虑情绪，促进学生全面发展、健康成长。"① 可见，坚持人民至上，不断满足人民群众对更高质量教育的需要是"双减"改革的逻辑起点；克服教育功利化、短视化，落实立德树人根本任务，促进学生更加健康、更加全面、更加主动、更有活力地发展，是"双减"改革的根本目的。实施"双减"改革，

---

① 中华人民共和国教育部：《中共中央办公厅　国务院办公厅印发〈关于进一步减轻义务教育阶段学生作业负担和校外培训负担的意见〉》，2021 年 8 月 19 日，http://www.moe.gov.cn/jyb_ xxgk/moe_ 1777/moe_ 1778/202107/t20210724_ 546576.html.

不仅是建立高质量学校教育体系，着力降低家庭教育支出，促进教育公平的重大举措，还是修复教育生态、保障学生健康成长的重大举措。总之，"双减"改革是新时代基础教育改革发展的重大战略布局。"双减"改革的逐步展开，必将推动基础教育公共服务体系重构。

"双减"改革亟待加快重构我国基础教育公共服务体系。"双减"改革要求学校教育、校外教育和家庭教育协同推进，厘清和规范这三类教育的边界，重构、优化公共教育服务体系成为改革是否取得成果的关键所在。在学校教育方面，全面提高学校教育教学质量是治理学生课业负担和家庭经济负担过重的根本之策，因而"双减"必须首先发挥学校教育主阵地作用，深化教育教学改革，提升课堂教学质量，优化教学方式，全面压减作业总量，降低考试压力，调整学生学习内容和学习结构。其次，重构学校教育课程供给体系。处理好保障学生的全面发展和共同基础的学校课程育人体系与学生的个性发展和综合素养培育的课后育人体系之间的关系。保证在实施国家课程标准、着力提高国家规定的必修基础课程质量基础上，满足学生"作业、实践、扶弱、特长"等多样化学习与发展需求以及个性化、差别化、实践性学习需求。

在学校教育与校外教育方面，必须首先厘清学校教育与校外教育的职能边界。学校教育是由国家设立的专门教育机构承担的培养和教育下一代的公共职责，而校外教育则是学校教育的有益补充。遗憾的是，当下的校外教育俨然成了学校教育的另外一个实施主体，学科培训、超前教育、应对考试已成为校外教育的主要任务。学校教育与校外教育的边界消失。此次"双减"改革明确了义务教育校外培训学科类和非学科类范围，提出"学生学习更好回归校园，校外培训机构培训行为全面规范""各地不再审批新的面向义务教育阶段学生的学科类校外培训机构""对非学科类培训机构，各地要区分体育、文化艺术、科技等类别，明确相应主管部门，分类制定标准、严格审批"。其次，必须发挥学校教育与校外教育各自的优势。把学科专业教育还给学校，发挥校外教育实践化、差别化、个性化教育的优势，与学校教育形成互相支持、互相补充、相得益彰的新格局。

在学校教育与家庭教育方面，首先，必须厘清学校教育与家庭教育的功能定位。学校教育在促进学生健康成长与发展方面肩负着主体责任；学校教育领域的专业活动，即教师应该承担的教育教学活动不应向家长转移；

家庭教育必须发挥自身优势，为学生接受学校教育提供经验支撑。其次，必须发挥家庭教育在品德教育中的独特优势。家庭教育的首要任务，也是家庭教育最根本、最有效的职能是教会孩子学会做人。最后，必须大力推进家校协同育人。家校协同体现在作业上的协同、全面发展上的协同以及习惯养成上的协同等。

此外，"双减"改革不仅为推进基础教育公共服务供给体系改革提供了重大机遇，而且将进一步推动校外教育优质资源纳入学校公共服务体系。

当然，为促进"双减"改革的顺利实施，以下几个群体的需求也不容忽视。对教师群体而言，如何应对"双减"挑战？教师是"双减"改革的重要执行者和推动者。"双减"政策推行后，在教学任务不减少、教学难度不降低、家长期待不减少的前提下，社会对校内教育教学质量的要求更高，教师的专业能力首先受到挑战。"双减"政策执行后，学生在校时间延长，意味着教师工作时间也相应延长，势必增加教师的负担。再加上"双减"政策执行前就存在诸如填报各类数据和表格、参加名目繁多的会议以及下载各类软件等非教学任务负担。教师负担加重，迫切需要为教师减负。而教师减负又是一个系统工程，必须统筹协调。例如，为解决教师工作时间长的问题，文件建议采取弹性上下班制度，但是现实中的"弹性"没有那么大。就拿小学阶段的班主任和行政教师来说，他们需要全天在学校，基本无弹性可言。其他任课教师的授课时间也呈"散点状"分布，没有可"弹"的时间。所以，落实教师弹性上下班不仅要关照社会心理，"张弛有度"，避免"弹"得过大，还要优化弹性细节、考虑管理难度、科学评估校情和教情，切勿"一刀切"。最后，为更好地应对"双减"挑战，学校和教育主管部门必须为教师提供更多支持保障。

对学生群体而言，如何从儿童视角推进"双减"扎实落地？儿童是积极的社会行动者，他们有权利对影响自身的一切事项自由发表意见。"双减"让孩子拥有了更多可自由支配的时间，给孩子的健康成长带来益处，但也出现了一些新问题。例如，教师为把完成作业的时间留在课堂上，不得已加快授课速度，使得部分学生无法跟上节奏，产生焦虑感。再如，"双减"政策执行之初，部分学校课后服务还处于建设中，服务内容偏重课业辅导、较为单一，使得孩子在校时间几乎被学习填满，加重了孩子的学习压力。尽管这些问题不具有普遍性，但确实发生在一些孩子身上。我们应通过提升课堂教学效率与吸引力，保证作业和课后服务的个性化，发挥教育评价的正面导向功能，积极关注孩子在过渡期的心理状态，从儿童视角推进"双减"扎实落地。

对家长群体而言，如何帮助家长缓解焦虑，解除后顾之忧？随着"双减"政策落地，家长对校内教育教学质量的担忧，尤其是学习基础差的孩子家长，他们参加校外培训机构主要是"补差"。根据"双减"政策要求，校外培训机构不得占用国家法定节假日、休息日及寒暑假期组织学科类培训。在此背景下，部分家长选择了周末减负、周中加负的做法。这种做法对学生的健康成长带来更大的消极影响。针对家长的这些焦虑，应通过实现校内教育的"减负提质"，采取因材施教的方法，从根本上满足学生的多样化教育需求，确保学生在校内学会、学足、学好。

总之，我们有理由相信，随着"双减"改革的不断推进，学校教育教学质量和服务水平将进一步提升，作业布置更加科学合理，学校课后服务基本满足学生需要，学生学习更好地回归校园，校外培训机构培训行为全面规范。学生过重作业负担和校外培训负担、家庭教育支出和家长相应精力负担有效减轻，人民群众教育满意度将明显提升。到那时，我们的教育就是名副其实的以人民为中心的教育。

图书在版编目（CIP）数据

教育：以人民为中心 / 伊文婷著 . --北京：社会
科学文献出版社，2021.12
ISBN 978-7-5201-9415-0

Ⅰ.①教⋯　Ⅱ.①伊⋯　Ⅲ.①教育研究　Ⅳ.
①G40-03

中国版本图书馆 CIP 数据核字（2021）第 239533 号

教育：以人民为中心

著　　者 / 伊文婷

出 版 人 / 王利民
组稿编辑 / 曹长香
责任编辑 / 郑凤云
责任印制 / 王京美

出　　版 / 社会科学文献出版社（010）59367162
　　　　　地址：北京市北三环中路甲 29 号院华龙大厦　邮编：100029
　　　　　网址：www.ssap.com.cn
发　　行 / 市场营销中心（010）59367081　59367083
印　　装 / 三河市尚艺印装有限公司

规　　格 / 开　本：787mm × 1092mm　1/16
　　　　　印　张：20.25　字　数：331 千字
版　　次 / 2021 年 12 月第 1 版　2021 年 12 月第 1 次印刷
书　　号 / ISBN 978-7-5201-9415-0
定　　价 / 89.00 元